中国能源展望2060

——能源产业迈向碳达峰碳中和

国家能源投资集团有限责任公司 编著

科学出版社

北 京

内 容 简 介

本书通过构建中国能源系统预测优化模型，分13个行业对全国和各行业的终端能源消费量及消费结构进行了中长期预测，在此基础上通过对能源转化过程的精确模拟实现了中长期内全国一次能源需求的预测仿真，并统筹能源供应安全和"双碳"目标，通过超结构优化模型实现了一次能源的供给结构优化计算，给出了面向碳中和的全国一次能源多情景供需平衡方案。基于系列量化结果，本书围绕能源行业近中期"先立"过程和中远期"立破"接续，提出了2030年和2035年能源发展预测、2050年和2060年能源发展展望等中长期发展图景，凝练形成中国特色能源产业高质量发展"三步走"战略路径，总结提出中国式现代化能源之路的发展特点，凝练出未来可能对能源系统具有颠覆性、重塑性的十大前沿技术，并提出了我国能源发展的共识与倡议。

本书主要为能源管理部门、能源企业、能源研究机构以及广大从事能源相关研究的科研工作者提供参考。

图书在版编目（CIP）数据

中国能源展望2060：能源产业迈向碳达峰碳中和 / 国家能源投资集团有限责任公司编著. —北京：科学出版社，2023.7
ISBN 978-7-03-075894-1

Ⅰ.①中… Ⅱ.①国… Ⅲ.①能源经济–经济展望–中国 Ⅳ.①F426.2

中国国家版本馆CIP数据核字（2023）第109789号

责任编辑：王丹妮 陶 璇 / 责任校对：贾娜娜
责任印制：霍 兵 / 封面设计：有道设计

科 学 出 版 社
北京东黄城根北街 16 号
邮政编码：100717
http://www.sciencep.com

北京中科印刷有限公司 印刷
科学出版社发行 各地新华书店经销

*

2023 年 7 月第 一 版　开本：889×1194　1/16
2023 年 7 月第一次印刷　印张：13 3/4
字数：270 000

定价：168.00 元
（如有印装质量问题，我社负责调换）

编委会

主　任：刘国跃
副主任：王　敏　傅振邦　卞宝驰　杨　鹏　冯树臣　冯来法　徐新福
委　员：顾大钊　孙宝东　魏慎洪　李全生　王雪莲　倪　炜　李俊彪
　　　　王文捷　王　强

顾问专家组

顾　问：谢克昌　郑国光　彭苏萍　陈　勇　顾大钊　吴　吟　杨　昆
　　　　张　宏　李　阳　田　会　汪寿阳　李　政　姚　强　杨翠红
　　　　刘　培　王　珏　贺佑国　丁日佳　俞珠峰　李雪松　李善同
　　　　姜克隽　李　冰　高　丹　孟　杰　范永斌　韩红梅　范　英
　　　　廖　华　麻林巍　张　贤　杨　虹　苏　罡　吴立新　龚华俊
　　　　郭培民　韩　超　龙望成　董广彬　王满仓

编写组

主　编：刘国跃
副主编：冯树臣　孙宝东　张　军
成　员：韩一杰　王明华　杨一楠　金铁铮　春雨童　张健赟　吴　璘
　　　　段敬东　滕霄云　潘　莹　张东青　张　帆　刘长栋　朱吉茂
　　　　赵树成　姜大霖　毛亚林　王　雯　门东坡　贺思宇

党的二十大报告明确提出以中国式现代化全面推进中华民族伟大复兴的中心任务，能源是国民经济的命脉，习近平总书记在2021年9月13日视察国家能源集团榆林化工有限公司时强调，"能源产业要继续发展，否则不足以支撑国家现代化"。新时代新征程，能源行业被赋予新的历史使命，能源既要为中国式现代化建设提供坚实物质保障，也要在实现"双碳"（碳达峰、碳中和）目标中发挥绿色低碳转型引领作用。

国家能源集团作为骨干能源央企，自2017年11月重组以来，认真贯彻习近平总书记提出的"四个革命、一个合作"能源安全新战略，深入落实习近平总书记视察国家能源集团榆林化工有限公司时的重要指示批示精神，坚持扛牢能源供应压舱石的历史责任和能源革命排头兵的公司使命，聚焦"双碳"目标，充分发挥世界最大风电企业、世界最大煤基能源企业等基础优势，立足我国能源资源禀赋，坚持"先立后破"，积极探索能源产业中国式现代化之路，有力促进了能源安全供应和绿色低碳转型协调发展。

《中国能源展望2060——能源产业迈向碳达峰碳中和》是国家能源集团技术经济研究院倾力打造的年度报告旗舰产品，是能源行业中国式现代化发展道路的积极探索。该书应用系统思维、战略思维、历史思维和唯物主义辩证法，围绕近中期"先立"过程和中远期"立破"接续，提出了2035年能源发展预测、2060年能源发展展望等系列图景，形成了具有中国特色的能源产业高质量发展若干重要观点与结论；提出了近期以煤炭为主逐步向近中期煤炭与非化石能源并驱、中远期以新能源为主的能源演化具体路径，对于能源行业把握转型重点和发展节奏具有重要参考意义。

持续开展能源系统研究和发布展望报告，是国家能源集团战略品牌的重要组成，也是国家能源集团技术经济研究院打造"高端智库"的具体行动，目的是服务国家战略和能源高质量发展，增进行业交流、凝聚发展共识、形成行动合力，共同推动我国能源事业不断前进。期望国家能源集团技术经济研究院进一步发挥集团产业基础和自身研究优势，秉持战略性、前瞻性、科学性原则，持续、客观、深入地做好能源系统研究工作，为我国加快构建新型能源体系和助力中国式现代化建设贡献智慧与力量。

国家能源集团 党组书记、董事长

　　积极应对气候变化已经成为国际社会共识，2020年9月22日我国向世界郑重宣布"力争2030年前实现碳达峰，2060年前实现碳中和"，这是中国践行人类命运共同体理念、实现中华民族永续发展的重大战略抉策。

　　能源发展受诸多因素影响。从外部环境看，全球能源技术方兴未艾、竞争加剧，伴随数据化、信息化、智能化耦合发展，能源新技术、新业态、新模式不断涌现，传统能源发展方式面临重大调整；百年未有之大变局下的国际政治经济军事博弈日趋激烈，国际能源供需格局发生深刻调整，能源安全成为世界主要国家发展的优先关切。从内部发展看，能源消费总量仍将保持增长，以支撑社会主义现代化建设；在新能源占比逐步提高的背景下，我国能源发展和系统安全面临很多新问题、新挑战。能源发展环境更趋复杂多变，于变局中展新局、望未来是能源行业与能源工作者的责任使命。

　　国家能源集团作为全国最大的综合能源企业，持续保障能源安全、大力推进绿色转型、不断加强科技创新，2022年，以供应全国18%煤炭销量、14%发电量和当年风光发电开工近2600万千瓦的态势，积极探索能源高质量发展的中国式现代化道路。国家能源集团技术经济研究院作为央企智库单位，面对中国式现代化的时代课题及能源转型发展的紧迫任务，组织开展能源系统研究，牵头自主开发中国能源系统预测优化模型（CESFOM），编写《中国能源展望2060——能源产业迈向碳达峰碳中和》并向社会发布，力求打造国家能源集团战略品牌，增进行业交流、凝聚发展共识、服务国家战略。

　　本书研究历时两年有余，2021年，编写组联合中国科学院团队开发了基于国民经济全产业门类的终端能源消费预测模型，联合清华大学团队开发了多目标超结构一次能源供给优化模型，并构建了连贯终端能源和一次能源的能源转化仿真模型，实现了能源系统供给、转化、消费的全流程贯通和动态反馈。2022年，与国务院参事室建立"能源转型与高质量发展"合作研究机制并将中国能源展望研究纳入年度重点课题，多次组织中国钢铁工业协会、冶金工业规划研究院、中国有色金属工业协会、中国水泥协会、中国石油和化学工业联合会等高耗能行业机构专家开展研究讨论，科学研判能源消费侧产业发展及低碳转型路径，多次咨询国务院参事室、电力规划设计总院、水电水利规划设计总院、国家发展和改革委员会能源研究所、中国核电工程有限公司及石油、化工、电网等能源企业研究机构相关专家，全面摸清能源资源潜力和产业中长期发展趋势，在量化支撑和充分论证的基础上系统提出了能源总体及煤炭、油气、电力、氢能等产业发展若干重大结论。

本书在研究时间跨度和情景设置方面开展了有益探索。鉴于近中期宏观发展目标和能源规划指标较为明确，能源系统形态不会发生重大转变，本书选取2035年以前为第一阶段，开展能源预测研究，重点聚焦碳达峰和"稳中有降"特点，在"立"的过程中，立足我国能源资源禀赋，兜住能源安全底线；2036—2060年为第二阶段，开展能源展望研究，设置了基准，储能高配比，碳捕集、利用与封存（carbon capture，utilization and storage，CCUS）高配比三种情景，通过主要技术竞争态势分析，系统提出了未来"立破"接续路径和能源图景。当然，可控核聚变、先进高效太阳能等前沿技术若取得重大突破和应用，则能源系统在总量、结构、方式上均面临重大颠覆性调整，面向中长期的能源展望路径或将更加多元。

本书分为能源发展基础、2030年与2035年中国能源发展预测、2050年与2060年中国能源发展展望、共识与倡议等四篇，共十五章。在编委会的大力支持与指导下，全体编写组成员付出了很大的努力，国家能源集团技术经济研究院能源经济研究部、能源市场分析研究部、电力产业评价部、新能源产业评价部、信息情报部等相关人员全力以赴参与研究编制工作，这是本书得以顺利成稿的坚实基础。国家能源集团战略规划部、科技与信息化部、煤炭与运输产业管理部、电力产业管理部等相关部门给予了重要指导，特别感谢国家能源集团科技创新项目立项支持。

本书研究编制和咨询论证过程中得到了国务院参事室和行业内大量专家的指导与帮助，感谢顾问专家组各位专家的精心指导，特别感谢中国科学院汪寿阳、杨翠红团队，清华大学李政、刘培团队在建模和优化方面的大力支持。最后，向参与本书研究编制和咨询论证的相关机构与专家表示诚挚的感谢！本书中的数据、观点和结论是编写组综合研究的结果，不代表专家及其所在机构的立场与想法。

能源转型是一项系统工程，能源展望研究也是国家能源集团的一项长期工作。本书由国家能源集团首次公开发布，在系统视角、建模方法、边界参数、情景设置、观点结论、书稿撰写等方面难免存在不足，恳请广大读者不吝指导斧正。编写组也将持续加强研究能力和人才队伍建设，不断推进研究成果迭代升级，不断提高展望报告的战略性、系统性、科学性、实用性，为推进我国能源高质量发展和"双碳"目标顺利实现做出贡献。

国家能源集团"中国能源展望"课题组

2023年7月

目录 CONTENTS

目录 CONTENTS

第一篇

能源发展基础

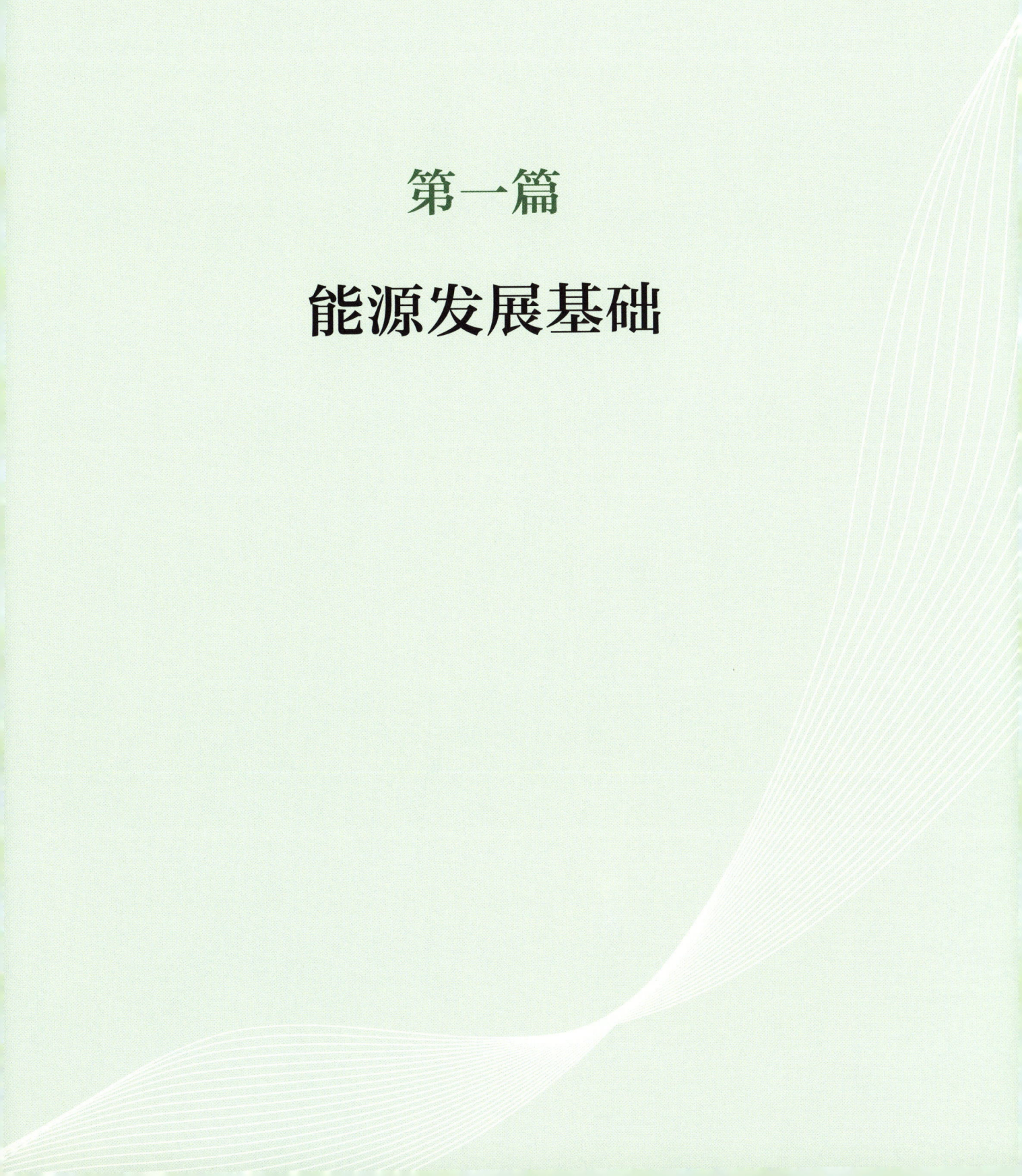

一、我国能源发展现状和总体趋势

（一）我国能源发展现状

1. 能源消费

1）能源消费总量

我国是世界最大的能源消费国，能源消费总量持续增长。进入21世纪，我国能源消费总量伴随工业化、城镇化提速和人口规模增长而不断扩大，为经济社会稳定发展提供有力支撑。2022年，我国能源消费总量约54.1亿吨标准煤，占世界能源消费总量的比例超过了1/4。受新冠疫情及全球经济增速放缓等因素影响，2022年我国一次能源消费同比增速（2.9%）较过去三年平均水平（3.6%）降低约0.7个百分点，如图1-1所示。

图 1-1　我国一次能源消费总量和增速

资料来源：中国能源统计年鉴，中华人民共和国2022年国民经济和社会发展统计公报

2000—2011年，我国能源消费总量在高耗能行业快速发展的推动下处于高速增长阶段（年均增速约9.2%）。党的十八大以来，随着新发展理念、新发展格局等逐步深入推进，我国经济社会与能源发展方式加快转变，能源发展进入高质量发展阶段。这一阶段我国能源消费实现换挡降速（年均增速约3.0%），化石能源清洁高效利用水平世界领先，建成全球清洁化程度最高、规模最大的煤电体系，清洁可再生能源发展实现历史性突破，能源发展取得举世瞩目的成就。

2）能源消费结构

我国能源消费结构主要受资源赋存影响，呈现以煤炭消费为主的显著特征，但多元能源供应体系正在加速形成。如图1-2所示，2022年，煤炭、石油消费分别占能源消费总量的56.2%、17.9%；天然气、一次电力及其他能源消费占能源消费总量的25.9%，较2012年增长11.4个百分点，年均增长超过1个百分点。

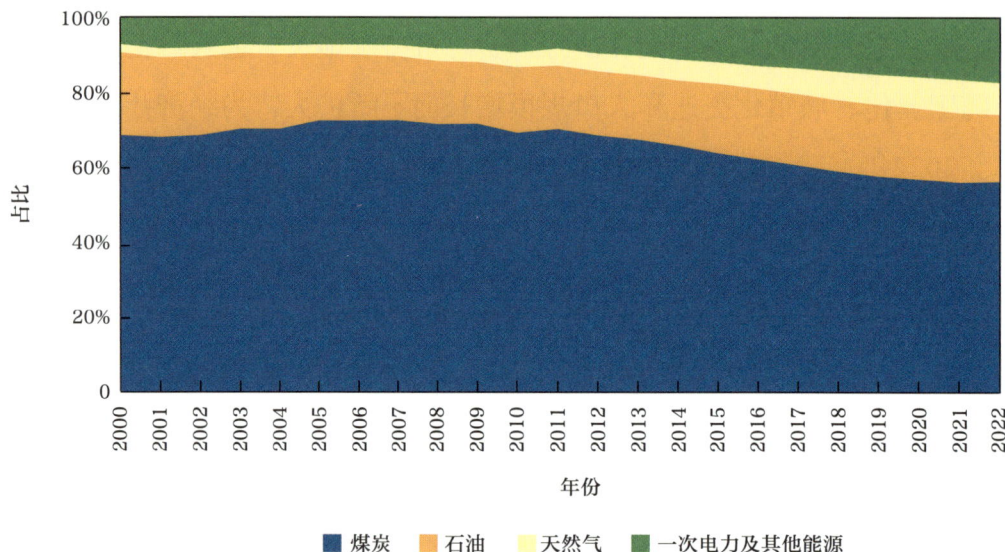

图 1-2　我国一次能源消费结构

资料来源：中国能源统计年鉴，中华人民共和国2022年国民经济和社会发展统计公报

煤炭消费占比呈持续下降趋势。在煤炭减量替代、散煤治理和煤电节能提效等政策推动下，我国煤炭消费快速增长势头得到有效控制。2012—2022年，煤炭消费占比从68.5%降至56.2%左右，累计下降超过12个百分点，年均下降超过1个百分点。

石油消费占比基本稳定，天然气消费快速增长。伴随交通运输业和化工消费品的增长发展，石油消费稳步提升，其增速与能源消费总量增长基本同步，占能源消费总量的比例稳定在19%左右。天然气消费在城镇和工业用气增长的推动下呈现快速增长趋势，2022年，天然气消费占能源消费总量的8.5%，较2000年提高约6个百分点。

一次电力及其他能源消费成为能源消费新的"增长极"。2022年，一次电力及其他能源消费占能源消费总量的17.4%，较2000年提高超过10个百分点，年均增长超过0.5个百分点。同年我国可再生能源发电量达到2.7万亿千瓦·时，分别占全国总发电量、新增发电量的31.3%、81.0%，能源绿色低碳发展进入高速发展阶段。

3）能源利用效率

我国单位GDP（gross domestic product，国内生产总值）能耗[①]总体呈现稳步降低的趋势。2000—2008年，我国整体能耗水平处于高台期，能源消费快速增长但消费模式粗放（能源消费弹性系数平均值超过1.0），高能耗特征较为明显。自2008年以来，在国家系列节能政策引导下，特别是党的十八大以来，我国实行并完善能源消费总量和强度双控制度，把节能指标纳入生态文明、绿色发展等绩效评价指标体系，我国能耗水平快速下降。2012—2022年，我国单位GDP能耗累计下降约26.5%，年均下降约3.0个百分点，实现了以较低的能源消费增长支撑较快的经济发展的目标，如图1-3所示。

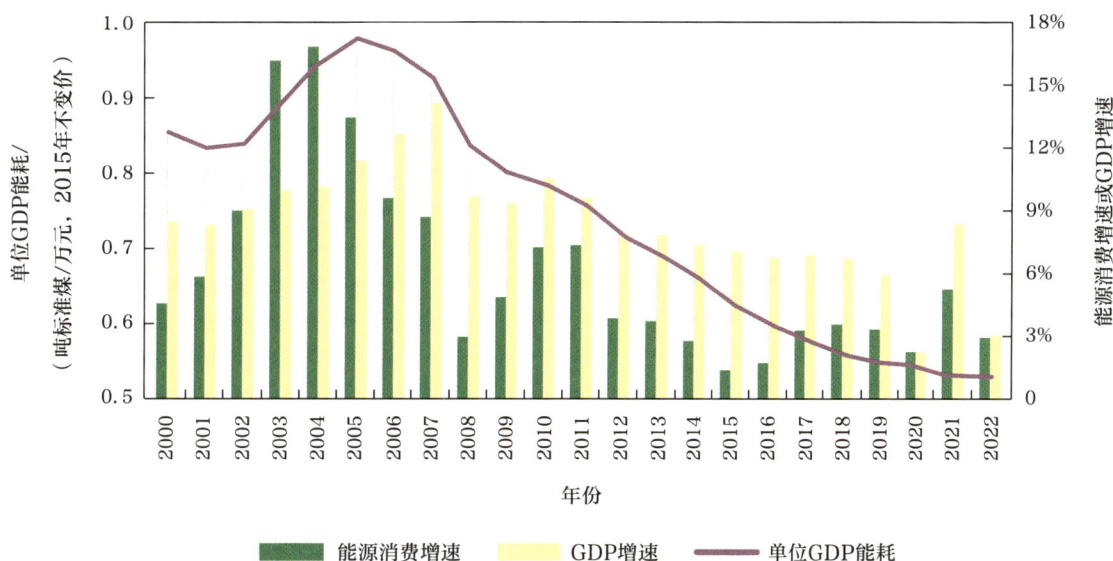

图 1-3　我国单位GDP能耗、GDP 增速和能源消费增速

资料来源：中国能源统计年鉴，中华人民共和国2022年国民经济和社会发展统计公报

4）终端用能电气化率

我国终端用能电气化率呈逐步上升趋势。提升终端电气化利用水平是提高终端用能效率、降低终端用能碳排放、推动能源转型发展的重要途径。近年来，我国在居民采暖、工业生产、交通运输及电力生产和供应等领域积极推进电能替代，推广电锅炉、电窑炉等替代燃煤锅炉，发展新能源汽车替代燃油，我国终端电气化水平稳步提高。2021年，我国终端电气化率约27%（图1-4），与美国、日本及欧洲主要发达国家总体上处于同一水平。未来随低品位余热供热、短流程冶金、电锅炉窑炉等新工艺、新技术持续发展，以及

[①]　能源利用效率是衡量一个体系内能量利用技术水平和经济效能的综合性指标。从国家层面看，单位 GDP 能耗是表征能源利用效率的一项关键指标，说明国家经济活动对能源的利用程度和效率水平。

新能源汽车渗透率不断提高，终端能源消费结构将更加清洁化和低碳化。

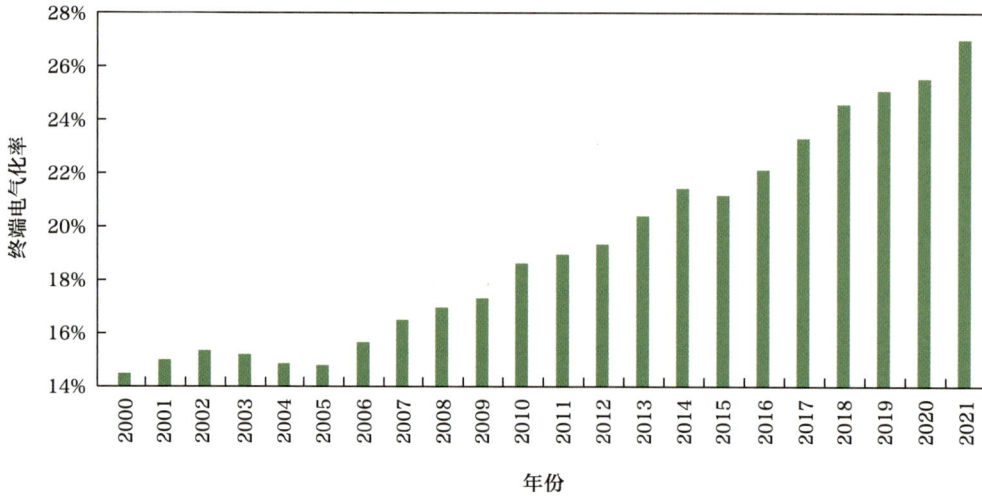

图 1-4 我国终端电气化率

资料来源：中国能源统计年鉴

2. 能源供应

1）能源生产总量

我国是世界最大的能源生产国，能源生产保障能力显著提升。2022年，我国能源生产总量达到46.6亿吨标准煤（图1-5），其中生产原煤45.6亿吨、石油2.05亿吨、天然气2201亿立方米、一次电力及其他能源约9.4亿吨标准煤，我国已初步建成煤、油、气、核、可再生能源多轮驱动的能源生产与供应体系，能源安全保障水平与韧性持续提升，有力支撑了我国能源需求增长和经济社会发展。

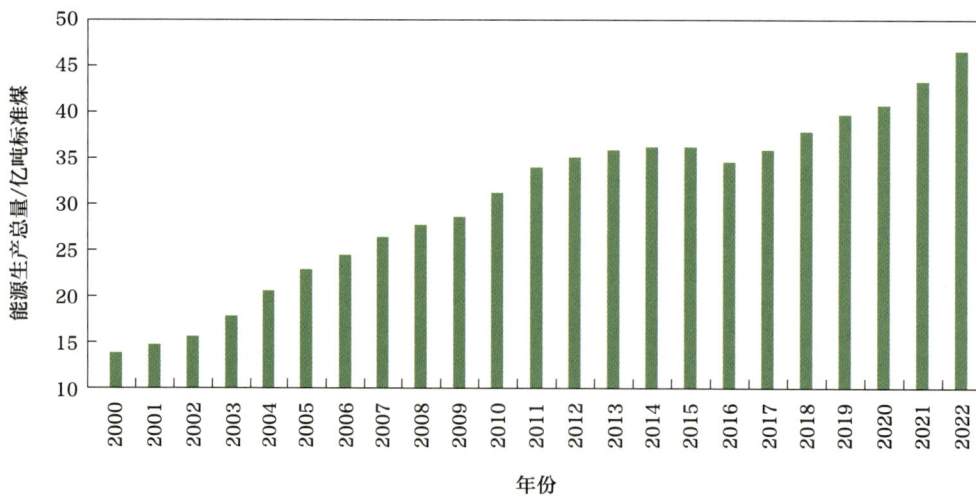

图 1-5 我国能源生产总量

资料来源：中国能源统计年鉴，中华人民共和国2022年国民经济和社会发展统计公报

2）能源生产结构

立足我国能源资源禀赋，煤炭在能源系统中发挥重要基石作用。煤炭在我国能源生产总量中占比长期保持在70%以上（图1-6），是我国能源供应的"压舱石""稳定器"。2003—2012年煤炭生产总量年均增速约8.9%，有力保障了经济的快速发展。党的十八大以来，随着供给侧结构性改革和去产能政策的逐步推进，煤炭产业进入优化调整阶段，煤矿数量大幅减少，但优质煤炭产能逐步得到释放。

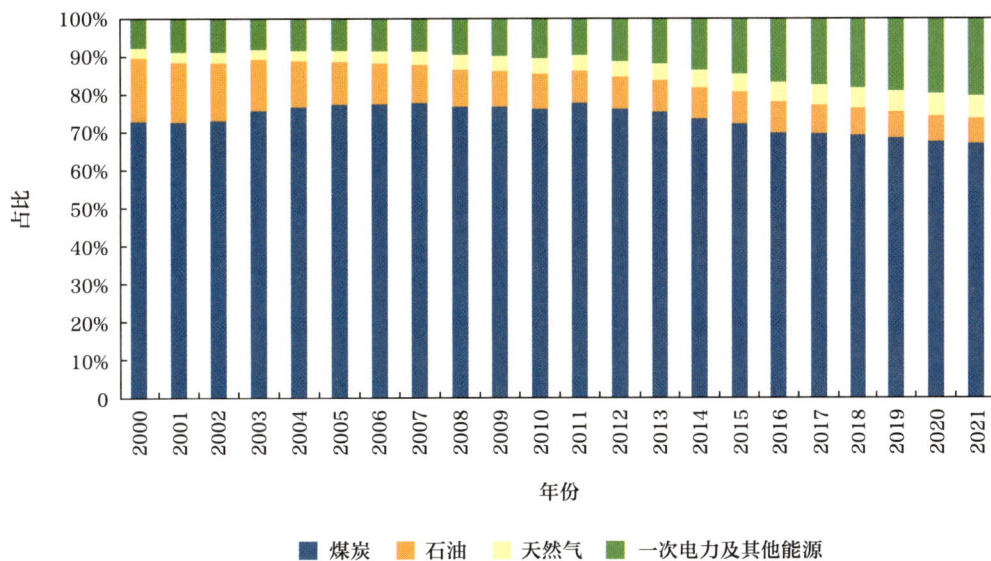

图 1-6 我国一次能源生产结构

资料来源：中国能源统计年鉴，中华人民共和国2022年国民经济和社会发展统计公报

石油产量长期保持稳定，天然气产量稳步提升。受资源赋存约束，我国石油年产量长期保持在1.9亿～2.1亿吨，占我国能源生产总量比例持续下降。天然气产量受增储上产持续推动实现快速提升，2022年达到2201亿立方米，较2000年增长约7.1倍。

电力供应能力显著提高，多元电力体系格局加速形成。2022年，我国累计发电装机容量、发电量分别达到25.6亿千瓦和8.85万亿千瓦·时，较2000年分别增长了约7倍和5.5倍，年均增长分别约1.02亿千瓦、3400亿千瓦·时，年均增速分别达到9.9%、8.9%，能源电力工业为国民经济和社会发展提供了强力支撑。从结构上看，火电装机占比逐步降低，虽然目前仍是最重要的电力基荷，但伴随非化石能源规模化发展，火电的系统调节功能将逐步增强。非化石能源在我国推动能源转型、应对气候变化等目标驱动下，近年来实现了高速发展。2022年，我国可再生能源装机容量达到12.13亿千瓦，占全国发电总装机容量的47.3%，首次历史性超过全国煤电装机容量。

3）能源净进口总量与结构

我国能源净进口是多元能源供应体系的重要补充。进入21世纪，我国能源战略从以自给自足为主转变为充分利用国内国外两种资源、两个市场，能源净进口量持续上升，和国内能源生产良好互补，共同保障了我国能源供应。2020年，我国能源净进口量为11.2亿吨标准煤，比2012年增长约83%，年均增速达7.8%（图1-7）。2022年，我国煤炭、原油和天然气进口量分别为2.9亿吨、5.08亿吨和1519亿立方米，受国内能源消费增速放缓及能源自产量增加等因素影响，同比分别下降9.2%、0.9%和9.9%（图1-8）。

图 1-7　我国能源净进口量和占比

资料来源：中国能源统计年鉴

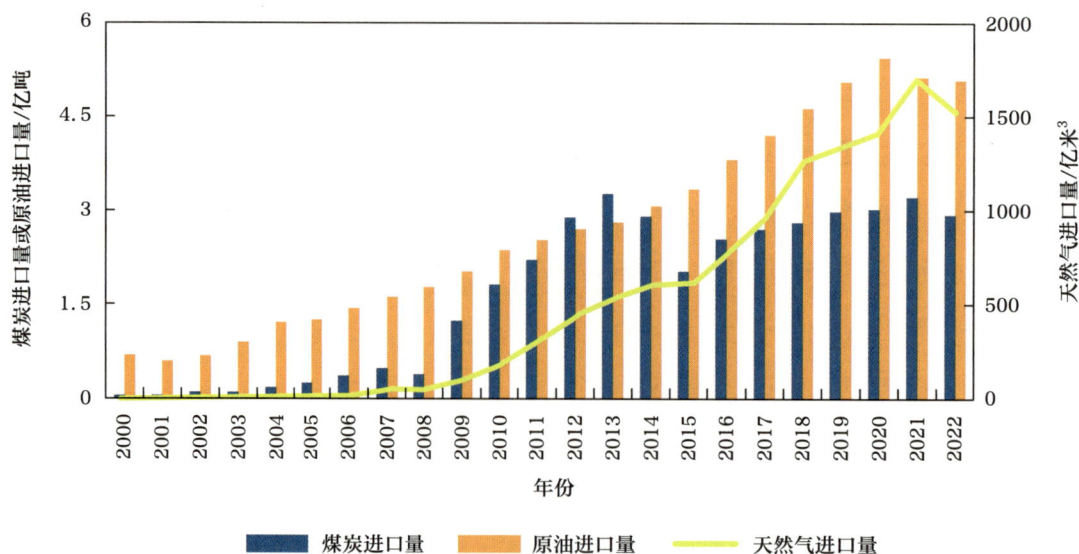

图 1-8　我国能源进口结构

资料来源：中国能源统计年鉴，中华人民共和国2022年国民经济和社会发展统计公报

进口煤炭主要发挥补充调节作用，总量基本保持在3亿吨左右。2022年，我国煤炭自给率约94%，自产煤基本可以满足国内消费需求，进口煤炭主要发挥调节区域供需、运力紧张和平抑价格波动等功能。自2012年以来，我国煤炭年进口量相对稳定，保持在3亿吨左右。

原油对外依存度快速增长，当前仍处于历史高位。在需求不断增长的推动下，我国原油进口量快速增长，原油对外依存度从2000年的约30%快速提高至2012年的57%和2022年的71%。过高的原油对外依存度给我国能源安全带来严峻挑战。

天然气进口规模和对外依存度快速攀升。近年来，我国天然气进口量不断升高，2022年天然气对外依存度约40%，较2012年提高了13个百分点。合理提高天然气自主保障能力、将其对外依存度控制在50%以内成为今后一段时期我国能源安全的重要工作之一。

3. 资源潜力

总体来看，我国能源资源禀赋具有"富煤贫油少气多风光"的特征。

1）化石能源

我国化石能源资源禀赋呈现煤炭资源丰富、油气资源短缺的显著性结构特征。在我国已探明的化石能源资源储量中，煤炭储量[①]为2079亿吨，占我国化石能源总储量的比例约94%；油气合计占我国化石能源总储量的比例约6%，和国内相对丰富的煤炭资源相比，我国油气资源贫乏的特征明显。

我国煤炭储量位居世界前列，资源地域分布主要集中在西北和华北地区，仅低于美国、俄罗斯和澳大利亚，高于印度、印度尼西亚和蒙古国等国，但按照2022年煤炭产量计算，我国煤炭静态可采年限不足46年。近年来，随着我国煤炭行业持续淘汰落后产能、实施产能置换和有序释放优质产能，煤炭开发和产能布局进一步向山西、陕西、内蒙古和新疆集中，四省区煤炭储量分别占全国比例约24%、15%、16%和18%，合计占比约73%，近十年提高了约5个百分点。

我国油气储量持续上升，资源地域分布主要集中在盆地。为确保国内油气产量稳定提高，国家于2011年批准实施找矿突破战略行动，十年间共发现17个亿吨级大油田和21个千亿立方米级大气田。近年来，随着国家增储上产力度进一步加大，2021年我国石油、天然气储量比2012年分别增长约11%和45%。石油资源主要分布在塔里木、准噶尔、柴达

---

① 参照国家标准《固体矿产资源储量分类》（GB/T 17766—2020），为证实储量与可信储量之和。

木、鄂尔多斯、松辽、渤海湾、东海陆架、珠江口和南海中南部等盆地，天然气资源主要分布在塔里木、四川、鄂尔多斯、东海陆架、柴达木、松辽、琼东南和渤海湾等盆地。

2）非化石能源

我国风能资源整体呈现"西北内陆多、东南沿海丰富"的重要特点。受我国地形因素影响，具有地势平坦优势的三北地区、青藏高原西北部地区和东南沿海地区是我国风能资源最丰富的三个地方。东南沿海地区冬、夏季风明显，且海面阻力很小，风力十分强劲。青藏高原西北部地区海拔高且大气稀薄，风能密度较低。

我国太阳能资源整体呈现"高原多、西部大"的重要特点。我国约70%的地区年日照小时数大于2000小时，年辐射量在5000兆焦/米²以上，与同纬度国家相比，我国太阳能资源优于日本，在全球属于太阳能资源较丰富的国家。从具体地区看，青藏高原、宁夏北部、甘肃北部、新疆东南部和青海西部等是我国太阳能资源较丰富的地区。

我国水能资源主要分布在西南地区。我国西南地区位于季风气候区，夏季降水丰富且集中，而且地处第一阶梯和第二阶梯的交界处，地势落差大，径流量大，是我国水能资源分布最主要的地区。从具体区域看，约70%的水能资源集中在四川、重庆、贵州、云南和西藏。

我国非化石能源当前可开发程度整体偏低，未来仍有巨大的发展空间。根据国内相关研究，我国风电、光伏发电潜在的技术可开发量约565.5亿千瓦，当前我国风光装机容量仅占到潜在技术可开发量的1.3%；另外，我国水电潜在的技术可开发量约6.8亿千瓦，目前开发程度仅为60%左右；总体来看，未来我国非化石能源有巨大的开发空间。

（二）我国能源发展与环境保护

1. 能源发展与碳排放

我国能源活动碳排放和能源消费发展呈现高度趋同的重要特征。我国能源消费结构高碳化特征明显，碳排放因子最高的煤炭消费占比在50%以上，因此我国能源活动碳排放和能源消费表现出高度相似的发展过程，二者的总量、增速均先后经历了由高速增长到波动增长的阶段，且其强度双双实现了快速下降。2005—2021年，在我国大力发展非化石能源、不断强化碳排放强度削减幅度，以及持续提高能源利用效率等政策影响下，我国能源活动碳排放量年均增速（约3.5%）低于能源消费年均增速（约4.4%），同期，我国是全球碳排放强度和能源消费强度降幅最快的国家，其中碳排放强度累计降幅约

51%，能源消费强度累计降幅约42%（图1-9和图1-10）。

图 1-9　我国能源消费和能源活动碳排放的总量和增速

资料来源：英国石油（BP）公司，中国能源统计年鉴

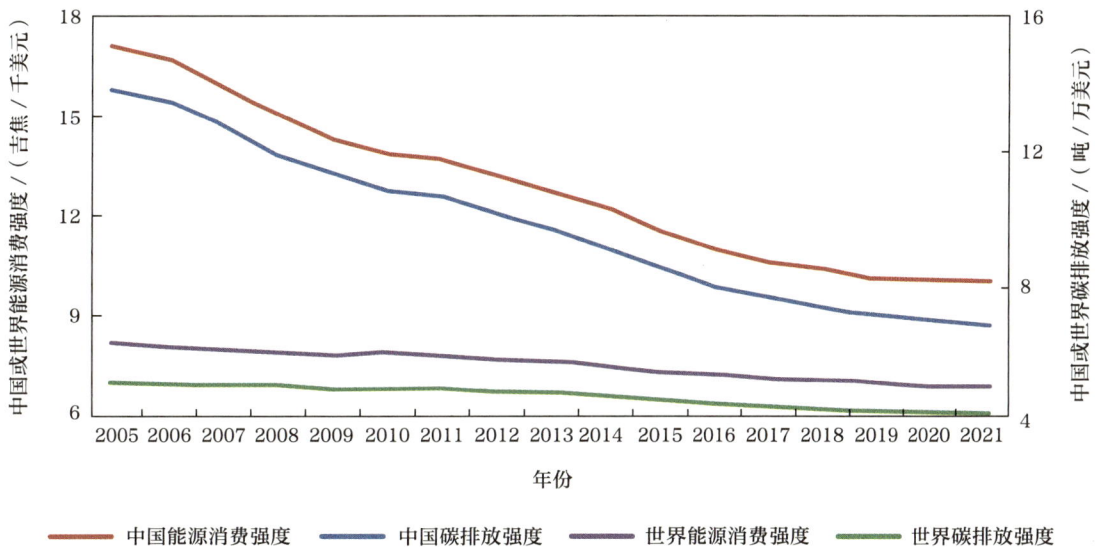

图 1-10　我国和世界能源消费强度和碳排放强度

（2015 年不变价美元）

资料来源：英国石油（BP）公司，世界银行

　　我国以"双碳"目标引领经济社会全面绿色转型，为应对全球气候变化做出重大表率。我国为贯彻落实"双碳"目标，构建完成了碳达峰、碳中和"1+N"政策体系。其中"1"是实现"双碳"目标的指导思想和顶层设计，由《中共中央　国务院关于完整准

确全面贯彻新发展理念做好碳达峰碳中和工作的意见》和《2030年前碳达峰行动方案》两个文件共同构成，明确了我国"双碳"工作的时间表、路线图、施工图。"N"是指重点领域、重点行业实施方案及相关支撑保障方案。目前我国已初步构建多维度、多领域、多层级的"双碳"标准体系，为全球应对气候变化、实现温室气体减排提出了中国方案。

2. 能源生产利用与污染物排放

我国能源活动污染物排放和能源消费发展在趋势上存在较高的正相关关系（图1-11）。我国能源消费结构以化石能源为主，在燃烧过程中会形成二氧化硫、氮氧化物以及二氧化碳、一氧化碳等，并产生烟尘。

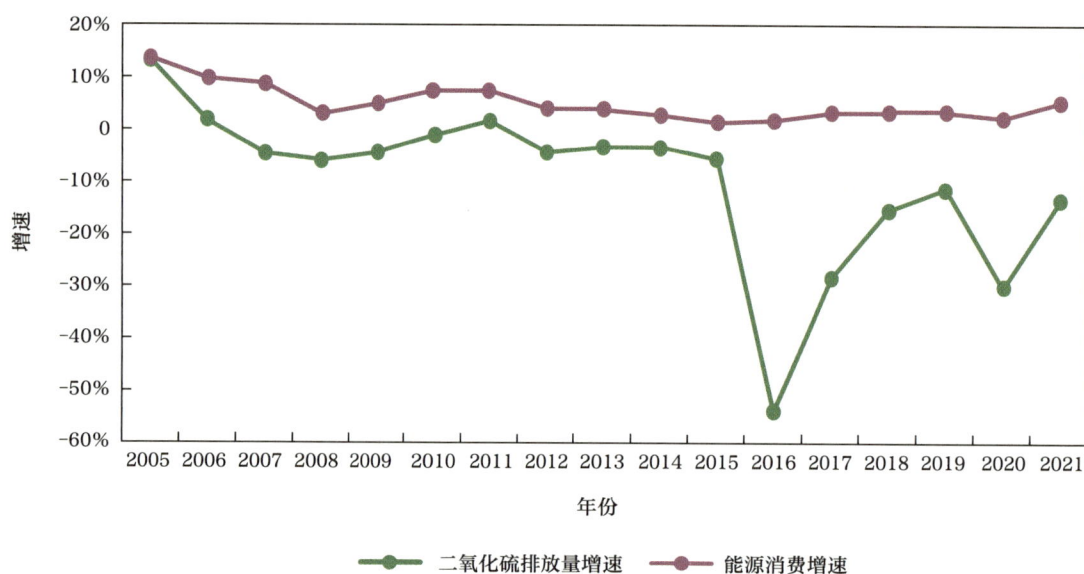

图 1-11　我国二氧化硫排放量增速和能源消费增速

资料来源：国家统计局

自2015年以来，为进一步提升煤电高效清洁发展水平，我国对煤电机组进行超低排放改造。后续为持续推进大气治理和缓解资源约束，我国围绕打好污染防治攻坚战，推动减污降碳协同治理，重点部署蓝天保卫战三年行动计划。这一时期主要污染物排放实现了快速下降，其中二氧化硫、氮氧化物和颗粒物从2015年的1859万吨、1851万吨和1538万吨分别降至2021年的275万吨、973万吨和538万吨，降幅分别约85%、47%和65%，年均下降分别约27%、10%和16%，主要污染物排放均实现了大幅下降，推动生态环境质量明显改善（图1-12）。2022年，我国地级及以上城市优良天数比例为86.5%，比2013年提高了20个百分点，年均提升2个百分点以上。重污染天数比例首次降到1%以内，达到0.9%。细颗粒物（PM$_{2.5}$）有监测数据以来浓度首次降到30微克/米^{3}以内。

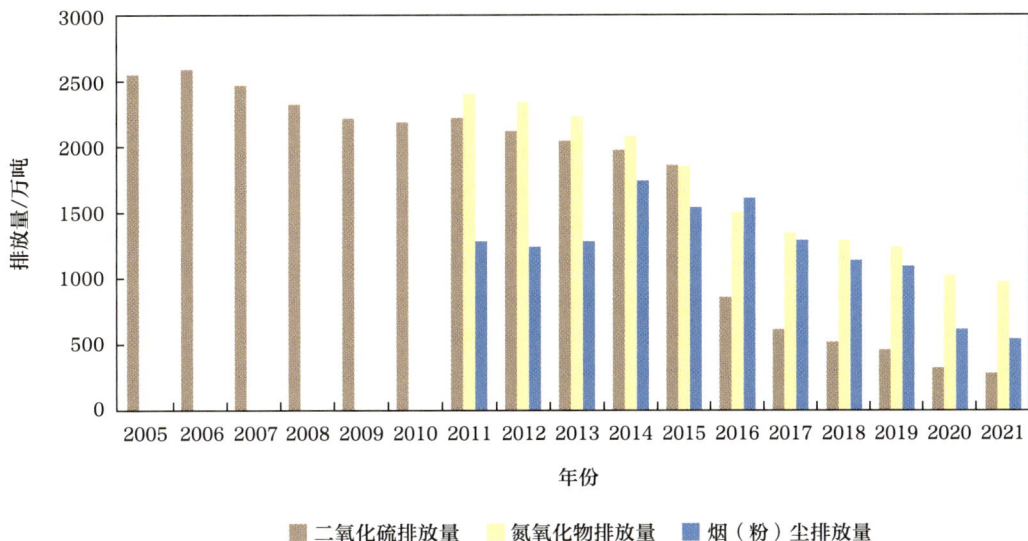

图 1-12　我国大气主要污染物排放量

资料来源：国家统计局

推动减污降碳协同增效成为我国促进经济社会全面绿色转型的总抓手。由于污染物排放和碳排放具有同源性，持续推动减污降碳协同增效可对我国经济结构、能源结构、交通运输结构和生产生活方式产生重要影响，这既有利于减缓气候变化的负面效应，也有助于推动污染源头治理。立足新发展阶段，我国在2022年印发了《减污降碳协同增效实施方案》，通过建立"源头—过程—末端"全过程减污降碳协同增效体系，全面提升环境治理综合效能，实现环境效益、气候效益、经济效益多赢。

（三）我国能源发展总体趋势

一是能源安全重要内涵不断丰富拓展。传统能源安全较多强调供应稳定，维度相对单一，与环境保护、科技创新和能源治理等联系较弱。在"双碳"目标下，能源安全面临的潜在风险日益多元，未来保障能源安全不仅要确保能源供应稳定，还要实现能源资源、核心技术和关键设备等的安全，以及确保电力安全和促进能源转型。其重要内涵应坚决贯彻落实习近平总书记提出的"四个革命、一个合作"能源安全新战略，持续推动我国能源供需、科技、制度等各项基础不断筑牢。

二是能源结构持续优化调整，绿色低碳特征进一步凸显。在供应侧，近中期坚持"先立后破"是保安全应有之策，煤炭清洁高效利用、油气增储上产仍需持续加强。

中远期随智能电网、气象精准预测技术，以及长时跨季调节灵活电源和储能大规模发展部署，化石能源将更多地发挥应急和兜底功能，一次能源供应实现由化石能源为主向非化石能源为主的逐步转变。在消费侧，非化石能源消费占比将持续提高，并终将替代化石能源成为一次能源消费主力，在能源品种方面，电能在工业、交通、建筑等领域对化石能源的替代水平持续提高，未来终端电气化程度将不断提升；氢可作为燃料和原料，广泛应用于交通和工业等领域，其在终端能源消费中的比例同样保持上升趋势。

三是能源投资水平稳定提高，投资结构不断优化，持续发挥溢出效应。能源投资作为开发、生产和供应能源资源的经济保障，未来需要继续提高，以进一步夯实能源供应链基础和支撑国家现代化建设。从能源投资结构来看，未来投资重心将主要集中在电力生产和供应等领域，促进电能在全社会各行业得到更加广泛的应用。能源行业产业链较长，又与采矿业、制造业、建筑业、运输仓储业等密切相关，因此，随着能源投资总量增加和结构优化，可充分发挥自身的溢出效应，撬动资源开发、装备制造和基础设施建设等多个产业再发展再壮大，并形成产业聚集，持续提高发展水平。

四是能源科技创新跨行业交叉的特征更为突出。不同能源品种具有各自的技术发展方向，但作为应用型行业，能源科技创新均依赖于基础材料、先进制造和信息通信等基础学科与原创性技术的发展。例如，耐高温材料常用于制作火电、核电和石油裂解等在高温工作下的管材，能保障设备稳定运行和提高能源利用效率；先进传感技术可用于风电场智能监控、油气资源探测和智能电网等，依靠实时准确的数据，能提高安全运行和监测能力。未来能源科技创新更加强调吸收借鉴材料、环境、信息和数据等基础学科与前沿领域的最新研究成果，实现行业交叉联系和协同创新。

五是数字化智能化技术深度融入和改变能源行业。物联网、云计算、大数据、信息通信和人工智能等技术在能源系统中的逐步应用可促进能源在信息层面的深度融合，建立能源生产运行的监控、管理和调度信息服务网络，以及对用能全过程进行实时监测和综合研判，有助于持续推动能源生产和消费革命，提高能源利用效率，实现能源在供应、运输、存储和消费等各环节的全方位感知、数字化管理、智能化决策和自动化运维。另外，基于互联网的综合能源信息融合可整合分散需求，实现信息的充分双向流动，进而带来商业模式创新，衍生新的能源产业链。

六是多类型能源互补耦合有望成为能源产业变革的重要方向。实现多类型能源品种横向融合与优势互补是打破各类能源品种计划单列、提升能源系统整体效率的重要模式。未来随着新能源渗透率持续提高，电网运行更加复杂，电力系统对调频、调峰资源的需求将大大增加。一方面，加快推进风、光、水、火、储多能互补系统建设运行，可提高新能源消纳水平，提升电力安全保障能力和系统综合效率。另一方面，由于我国能源供需格局逆向分布，统筹开发分布式可再生能源和智能微网建设，实现多能协同供应和能源综合梯级利用对我国能源转型具有重要的现实意义。

二、我国能源消费与经济社会发展

能源是国民经济的命脉，随着我国新型工业发展和中国式现代化进程推进，能源仍将为我国经济持续发展和社会长期稳定提供重要的物质保障。

（一）经济社会发展阶段、发展水平与能源消费规模结构

社会发展离不开能源，当前我国仍处于工业化发展进程中，经济社会发展对能源的需求仍将保持增长。总体来看，能源消费规模与经济社会发展阶段直接相关，能源消费结构与经济社会发展水平密切关联。

1. 经济社会发展阶段与能源消费规模

经济社会发展与能源消费在总量方面呈现高度的正相关关系，但弹性系数会有所变化。工业化初期时，能源消费的增长幅度要高于GDP的增长幅度，能源消费弹性系数总体保持在1.0以上，经济社会发展严重依赖能源资源的大量投入；工业化中期时，能源消费的增长速度与经济社会发展的增长速度大体同步，能源消费弹性系数在0.6～1.0波动，经济社会发展需要能源资源的持续投入；工业化后期时，较低的能源消费增长支撑国民经济的稳定发展，能源消费弹性系数一般低于0.5。自2012年以来，我国经济进入高质量发展阶段，2012—2021年，我国能源消费弹性系数平均值为0.45，表明当前我国已进入工业化中后期的新型工业化发展阶段。从发展趋势看，至2035年我国基本实现社会主义现代化后，我国将总体上完成工业化，在这一阶段，我国经济社会发展仍将需要能源消费增长提供支撑。随后，我国将进入后工业化时代，经济社会发展总体上将与能源消费增长脱钩，其间能源消费或将达峰。

2. 经济社会发展水平与能源消费结构

经济社会发展水平的提高推动能源消费结构不断演化。追求能源消费的清洁化、

便捷化、低成本是能源结构演化的直接动力，其中与经济社会发展水平相匹配的科技创新是本源动力。历史上人类从柴草时代过渡到煤炭时代，再过渡到油气能源时代，与经济增长带来的科学技术的突飞猛进是分不开的。经济社会发展水平提高还会改变人们的生活水平、消费习惯和消费观念，会促使人们利用更加方便、清洁的能源，这也是能源消费结构演化的一种表现形式。自2012年以来，我国深入推动能源消费革命，加快转变用能方式，扎实开展重点地区煤炭消费减量替代工作，加快推进天然气大规模利用，大力发展非化石能源，能源消费结构优化成效明显，能源绿色低碳转型步伐加快。2012—2021年，我国清洁能源消费占比从14.5%提升到25.5%，年均提高超过1个百分点，煤炭消费占比从68.5%持续下降至56.0%，能源消费结构逐步向清洁、低碳转变。

3. 经济社会发展趋势与能源消费预测方法

能源消费的"量""质"（规模和结构）与经济社会发展阶段和水平等密不可分，经济社会向前发展的动能牵引了能源消费总量增长，经济社会发展的综合水平影响了能源消费结构优化。同时，能源行业是国民经济的重要组成部分，能源发展也为经济社会不断发展提供了物质基础和前进动力。研究经济社会发展趋势是开展能源消费中长期预测的前提和基础。能源消费与经济社会发展相互促进、相互支撑，但很多时候受能源消费总量、结构等影响，以及经济社会发展外部环境制约，能源安全供应、能源消费污染排放、能源利用经济性能等成为影响能源发展的三要素，厘清能源发展三要素及其与经济社会发展互动及影响的关系是提出能源发展路径的根本方法。

（二）我国经济社会主要发展指标与能源消费

经济社会发展影响能源发展规模、结构，开展能源系统研究，首先需要对人口发展、城镇化水平、GDP等宏观经济社会指标的发展趋势进行研究。

1. 人口发展与能源消费

长期以来，我国能源消费总量与人口总量保持着正相关关系（图1-13），一方面，人口增长直接带动生活用能需求的增加，另一方面，人口增长促进了社会生产发展，从而提升了生产用能需求。对比来看，能源消费的增速快于人口的增速，人均能源消费量不断提高，由2000年的1.16吨标准煤提高到了2022年的3.83吨标准煤。

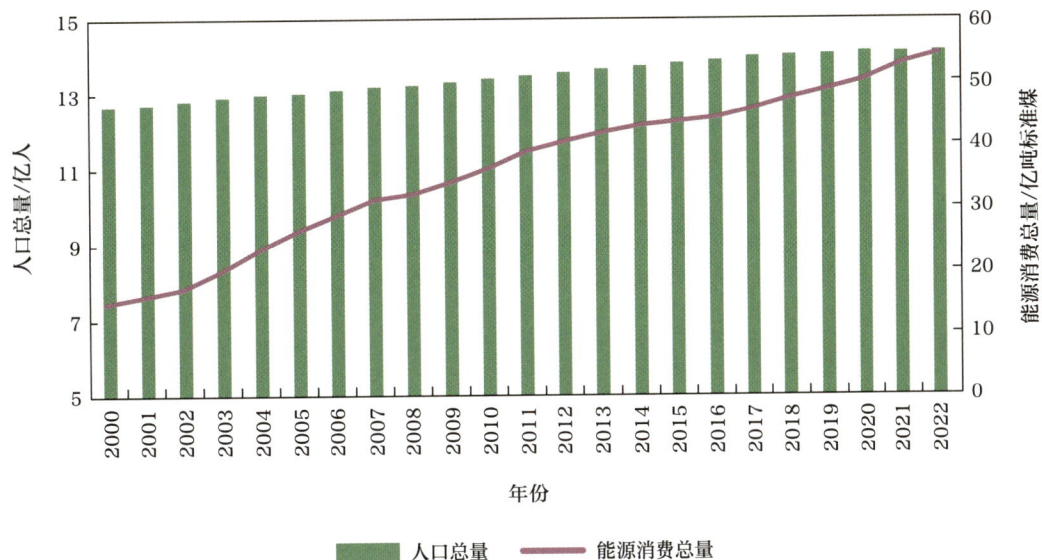

图 1-13　2000—2022 年全国人口总量与能源消费总量（发电煤耗法）

资料来源：国家统计局

　　近年来，我国人口发展呈现出总量保持增长、增速逐步放缓的趋势。2022年末，我国人口总量为141 175万人，比2021年末减少85万人，人口自然增长率为-0.6‰（图1-14）。我国人口增速持续放缓的直接原因是出生人口不断减少，主要受两方面因素影响：一是育龄妇女人数持续减少；二是生育意愿继续下降。2021年"三孩政策"的出台有利于改善我国人口结构、保持我国人力资源禀赋优势，预期可在一定程度上对冲我国近年来人口增速下滑的势头，防止我国人口总量出现明显下行。

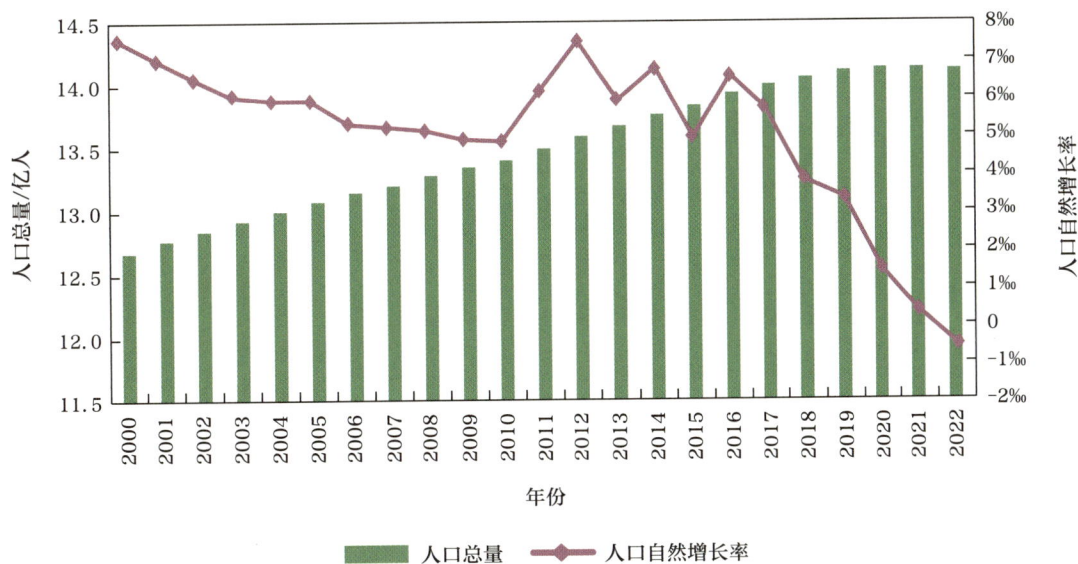

图 1-14　2000—2022 年全国人口总量及人口自然增长率

资料来源：国家统计局

预计未来十年我国人口将处于峰值平台期,平均年龄逐步提高。参考联合国《世界人口展望2019》、育娲人口研究智库《中国人口预测报告2021版》等人口中长期研究报告,并根据我国人口总量、性别比例、年龄结构、人口政策等因素综合研判,我国人口总量从当前到2030年处于峰值平台期,人口总量总体平稳、略有下降,预计2035年人口总量将降至略低于14亿人,2060年人口总量将降至12.7亿人左右(图1-15)。人口年龄结构方面,2022年末,全国60岁及以上人口占19.8%,较2021年上升0.9个百分点,人口老龄化程度进一步加深。根据第七次全国人口普查的人口年龄结构,预计未来一段时期,劳动年龄人口数量和比例仍将延续之前的下降趋势。劳动年龄人口虽趋于减少,但总量仍近9亿人,劳动力资源总体丰富。从质量上看,劳动年龄人口素质明显提高,平均受教育年限由2010年的9.67年提高到2020年的10.75年,人才红利从"量多"转向"质优",这也将为推动高质量发展、构建新发展格局持续注入强大动力。

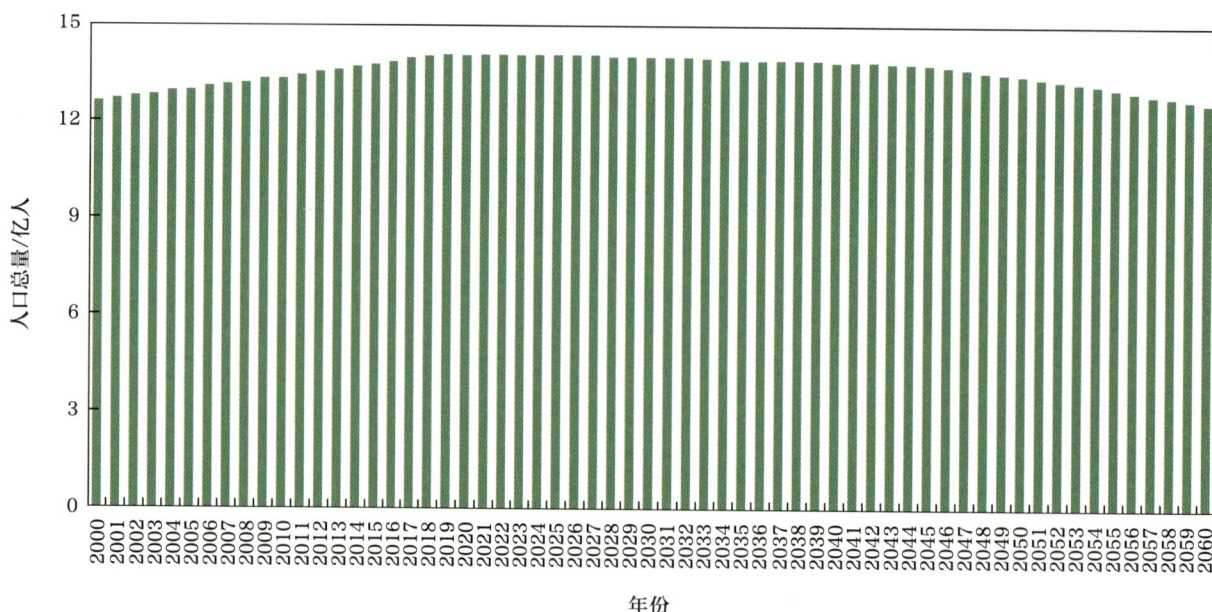

图 1-15　我国人口总量统计及中长期发展趋势预测

资料来源:国家统计局,联合国经济和社会事务部人口司

2. 城镇化水平与能源消费

城镇化水平的升高带动了能源消费的发展。首先,在城镇化的过程中需要兴建大量的地产、道路、管线等基础设施,拉动钢铁、建材、有色金属、化工等高耗能产品消

费，从而产生大量能源需求；其次，在实现城镇化以后，居民的生活水平提高，对于汽车、家电（尤其是空调）等消费品的需求增加，进而提高了能源消费水平。总体来看，我国能源消费与城镇化水平呈现明显的正相关关系。

近年来，我国城镇化水平不断提高，未来提升空间仍然较大。我国城镇化率从1980年的19.4%提升至2022年的65.2%（图1-16）。《中华人民共和国国民经济和社会发展第十四个五年规划和2035年远景目标纲要》提出，要坚持走中国特色新型城镇化道路，使更多人民群众享有更高品质的城市生活。对比美国、英国、法国、日本、韩国等发达国家的城镇化率（80%～92%），未来预期我国城镇化率还有15到20个百分点的提升空间。

图 1-16　2000—2022 年我国城镇化率与能源消费总量（发电煤耗法）

资料来源：国家统计局

根据我国城镇化发展历史趋势、城镇化相关政策和规划、发达国家城镇化进程规律、城镇人口规模和结构等因素预测，我国城镇化水平将不断提高，城镇化率将呈现稳步提升的走势，预计我国城镇化率在2030年前将突破70%，在2035年将达到74%左右，2055—2060年将达到80%左右，并保持相对稳定，基本达到目前世界主要发达国家平均水平的下限（图1-17）。

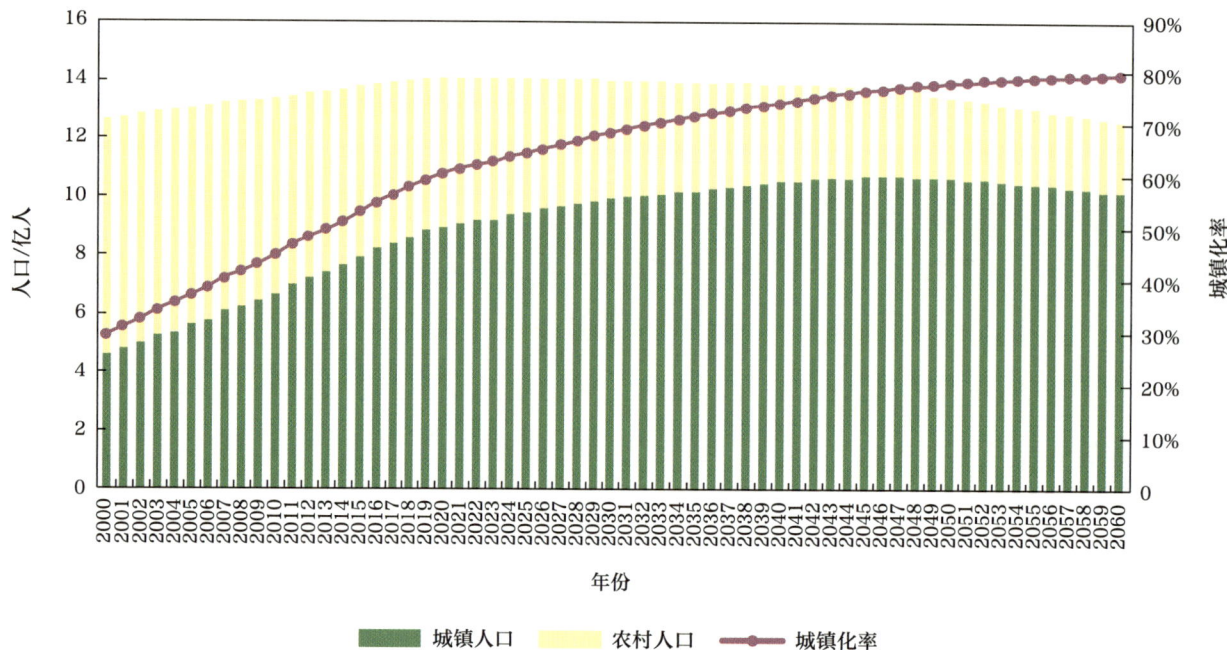

图 1-17　中国城镇化率统计及中长期发展趋势预测

资料来源：国家统计局，联合国，中国社会科学院农村发展研究所

3. GDP与能源消费

自2000年以来，我国经济建设取得了举世瞩目的成绩，目前GDP位居世界第二。经济的快速发展离不开能源支撑，尤其是我国的经济结构中工业占比较高，经济总量不断发展壮大的同时对能源消费形成了巨大需求，不断推动能源消费增长。我国GDP总量与能源消费总量呈现出高度正相关关系（图1-18），2000—2022年能源消费弹性系数在0.2～1.7

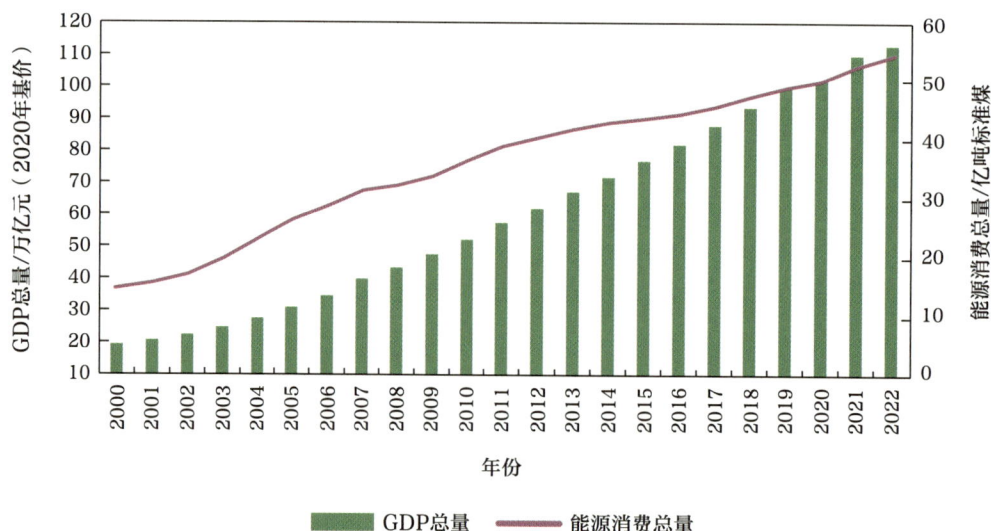

图 1-18　2000—2022 年我国 GDP 总量与能源消费总量（发电煤耗法）

资料来源：国家统计局

波动，平均值为0.7左右（图1-19），说明现阶段经济增长对能源消费的拉动效应非常明显。

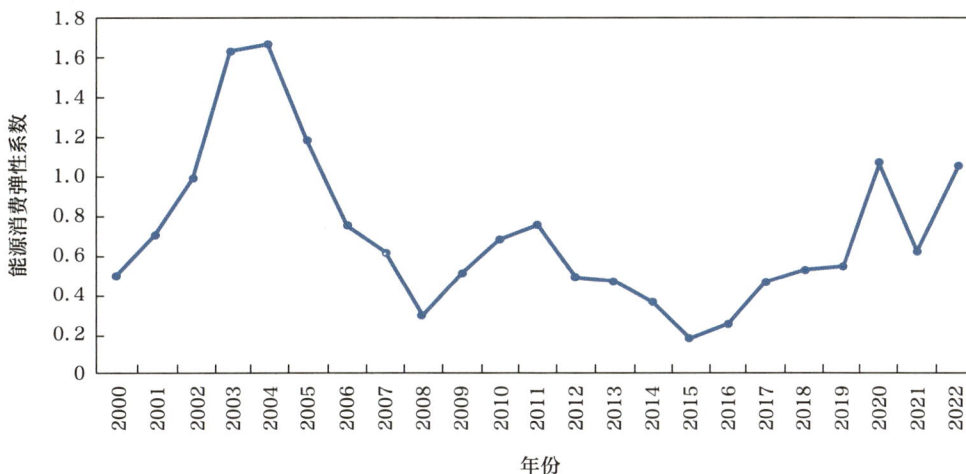

图 1-19　2000—2022 年我国能源消费弹性系数

资料来源：国家统计局

　　我国GDP规模持续扩大，发展增速呈逐步降低态势。2022年我国GDP总量达121万亿元（现价），增速为3.0%。2000—2022年，我国GDP增速总体呈现下降趋势，"十五""十一五""十二五""十三五"时期的年均GDP增速分别为9.8%、11.3%、7.9%和5.7%，预期"十四五"时期年均GDP增速为5%~5.5%。

　　未来我国经济将保持长期增长，人均水平逐步向发达国家看齐。2022年，我国人均GDP约为1.25万美元，对标当前爱尔兰（10万美元）、瑞士（9.2万美元）、美国（7.0万美元）、德国（5.1万美元）、日本（4.0万美元）和新加坡（7.3万美元）等主要发达国家及我国香港（5.0万美元）、我国澳门（4.4万美元）等发达地区，仍存在较大发展空间。

　　《中华人民共和国国民经济和社会发展第十四个五年规划和2035年远景目标纲要》提出，2035年基本实现社会主义现代化远景目标，人均GDP达到中等发达国家水平。党的二十大报告提出，到21世纪中叶，把我国建设成富强民主文明和谐美丽的社会主义现代化强国。总体研究认为，"十四五""十五五""十六五"时期我国年均GDP增速分别为5%~5.5%、4.5%~5%、4%~4.5%，到2035年，我国GDP和人均GDP基本实现翻一番，总量达到200万亿~210万亿元（按2020年基价，下同）；2035年后GDP增速进一步下降，2035—2050年的年均GDP增速为3%~3.5%，到2050年建设成社会主义现代化强国，2050—2060年的年均GDP增速为2%~2.5%，人均GDP达到当前德国、日本和我国港澳地区水平（4.5万~5.0万美元），GDP总量达到410万亿~430万亿元（图1-20）。

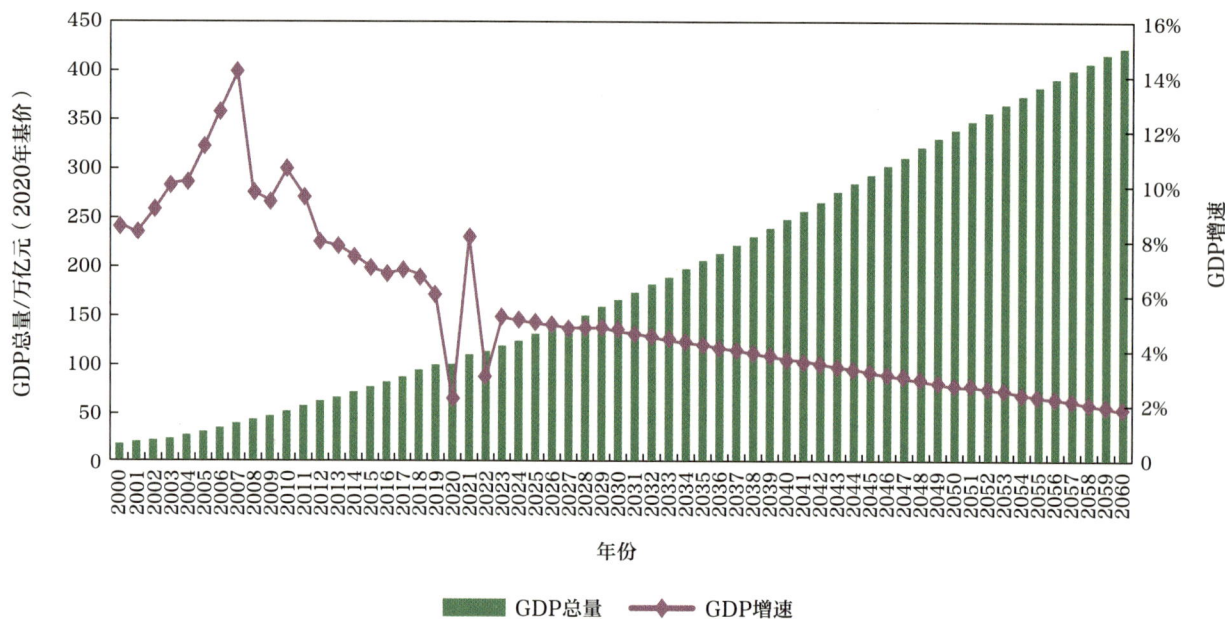

图 1-20　GDP 总量和 GDP 增速统计及发展趋势预测

资料来源：国家统计局

三、能源系统建模与情景设置

本书所有能源系统相关结论均以国家能源集团技术经济研究院组织开发的中国能源系统预测优化模型（CESFOM）为依托，在综合研判经济社会发展、能源安全保障、绿色低碳转型、经济成本合理、技术路线调整等因素基础上，提出了2035年能源发展预测和转型路径，并基于中长期能源技术发展和经济成本不确定性，开展了面向2060年的基准情景、高配比储能和高配比CCUS两个拓展情景共三类情景的分析研究。

（一）能源系统建模

能源系统是一个复杂庞大且内部关联非常紧密的系统，很多能源发展过程指标、预期目标之间具有直接的耦合联动性。CESFOM采用自下而上产业门类法、能源转化利用技术物理路径法等进行底层逻辑开发，确保研究结论的科学性、系统性和完备性。首先，以经济社会发展研判和行业发展规模定量分析为基础，通过终端能源需求预测子模型推演国民经济13个主要用能产业部门的终端能源需求量及用能结构，得出我国未来终端能源消费总量及结构。其次，系统梳理能源加工转化过程的物理技术和能量损耗关系，通过一次能源消费预测子模型和终端能源需求仿真推演出我国一次能源消费总量及结构。最后，通过一次能源供给优化子模型多情景推演，得出多目标和约束下的我国一次能源最优供应方案。三个子模型相互贯通并循环反馈，形成互动整体，确保终端用能、能源加工转化、能源供给等在能源系统安全裕度目标、能源发展和"双碳"约束下，实现全社会能源系统总体经济最优。模型输入数据均以《中国能源统计年鉴》和我国官方统计数据、行业协会发布数据等为基础。

（二）情景设置

1. 情景设置原则

本书面向"双碳"目标，研究的时间跨度为2023—2060年，结合经济社会发展趋势预测和能源技术发展趋势研判，将整个研究划分为两个阶段。

第一阶段是2023—2035年。这一阶段的主要宏观环境和目标是：基本实现社会主义现代化远景目标，实现碳达峰目标并在2035年稳中有降。

能源行业发展重点是：在推进能源绿色低碳转型进程中，立足我国能源资源禀赋，兜住能源安全底线；可再生能源成为增长主体，逐步建设"立"的体系和机制，能源系统全力保障经济社会安全稳定和高质量发展。这一阶段，处理好能源安全与低碳转型的关系是发展重点，"先立后破"原则下的既有能源发展规律、能源的生产和供给方式较当前不会发生重大转变，对各项能源发展指标可以进行相对明确的研判。因此，2023—2035年，本书将主要开展能源发展预测研究，以此来作为基准情景，不再设置其他情景。

第二阶段是2036—2060年。这一阶段的主要宏观环境和目标是：中国式现代化得到充分验证，经济总量达到较高水平，发展方式更为注重内涵式增长，2050年全面建成社会主义现代化强国，新型能源体系全面建成，2060年顺利实现碳中和目标。

能源行业发展趋势是：在顺利实现碳达峰目标基础上，通过能源技术持续突破和体制机制不断创新，能源的生产和供应方式较当前发生根本性变革，制约能源安全和低碳转型的技术、成本等瓶颈基本得到解决，新型能源技术和供需应用场景得到广泛应用。这一阶段，能源转型发展路径多元，不确定性较大，能源发展新形态加速重塑。因此，2036—2060年，本书拟分以下三种情景对我国能源行业中长期发展大势进行展望。

（1）基准情景，在第一阶段2023—2035年量化预测的基础上，对2036—2060年的总体能源图景进行综合展望，其中能源主要技术发展方向相对均衡平稳，能源形态按照既有规律和趋势进行演化发展。

（2）拓展情景一，即储能承担多时长调峰情景，显著特征是高配比储能。在2023—2035年基准情景的基础上，基于制约可再生能源规模化发展的长时低成本储能技术取得重大突破，"新能源+储能"在保障能源安全和推进能源低碳发展方面取得绝对发展优势，形成对能源系统增量发展和存量替代的巨大推动力。

（3）拓展情景二，即CCUS更大规模布局情景，显著特征是高配比CCUS。在2023—2035年基准情景的基础上，基于CCUS取得绝对发展优势，"化石能源+CCUS"在可靠性、安全性、经济性等方面具备大规模推广应用的基础。

除上述三种情景外，从中长期看，若可控核聚变技术、先进高效太阳能光电光热技术、高效低成本制储氢技术及终端利用技术等前沿技术取得重大突破，则能源生产供应和消费利用在总量、结构、方式等方面也将可能发生重大颠覆性的变化与调整，能源系统形态的重塑方向也将更趋多元。

2. 基准情景

基准情景是指在外部发展环境未出现重大破坏、国内经济社会发展达到正常预期情况下，能源系统按照"双碳"目标总要求和能源系统、行业发展相关政策规划目标，能源技术逐步进步，能源节能降碳和转型有序推进。

基准情景的内涵如下：在人口发展、城镇化水平、GDP增长等社会经济发展指标达到预期的前提下，按照"双碳"目标的总要求，不断强调全社会的节能降碳，采取有力的政策约束，运用一定行政指导手段主动调整产业结构，降低高能耗行业占比，并投入大量节能技术研发降低单耗水平，从而不断对冲全社会用能总需求的增长，以确保更为顺利地实现"双碳"目标，以及非化石能源消费占比、终端电气化率等预期性用能指标。

基准情景的特点如下：产业结构不断升级，能源消费结构朝着绿色低碳方向深入转型发展，能源系统终端电气化、电力清洁低碳趋势不断增强，总体上全社会产业结构更加清洁低碳、资源利用更加集约、能源总量和能耗控制政策更为强化、节能技术更加进步。

基准情景下重要变量因素预测研判如下。

在基准情景下，本书对人口、城镇化率、GDP总量及GDP增速、钢铁/水泥/电解铝/成品油/焦化品/塑料/合成材料/化肥/酸/碱等高耗能产品的产量，以及运输周转量、人均消费支出等对全社会能源消费有重要影响的因素进行了预测。其中，人口、城镇化率、

GDP总量及GDP增速等宏观社会经济因素的预测参见本篇第二章第二节。

关于钢铁行业，本书综合考虑经济发展水平、人口、城镇化率、人均钢铁蓄积量、发达国家人均钢铁蓄积量、废钢回用比例、钢铁循环损耗等因素，通过量化模型预测钢铁产量呈现稳步下降趋势，到2060年下降至5.5亿吨左右，该预测结果与中国钢铁工业协会、冶金工业规划研究院等行业权威机构对于2060年的钢铁产量判断基本一致。

关于有色金属行业，本书主要选取铝作为代表性品种进行预测研究，主要原因是铝行业的能耗占有色金属行业总体能耗的80%左右，很有代表性。在考虑宏观社会经济因素和铝行业自身特点后，通过量化模型预测电解铝产量呈现短期小幅上升、中长期稳步下降的趋势，到2060年下降至1150万吨左右，该预测结果与中国有色金属工业协会铝业分会对于2060年的电解铝产量研判大体一致。

其他主要高耗能工业品如水泥、成品油、焦化品、塑料、合成材料、化肥、酸、碱等，本书均采用宏观社会经济因素和行业自身特点相结合的量化模型进行预测。另外，本书还对运输周转量、人均消费支出等对服务业和居民生活用能影响较大的因素进行了量化预测。

3. 拓展情景一：储能承担多时长调峰情景

储能承担多时长调峰情景是由基准情景衍生出来的，其内涵、特点及一些变量因素有诸多相似之处，不再重复叙述，在此主要说明其与基准情景的主要区别。

（1）关于能效水平，该情景比基准情景更加先进，全社会能源使用更加集约高效，单位GDP能耗和用电水平较基准情景均略低。

（2）关于储能，该情景下储能技术比基准情景下更为先进，除了实现日内的短时调峰功能，到2060年储能还可实现较低成本的长时调峰功能，功能性大幅增强。

（3）关于煤电，该情景下"新能源+储能"将比基准情景发挥更大的作用，适用性显著提高，继续保留大量煤电进行常态化调峰的必要性不强，到2060年煤电规模将进一步缩减，仅发挥应急备用的作用。

（4）关于终端能源消费，该情景下化石能源消费比例将比基准情景更低，终端用能电气化率进一步提高，且由于储能技术更加先进，氢能的一部分空间也将被电能挤占。

（5）关于CCUS，该情景下化石能源消费将比基准情景明显降低，能源活动的碳排放量也随之降低，为实现碳中和目标所需布置的CCUS项目规模也大幅减小。

（6）关于能源消费结构，该情景下风电、太阳能发电等非化石能源在储能技术的支持下将比基准情景有更好的发展，化石能源消费将被进一步压缩，到2060年非化石能源消费占比将在基准情景（80%）的基础上进一步提高到85%左右。

4. 拓展情景二：CCUS更大规模布局情景

CCUS更大规模布局情景也是由基准情景衍生出来的，其内涵、特点及一些变量因素有诸多相似之处，不再重复叙述，在此主要说明其与基准情景的主要区别。

（1）关于能效水平，该情景比基准情景略为落后，全社会能源使用较基准情景偏粗放，单位GDP能耗和用电水平均高于基准情景。

（2）关于储能，该情景下储能技术未达到基准情景的水平，难以完全实现基准情景下的相应调峰功能，适用性受限。

（3）关于煤电，该情景下"新能源+储能"组合大规模推广将受到抑制，需要保留更多的煤电以发挥调峰、应急备用甚至基荷的作用，到2060年煤电规模将进一步提高。

（4）关于终端能源消费，该情景下化石能源消费比例将比基准情景更高，发挥更为重要的作用，终端用能电气化率有所降低。

（5）关于CCUS，该情景下发电用煤和终端化石能源消费都将比基准情景明显提高，能源活动的碳排放量也随之攀升，为实现碳中和目标所需布置的CCUS项目规模也大幅增加，兜底保障作用更加突出。

（6）关于能源消费结构，该情景下风电、太阳能发电等不稳定性能源发展受到抑制，煤炭、石油、天然气等化石能源消费相对升高，到2060年非化石能源消费占比将在基准情景（80%）的基础上降低至75%左右。

第二篇

2030年与2035年
中国能源发展预测

到2035年，我国将基本实现社会主义现代化，能源领域在2030年前实现碳达峰目标后，处于碳排放峰值平台期并至2035年实现稳中有降。本篇在系统分析国民经济产业部门自身及其终端用能特点发展趋势的基础上，预测2035年我国终端能源消费总量与结构，并仿真推演一次能源消费总量结构及对应的碳排放趋势，研判我国能源供需平衡情况，重点分析煤炭、油气、电力、氢能等重点能源行业各自的发展趋势，形成我国面向2035年的能源转型发展图景。

四、终端能源消费预测

根据我国国民经济行业分类，结合各行业终端能源消费情况，我国终端能源消费分析重点围绕第一产业、第二产业、第三产业、居民生活等4个用能行业开展。

第一产业包括农林牧渔业。

第二产业包括工业和建筑业，工业包括采矿业、制造业、电热水燃供应业，制造业包括钢铁行业、有色金属业、建材行业、燃料加工和化工业等四大高耗能行业及其他制造业。

第三产业包括交通运输、仓储和邮政业（简称交通运输仓储邮政业），批发和零售业/住宿和餐饮业（简称批发零售住宿餐饮业），其他服务业。

在以上产业划分的基础上，再加上居民生活，全国共划分为13个终端用能行业，对我国终端能源消费形成了全覆盖。

在13个终端用能行业中，钢铁行业、燃料加工和化工业、居民生活、交通运输仓储邮政业、其他制造业、建材行业、其他服务业、有色金属业等8个行业终端能源消费总量分列前八，合计占比接近90%，是终端能源消费的主要领域。

（一）第一产业终端能源消费

第一产业（农林牧渔业）是国民经济行业中初级产品的生产部门，按照生产活动可划分为农业、林业、畜牧业、渔业和对应的辅助性活动。第一产业能源消费包括农村的炊事、取暖等生活用能及农林牧渔业等生产用能。2020年，我国第一产业终端能源消费为6773万吨标准煤（按电热当量法计算），占全国终端能源消费总量比例约1.9%。

1）产业发展规模分析

2000—2021年，我国粮食产量整体呈上升趋势，从46 218万吨增长到68 285万吨，增长近50%；全国木材产量整体呈上升趋势，从4727万立方米增长到9888万立方米，增长1倍以上；猪牛羊肉产量从4743万吨增长到6508万吨，增长37%；禽蛋产量从2182万吨增长到3409万吨，增长56%；牛奶产量从827万吨增长到3683万吨，增长3倍以上；水产品总产量从3706万吨增长到6464万吨，增长约74%。随着经济高质量发展，未来粮食、木材、肉禽、蛋奶、水产品等产量在较长时期内将持续增长。

2）用能特点及趋势分析

2000—2020年，第一产业能源消费总量从2867万吨标准煤增加到6773万吨标准煤，增长约1.4倍。其中，煤炭、电力和油品占比约90%，煤炭消费和电力消费主要用于生产和生活供热，油品消费主要用于驱动机械（如拖拉机等）进行生产，电力消费呈逐步提升态势。另外，由于城乡能源基础设施配置差异，天然气、太阳能、风能等清洁能源在第一产业的普及率较低。2017年以前，煤炭、电力和油品消费占第一产业能源消费总量比例基本稳定，呈3：2：4格局。近年来，随着第一产业规模化经营程度不断提高（如规模化种植和养殖等），电能和热能（电驱空气热泵开始普及）消费需求逐步增大。2020年，煤炭、电力和油品消费占比为25.5%、25.8%和38.2%，电气化程度逐步提高，用煤比例逐步降低。

3）用能总量及结构预测

第一产业用能规模逐步增大，结构清洁化的转型步伐加快。第一产业作为我国粮食安全保障的支柱产业和乡村振兴战略的主要抓手，今后一段时期内，随着产业规模持续增长，其能源消费需求在2035年前也将保持增长态势，预计到2035年，能源消费总量将达到7950万吨标准煤左右，较2020年增长17%（图2-1）。能源消费结构方面，在"双碳"

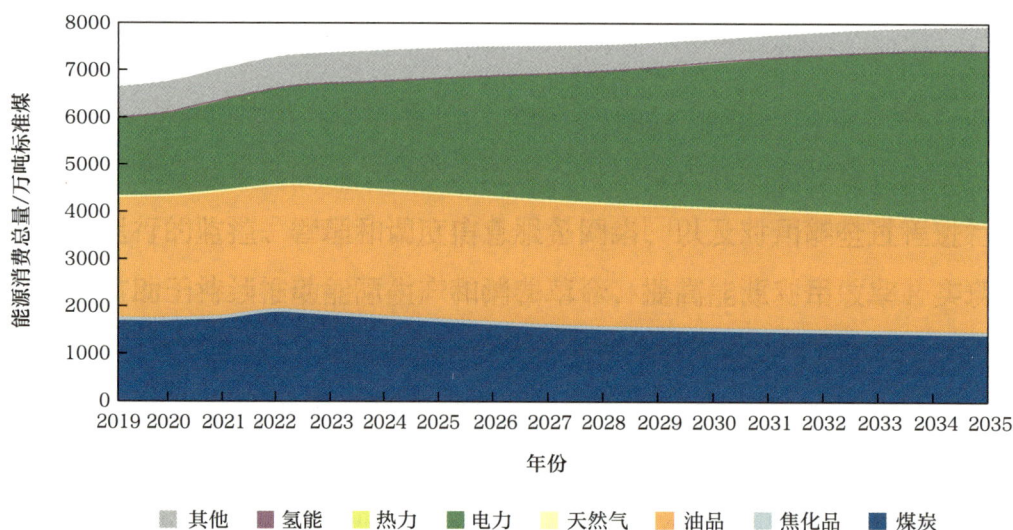

图 2-1　第一产业能源消费总量及结构统计与预测

目标和相关政策引导下，第一产业积极推动电能替代，对煤炭和油品的需求持续降低，电力消费占第一产业能源消费比例持续提高。

（二）第二产业终端能源消费

第二产业包括工业和建筑业。其中，工业包括采矿业、制造业、电热水燃供应业三大类；制造业包括钢铁行业、有色金属业、建材行业、燃料加工和化工业等四大高耗能行业及其他制造业。2020年，我国第二产业终端能源消费为24.4亿吨标准煤（按电热当量法计算），约占全国终端能源消费总量的68%，其中四大高耗能行业终端能源消费占比约为52%。

1. 钢铁行业

钢铁行业对应国民经济行业分类中的黑色金属冶炼和压延加工业，是国民经济中非常重要的基础原材料工业，其主要耗能环节在长流程高炉炼钢，短流程电炉炼钢和钢铁压延加工等环节所消耗能源占比相对较小。2020年，钢铁行业终端能源消费量为7.34亿吨标准煤（按电热当量法计算），占全国终端能源消费总量的20.5%，在所有行业中占比最高。

1）产业发展规模分析

2000—2020年，我国粗钢产量稳步增长，由1.3亿吨增长到10.6亿吨；2021年和2022年受新冠病毒疫情影响，钢铁需求受到一定抑制，粗钢产量分别小幅下降到10.4亿吨和10.2亿吨。短期内，随着经济复苏和国内投资拉动，预计未来几年粗钢产量将呈现小幅恢复性增长并保持在高位平台期；中长期来看，由于我国城镇化率（65%）已达到中高位水平，未来城镇化进程的速度将放缓，基建需求稳中有降，另外，随着我国经济结构调整的不断深入，高科技产业和高端装备制造业将成为重点发展方向，重工业占比将进一步下降，全社会对钢铁的需求将稳中有降，总体判断我国粗钢产量在"十四五"时期处于峰值平台期，随后将呈现平稳下降趋势，预计到2035年降至8.6亿～8.9亿吨。

2）用能特点及趋势分析

钢铁行业能源消费以焦化品（含焦炭、焦炉煤气、高炉煤气等）、煤炭和电力为主，三者合计占比达到96%，其中焦化品是钢铁行业最主要的能源消费品种，占比达到74%。钢铁行业的终端能源消费量与粗钢产量呈正相关关系，随着我国粗钢产量的不断增长，钢铁行业的终端能源消费量一路走高，2000—2020年，钢铁行业终端能源消费量从1.45亿吨标准煤增长至7.34亿吨标准煤，增加了约4倍，2021年和2022年随着粗钢产量的下降有所回落。由于我国高炉炼钢占比始终保持高位，近20年来钢铁行业的能源消费结构总体稳定，源头上均以煤炭为主（焦化品是煤炭的下游加工产品），未来参考发达国家发展经验，随着我国人均钢铁蓄积量的不断升高（可循环的废钢量在增加）和钢铁总需求量的稳中有降，短流程电炉炼钢占比将逐渐提高，预计电力消费占比将相应提高，煤炭和焦化品消费占比将呈下降趋势。

3）用能总量及结构预测

从能源消费量来看，未来钢铁行业用能总量将继续与粗钢产量保持同向变化，综合考虑钢铁产量呈现稳中有降的趋势，以及钢铁行业节能技术的进步和能源消费结构的优化，总体研判钢铁行业终端能源消费量将呈现稳中趋降的走势，吨钢综合能耗将逐步降低，预计到2035年钢铁行业终端能源消费量下降至6.1亿吨标准煤左右。能源消费结构方面，未来随着短流程电炉炼钢占比的逐渐提高，以及氢冶金技术的不断进步，预计钢铁行业的能源消费结构将朝着更加清洁低碳的方向发展，电力和氢能的消费占比将不断提高，煤炭和焦化品的消费占比将不断下降，预计到2035年煤炭和焦化品的消费占比分别下降到6%和71%左右，电力和氢能的消费占比分别提高到18%和1%左右（图2-2）。

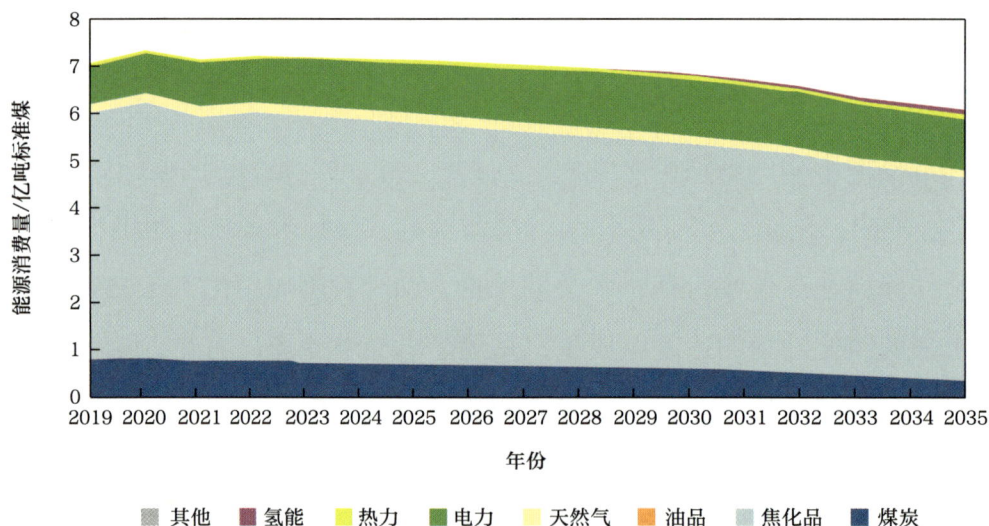

图 2-2　钢铁行业终端能源消费量及结构统计与预测

2. 有色金属业

有色金属是除铁、锰、铬以外的所有金属的统称，以铝、铜、铅、锌等金属为代表，在工业、建筑业等领域广泛应用。2020年我国有色金属业能源消费量为12 897万吨标准煤（按电热当量法计算），占全国终端能源消费总量的3.6%。

1）产业发展规模分析

2021年中国10种有色金属产量为6477万吨，其中原铝（电解铝）产量为3850万吨，约占60%；其次是精炼铜，占比约16%；铅、锌及其他6种有色金属产量共占约24%。2000年以来，我国有色金属产量呈现稳定增长趋势，2021年我国10种有色金属产量较2000年增长了7倍多；其中，原铝产量在10种有色金属产量中的比例不断提高，由2000年的38%逐渐提高至2021年的60%。有色金属作为重要的基础原材料，在我国的基建、地产、汽车、家电等领域有着广泛应用，但随着国内基础设施的逐渐完善，预计未来几年国内有色金属的需求增速将进一步放缓，预计在2027年前后进入峰值平台期，并在2030年前后开始逐渐减少。以电解铝为代表，峰值平台期产量最大值约为4000万吨，到2035年产量将降至3200万吨左右。

2）用能特点及趋势分析

2021年我国有色金属业能源消费量为13 479万吨标准煤（按电热当量法计算），约占全国终端能源消费总量的2.82%，较2012年增长约62%，年均增长5.5%。电力消费在有色金属业能源消费中占据主要地位，在2020年有色金属终端能源消费中，电力消费占比达到68.0%，较2012年提高了11.2个百分点；其次是煤炭消费，占比为13.2%，较2012年下降了7.3个百分点；热力、焦化品、天然气消费占比均在5%～6%，油品消费占比仅约3%。单位产品能耗方面，我国电解铝工艺已达到世界先进水平，未来下降空间较为有限，其他有色金属随着技术进步预计仍有一定节能空间，可通过化石能源替代、提高短流程比例、减少延压环节等方式降低能源消耗。

3）用能总量及结构预测

预计我国有色金属产业终端能源消费量未来几年仍将增长，在2027年进入峰值平台期，最大值约为15 755万吨标准煤。2030年后，随着有色金属产量的逐渐减少，以及再生铝利用率的提高，我国电解铝产量和有色金属产业终端能源消费量将呈现下降趋势。到2035年，我国有色金属产业终端能源消费量约为1.4亿吨标准煤。能源结构方面，随着清洁能源对化石能源的逐渐替代，电能、热能在有色金属业用能结构中的消费占比不断增加，预计到2035年，电能、热能消费占比升高至68.2%、7.1%；煤炭、焦化品、油品消费占比下降至10.1%、4.4%、1.5%。在化石能源清洁化替代的过程中，天然气作为一种过渡能源，近中期消费占比将呈现上涨趋势，从2021年的6.0%提升至2035年的8.3%（图2-3）。

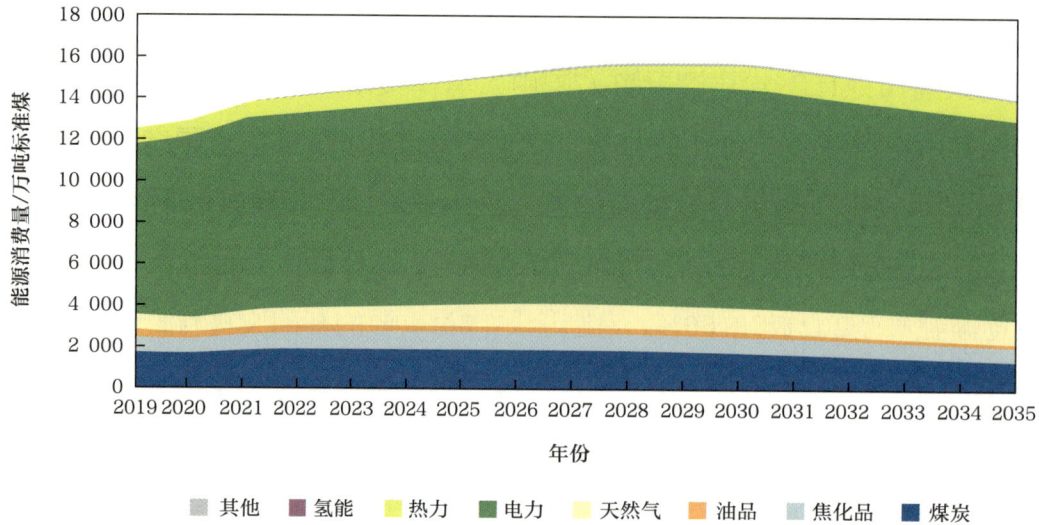

图 2-3　有色金属业终端能源消费量及结构统计与发展趋势预测

3. 建材行业

建材行业是重要的原材料及制品工业，一般分为采石和采矿业、基础材料产业、加工制品业三大类，主要耗能环节在基础材料产业和加工制品业，对应国民经济行业分类中的非金属矿物制品业，2020年非金属矿物制品业能源消费量为2.95亿吨标准煤（按电热当量法计算），占全国终端能源消费总量的8.3%，其中水泥行业能源消费占比达到七成。

1）产业发展规模分析

2000—2014年，我国水泥产量稳步增长，由6亿吨增长到24.9亿吨；2015—2021年，水泥产量在22亿～24亿吨波动，2021年为23.8亿吨。未来随着基建投资需求趋于平缓，水泥产量将呈现稳中趋降态势。另外，2013—2020年，水泥行业熟料系数由0.56上升至0.66，在水泥产量进入平台期的同时，水泥熟料消费量持续增加，仍有一定上升空间，预计将在"十四五"时期达到峰值，后期将持续下降。

2）用能特点及趋势分析

2000—2011年，非金属矿物制品业能源消费量快速增长，由不足1亿吨标准煤增长至3.3亿吨标准煤；2012—2021年，非金属矿物制品业能源消费量在2.7亿～3.2亿吨标准煤之间波动。该行业能源消费以煤炭消费为主，但去煤化趋势明显。2000—2020年煤炭消费占比总体呈现下降趋势，从2000年的73.61%降至2020年的54.8%；电力、油品消费占比呈现小幅上升趋势；天然气消费占比呈现明显增长态势，从2016年的3.6%增长至2020年的9.8%（图2-4）。

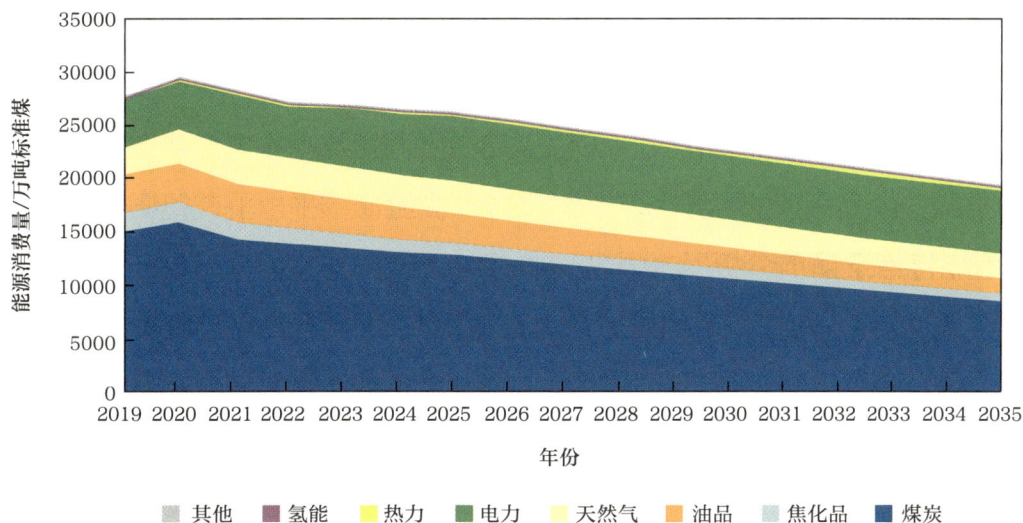

图 2-4　非金属矿物制品业终端能源消费量及结构统计与预测

3）用能总量及结构预测

随着高效节能技术的推广，水泥单位产品能耗将进一步降低，以水泥为代表的非金属矿物制品业能源消费需求未来将呈持续下降趋势，预计2035年非金属矿物制品业终端能源消费量将下降至1.9亿吨标准煤左右。能源结构方面，该行业整体正在朝向清洁化、电气化的方向发展转型，预计到2035年，非金属矿物制品业对煤炭的消费占比将下降至45%左右，对油品的消费占比将下降至8%左右，对天然气的消费占比将提高至11%左右，而对电力的消费占比将增长至32%左右。

4. 燃料加工和化工业

燃料加工和化工业包括石油、煤炭及其他燃料加工业，化学原料和化学制品制造业两个行业。石油、煤炭及其他燃料加工业主要包括石油炼制、煤炭加工、核燃料加工和生物质燃料加工，化学原料和化学制品制造业主要由基础化学原料制造、肥料制造、农药制造、涂料/油墨/颜料及类似产品制造、合成材料制造、专用化学产品制造及日用化学产品制造等7个子行业构成。其中，从产业结构上看，炼化、炼焦、合成氨、甲醇、乙烯、丙烯等6个产品生产和制造过程中能源消费占比最高。

1）产业发展规模分析

2000—2021年，我国原油加工量从2亿吨增长到7亿吨，增长2.5倍；2012年以来，我国焦炭产量长期稳定在4.5亿~4.6亿吨；2021年国内甲醇产量达到7816万吨左右，较2012年的2640万吨增长近2倍；2000—2021年，国内合成氨产量由3364万吨提高到5909

万吨，增长约76%；2021年国内乙烯产量为3747万吨，较2000年的470万吨增长近7倍；2021年我国丙烯产量为4297万吨，较2016年的2542万吨增长近70%。未来较长一段时期，为满足经济社会发展需求，我国燃料加工和化工业的产业规模将继续壮大，原油加工量及主要大宗化工品产量仍将持续增长。

2）用能特点及趋势分析

2000—2020年，燃料加工和化工业能源消费量总体呈现持续增长的态势，增速则呈现波动下降的态势。2020年燃料加工和化工业能源消费量为69 148万吨标准煤（按电热当量法计算），占终端能源消费总量的19.3%。从能源消费结构来看，油品、煤炭和电力的消费占比较大，2020年合计占约56.2%。其中，煤炭消费占比呈现先上升后下降的趋势，由2000年的23.8%升高到2008年的最高峰38.2%，再下降至2020年的15.2%；油品、电力、天然气、焦化品及热力的消费占比则呈现先下降后回升保持平稳的态势，其中电力、热力消费占比由2000年的10.4%增长至2020年的12.6%。

3）用能总量及结构预测

燃料加工和化工业能源消费量预计在2035年前始终保持增长态势，到2035年达到约9.5亿吨标准煤峰值水平。能源消费结构方面，电力、热力、氢能消费占比呈现不断增长的态势，天然气的消费占比呈现先增长后减少的态势，而煤炭、焦化品、油品的消费占比呈现不断减少的态势。预计到2035年，煤炭和油品的消费占比将分别下降至14.4%和30.5%，随着电气化率的提升和氢能源的推广，电力和氢能的消费占比分别增长至22.8%和1.6%（图2-5）。

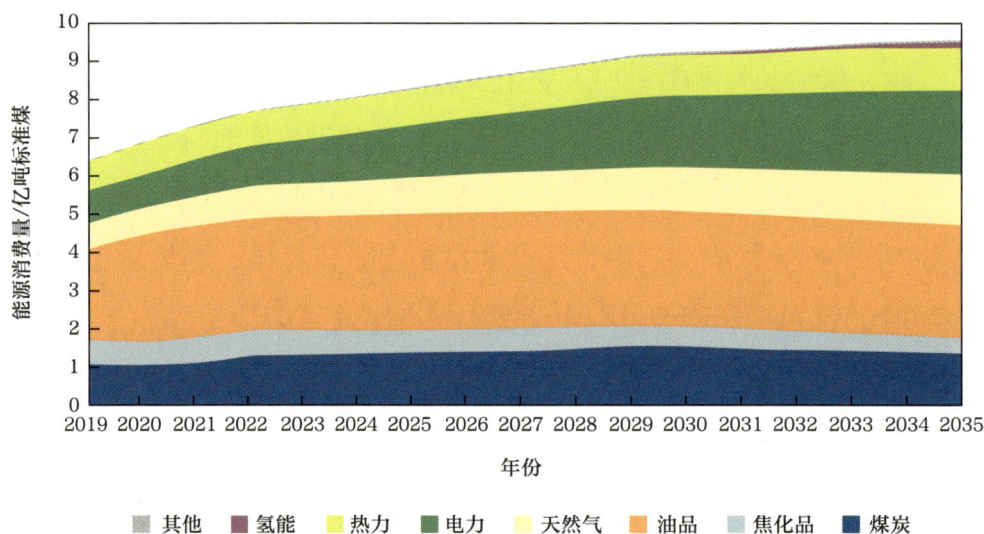

图 2-5 燃料加工和化工业终端能源消费量及结构统计与预测

5. 其他制造业

其他制造业是指制造业中除了钢铁行业、化工业、建材行业、有色金属业等四大高耗能行业以外的制造业统称，具体包括食品制造业、纺织业、造纸和纸制品业、家具制造业、医药制造业、橡胶和塑料制品业，以及金属制品业、通用设备制造业、专用设备制造业、汽车制造业、仪器仪表制造业、电气机械和器材制造业、计算机/通信和其他电子设备制造业等26个制造行业。

其他制造业近年来终端能源消费量呈现逐步上升走势，2021年达到3.6亿吨标准煤，其中电力消费占比为54%，天然气消费占比为18%。近20年来煤炭和油品的消费占比逐渐降低，而电力和天然气消费占比逐渐提高，反映出其他制造业的能源消费结构在不断优化，低碳转型发展趋势较为明显。其他制造业未来的终端能源消费量稳步增长，消费结构更趋清洁低碳。预计到2025年、2030年、2035年其他制造业的终端能源消费量分别为3.8亿吨标准煤、3.9亿吨标准煤、4.0亿吨标准煤；能源消费结构方面，预计2030年煤炭、焦化品、油品、天然气、电力、热力、氢能、其他能源消费占比分别为8.0%、2.2%、1.5%、19.4%、55.9%、11.5%、0.1%、1.4%；2035年煤炭、焦化品、油品、天然气、电力、热力、氢能、其他能源消费占比分别为6.9%、1.8%、1.2%、20.1%、56.4%、11.8%、0.6%、1.2%（图2-6）。

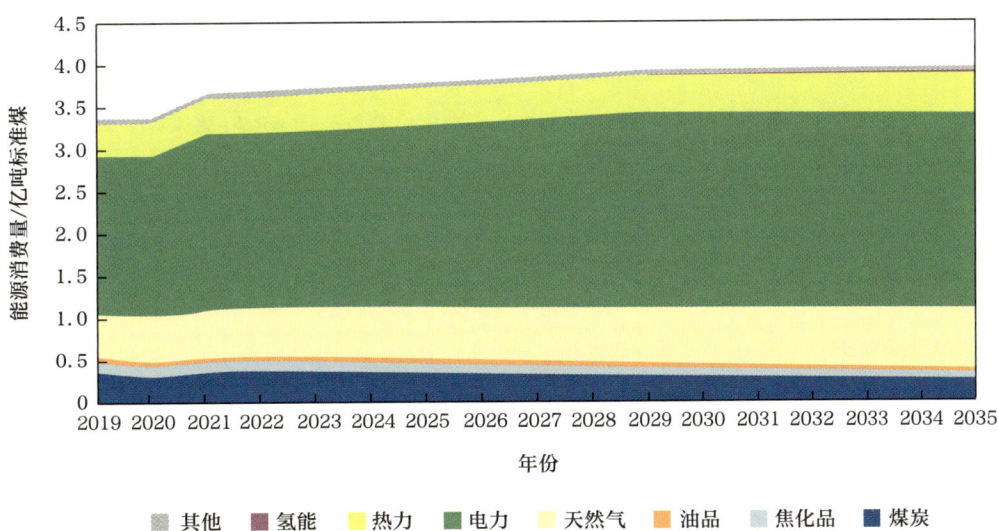

图 2-6　其他制造业终端能源消费量及结构统计与预测

6. 采矿业

采矿业包括煤炭开采和洗选业、石油和天然气开采业、黑色金属矿采选业、有色金

37

属矿采选业、非金属矿采选业、开采专业及辅助性活动、其他采矿业等行业。

近年来采矿业终端能源消费量呈现先上升后下降的波动走势，2021年采矿业终端能源消费量接近0.9亿吨标准煤，其中电力消费占比为37%，煤炭消费占比为24%，天然气消费占比为21%。近20年来，采矿业的电力和天然气消费占比逐渐提高，煤炭消费占比在2009年达峰后呈现下降趋势，总体上反映出采矿业的能源消费结构在不断优化，低碳转型发展趋势在不断深化。采矿业终端能源消费基本达峰，预计到2025年、2030年、2035年采矿业的终端能源消费量分别为9200万吨标准煤、8300万吨标准煤、6900万吨标准煤；能源消费结构方面，预计到2030年煤炭、油品、天然气、电力等主要能源消费占比分别为18.2%、10.4%、18.7%、48.2%，到2035年进一步调整为16.0%、9.0%、17.9%、52.6%（图2-7）。

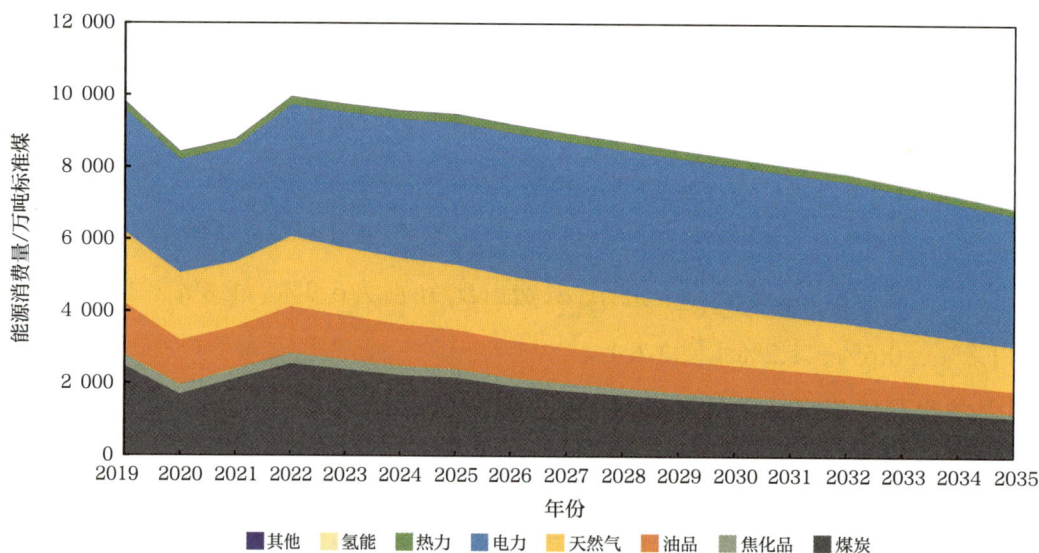

图 2-7　采矿业终端能源消费量及结构统计与预测

7. 电热水燃供应业

电热水燃供应业包括电力/热力生产和供应业、燃气生产和供应业、水的生产和供应业。

近年来电热水燃供应业终端能源消费量逐步提升，以电力消费为主。2021年电热水燃供应业终端能源消费量接近1亿吨标准煤，其中电力消费占比为87%，煤炭消费占比为5%，热力消费占比为4%。近20年来，电力消费占比逐渐提高，煤炭和油品的消费占比不断下降，总体上反映出电热水燃供应业高用电占比特征。为支撑经济社会发展和居民生活水平提升，电热水燃供应业终端能源消费将保持持续增长态势，预计到2025年、2030年、2035年电热水燃供应业的终端能源消费量分别为1.18亿吨标准煤、1.28亿吨标准煤、1.34亿吨标准煤；能源消费结构方面，预计到2030年煤炭、天然气、电力、热力等主要能源消费占比分别为5.0%、4.4%、85.1%、3.9%，到2035年优化调整为3.8%、4.6%、86.0%、4.3%（图2-8）。

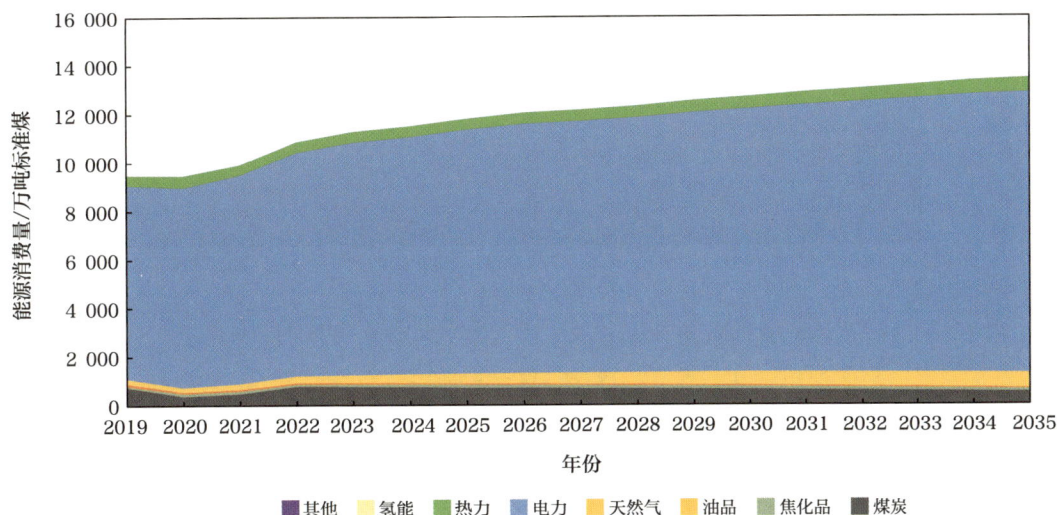

图 2-8　电热水燃供应业终端能源消费量及结构统计与预测

8. 建筑业

建筑业指国民经济中从事建筑工程勘察、设计、施工及对原有建筑物进行维修活动的产业部门，包括房屋建筑业、土木工程建筑业、建筑安装业、建筑装饰/装修和其他建筑业等四类，涵盖房屋建筑、工业厂房建筑、公路建筑、铁路建筑、机场建筑、园林建筑等各类工程类作业活动。

2000年以来，建筑业经历了高速增长，党的十八大后进入稳步发展阶段，其终端能源消费呈现逐步上升趋势。2021年建筑业终端能源消费量为7700万吨标准煤左右，其中油品消费占比为74%，电力消费占比为17%，煤炭消费占比为7%。近20年来，电力消费占比逐渐提高，油品的消费占比总体稳定，煤炭的消费占比不断下降；油品的高消费占比反映出建筑业未来继续优化的空间仍然较大，未来随着各类工程机械电气化的不断推进，电力消费有望进一步提高，对油品消费形成替代。随着城镇化率提升和社会主义现代化国家建设，建筑业保持稳步增长，其能源消费将在2030—2035年进入峰值平台期。预计到2025年、2030年、2035年建筑业的终端能源消费量分别为0.91亿吨标准煤、1.02亿吨标准煤、1.03亿吨标准煤左右；能源消费结构方面，预计到2030年煤炭、油品、电力等主要能源消费占比分别达到4.6%、68.9%、22.7%左右，到2035年进一步优化至3.2%、65.4%、26.7%左右（图2-9）。

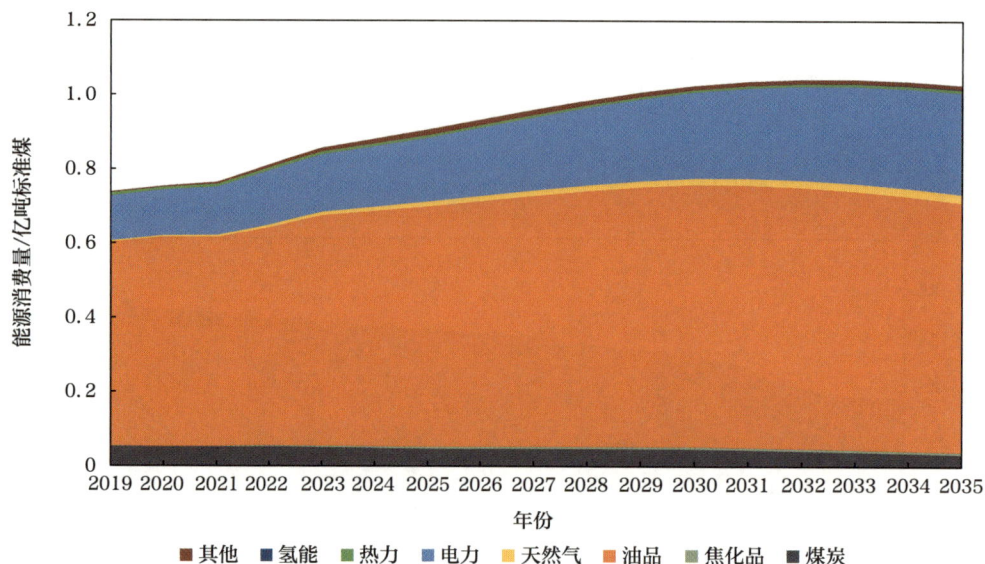

图 2-9　建筑业终端能源消费量及结构统计与预测

（三）第三产业终端能源消费

第三产业包括交通运输仓储邮政业、批发零售住宿餐饮业和其他服务业。2020年，我国第三产业终端能源消费为6.25亿吨标准煤（按电热当量法计算），约占全国终端能源消费总量的17.5%。

1. 交通运输仓储邮政业

交通运输仓储邮政业包括铁路运输业、道路运输业、水上运输业、航空运输业、管道运输业、多式联运和运输代理业、装卸搬运和仓储业、邮政业8个子行业。

1）产业发展规模分析

2000—2019年，我国交通周转量呈现大幅稳步增长趋势，增长约2.5倍，其中2012年前处于高速增长期，随后交通运输仓储邮政业发展进入高质量发展调整期；2020年受新冠病毒疫情影响交通周转量有所下降。交通运输仓储邮政业正从规模速度增长逐步转向质量效率提高，加快构建安全、便捷、高效、绿色、经济的现代化交通运输体系，更高层次地满足经济社会发展需要和人民群众物质流通需求。目前，我国交通运输仓储邮政业仍处于基础设施发展、服务转型提升阶段，随着我国交通强国建设的持续推进，预计未来我国交通运输仓储邮政业的总体规模仍将保持较快增长。

2）用能特点及趋势分析

2020年交通运输仓储邮政业终端能源消费量为38 033万吨标准煤（按电热当量法

计算），占全国终端能源消费总量的10.6%。该行业能源消费以油品消费为主，但其占比呈现逐步降低态势，由2000年的87.7%，逐步降低至2020年的78.7%，累计降低9个百分点。近年来，随着交通领域用能电气化、仓储领域供热用能清洁化、邮政领域运营智能化发展，交通运输仓储邮政业能源消费需求对电力、天然气的消费占比呈现小幅上涨的态势，电力消费占比从2000年的3.3%增长至2020年的5.7%，天然气消费占比从2000年的0.5%增长至2020年的11.7%。预计未来我国交通运输仓储邮政业的用能总量在中长期内仍将增长，能源消费结构多元化趋势将进一步显现，电力、氢能的应用将更加广泛。

3）用能总量及结构预测

预计到2035年我国交通运输仓储邮政业的终端能源消费量将提高到5.4亿吨标准煤，较2020年增长约42%。能源消费结构方面，预计到2030年油品、天然气、电力等主要能源消费占比将分别达到63.6%、16.3%、14.4%左右，到2035年进一步优化至55.9%、16.3%、21.2%左右（图2-10）。

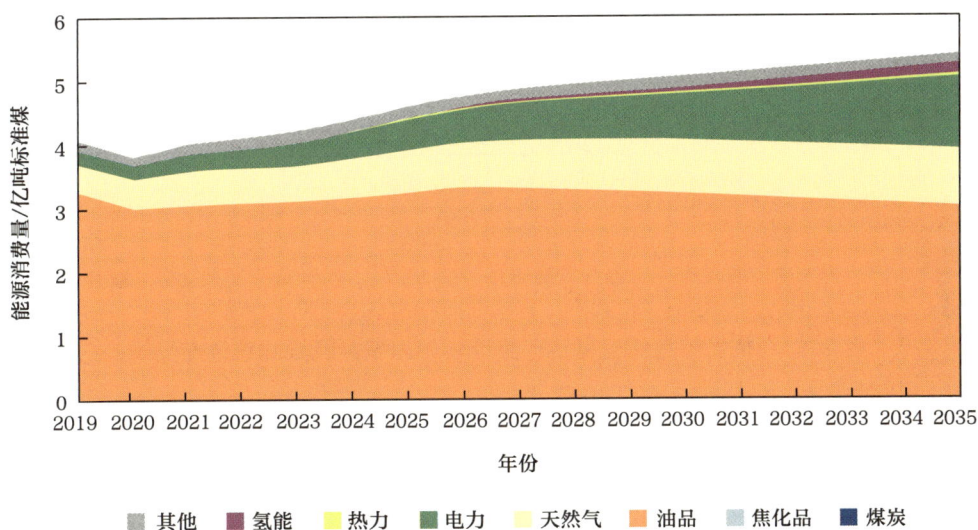

图 2-10　交通运输仓储邮政业终端能源消费量及结构统计与预测

2. 批发零售住宿餐饮业

批发零售住宿餐饮业包括批发业、零售业、住宿业、餐饮业。

随着人们生活水平提升，批发零售住宿餐饮业快速发展，能源消费呈现逐年上升走势。2020年，受新冠病毒疫情影响，批发零售住宿餐饮业受到较大冲击；2021年有所恢复，2022年疫情反复造成了一定波动。2020年批发零售住宿餐饮业终端能源消费量为7600万吨标准煤左右，其中电力消费占比为51%，煤炭消费占比为21%，油品消费占比为12%。近20年来，电力消费占比逐渐提高，煤炭消费占比不断下降，油品的消费占比总体稳定。批发零售住宿餐饮业终端能源消费保持长期增长态势，在发展需求牵引和"双碳"目标约束的双重作用下，将继续朝着清洁化低碳化方向发展。预计到2025年、2030年、2035年批发零售住宿餐饮业终端能源消费量将分别达到0.94亿吨标准煤、1亿吨标准煤、1.1亿吨标准煤左右。能源消费结构总体稳定，以电力、煤炭、天然气消费为主，预计2030年煤炭、天然气、电力等主要能源消费占比分别为15.1%、12.8%、57.9%，2035年为14.0%、13.1%、59.5%（图2-11）。

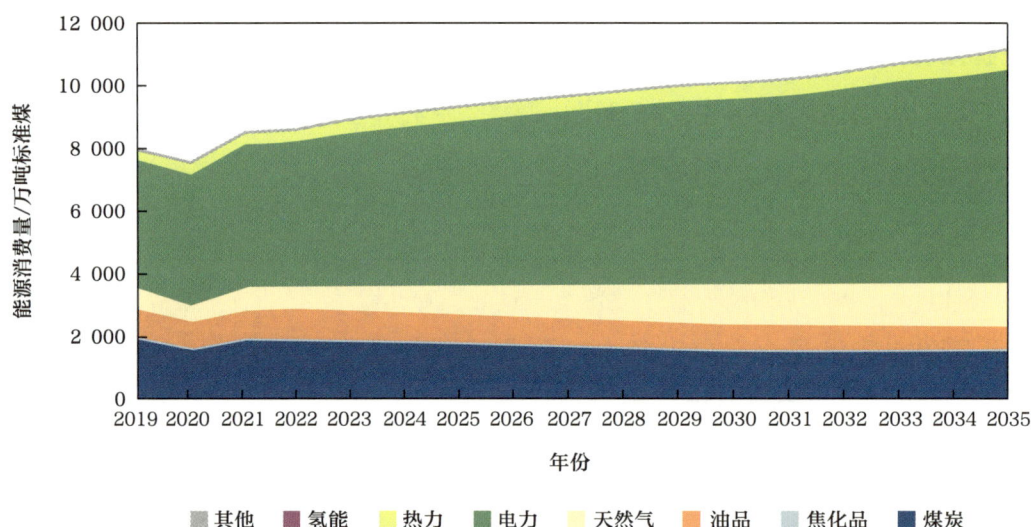

图 2-11　批发零售住宿餐饮业终端能源消费量及结构统计与预测

3. 其他服务业

其他服务业包括金融业、房地产业、信息传输/软件和信息技术服务业、研究与实验发展业、综合技术服务业、文化/体育和娱乐业、卫生、社会保障和社会福利业、教育、公共管理和社会组织等14个行业。

近年来其他服务业终端能源消费量呈现逐步上升的走势，电力消费占比快速提升。2021年其他服务业终端能源消费量为1.8亿吨标准煤左右，其中电力消费占比为50%，油品消费占比为29%，煤炭消费占比为12%。近20年来，电力和天然气消费占比逐渐提高，煤炭和油品的消费占比不断下降。其他服务业能源消费将保持长期增长趋势，电力消费占比不断提高。预计到2025年、2030年、2035年其他服务业终端能源消费量将分别达到2.2亿吨标准煤、2.6亿吨标准煤、2.9亿吨标准煤左右。电力消费占比将从2020年的50%快速提升至2030年的61%和2035年的66%；煤炭、油品消费占比持续下降，从2020年的12%、29%持续下降至2030年的7.7%、20.8%，以及2035年的6.1%、17.3%；天然气消费占比基本稳定（图2-12）。

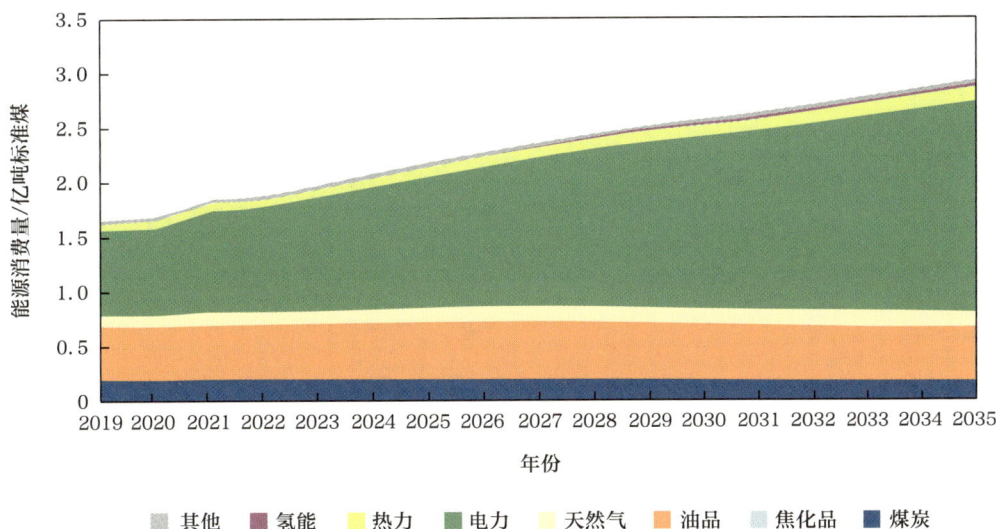

图 2-12　其他服务业终端能源消费量及结构统计与预测

（四）居民生活终端能源消费

居民生活包括城镇居民和乡村居民居家活动（炊事、取暖、制冷、家电使用等）与自驾出行活动（汽车、摩托车、电动自行车）等。

近年来居民生活终端能源消费量呈现逐步上升的走势，与我国人口总量、居民收入水平、家电和汽车保有量不断提高的总体趋势保持一致。2021年居民生活终端能源消费量为4.6亿吨标准煤左右，其中电力消费占比为32%，油品消费占比为25%，天然气消费占比为17%，热力消费占比为11%，煤炭消费占比为10%。近20年来，电力、油品和天然气消费占比逐渐提高，热力消费占比总体稳定，煤炭消费占比不断下降，从总体上反映出居民生活的能源消费朝着生活品质高端化的方向不断发展。居民生活水平和质量逐步提升，推动能源消费持续增长，电力、热力、天然气成为未来增长主力。预计到

2025年、2030年、2035年的居民生活终端能源消费将分别为5.4亿吨标准煤、6.0亿吨标准煤、6.7亿吨标准煤。随着电动汽车的迅速发展，油品消费占比增长的势头将出现扭转，进一步提高电力、热力、天然气消费占比，降低油品和煤炭消费占比成为居民生活终端能源消费结构转型方向，预计2030年煤炭、油品、天然气、电力、热力等主要能源消费占比将分别达到6.5%、20.6%、19.3%、38.1%、12.5%，2035年进一步调整为5.6%、16.5%、20.0%、42.1%、12.9%（图2-13）。

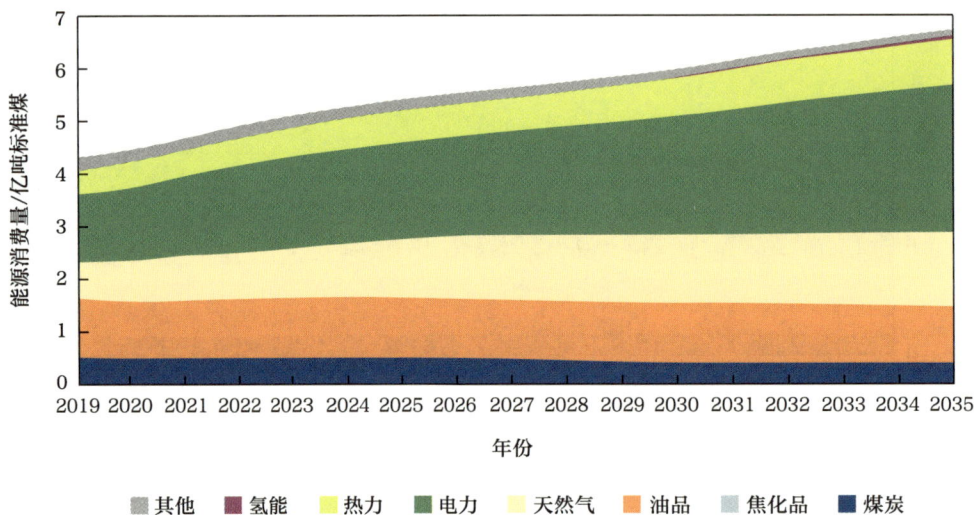

图 2-13　居民生活终端能源消费量及结构统计与预测

（五）全社会终端能源消费总量和产业分布

我国终端能源消费预计在2030—2035年进入峰值平台期，不同行业消费占比出现较大分化趋势。2021年，我国终端能源消费总量为37.4亿吨标准煤（按电热当量法计算，下同），其中，燃料加工和化工、钢铁、建材、有色金属、交通运输仓储邮政、居民生活等六大行业用能占比较高，约占终端能源消费总量的3/4。随着中国式现代化持续推进和人均GDP不断提高，我国终端能源消费在未来10年左右将保持持续增长趋势，预计2025年将达到40亿吨标准煤左右，2030—2035年为峰值平台期，终端能源消费总量为42亿～43亿吨标准煤，随后进入逐步下降阶段。其中，钢铁、建材等高耗能行业用能基本呈逐步降低趋势，有色金属、燃料加工和化工、交通运输仓储邮政和居民生活用能呈现先上升各自达峰再下降的趋势（图2-14）。

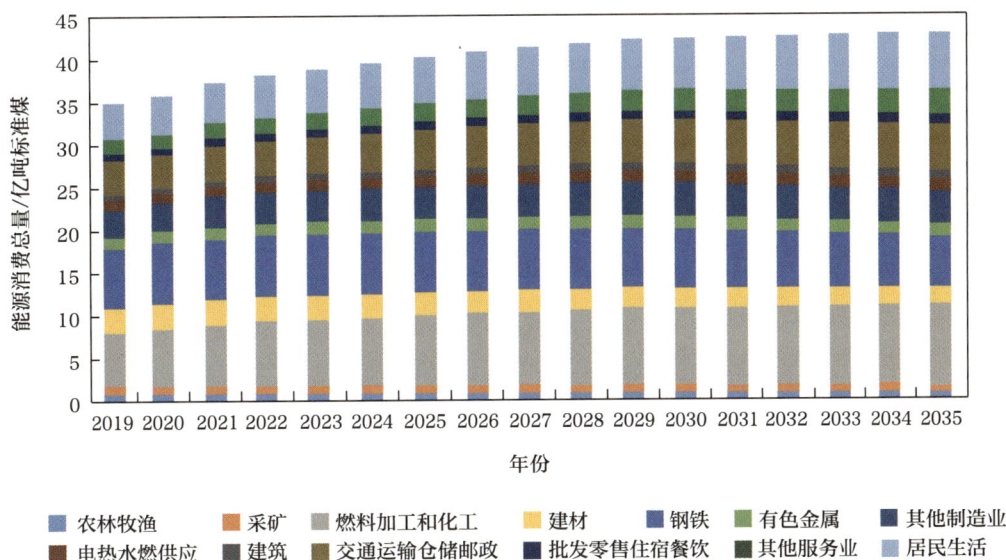

图 2-14　终端能源消费总量及行业分布情况统计与预测

（六）终端能源消费结构和分品种消费趋势

终端能源消费结构将持续向电气化、低碳化和清洁化方向发展。未来终端使用的煤炭、油品、焦化品等高碳能源消费规模总体趋稳并逐步减量，占比呈现持续降低趋势；天然气、电力、绿氢消费规模和占比逐步提高，预计终端能源电氢化率（电力和氢能消费在终端能源消费总量中的占比）在2025年、2030年和2035年将分别达到30%、34%和39%左右（其中绿氢消费占比分别为0、0.3%、1.1%）。其中，2025年，煤炭、焦化品、油品、天然气、电力、热力、氢能、其他能源等八大品种的消费占比分别为13.3%、15.2%、23.8%、10.8%、29.6%、5.8%、0、1.5%，到2030年八大品种消费占比变化为11.6%、13.4%、22.2%、11.7%、33.3%、6.3%、0.3%、1.2%，到2035年进一步优化为9.5%、11.7%、20.5%、12.3%、36.9%、6.9%、1.1%、1.1%（图2-15）。

1. 煤炭和焦化品终端消费

终端煤炭消费预计在"十四五"时期达峰，随后消费规模和占比呈"双降"趋势。终端煤炭消费主要为工业终端利用和民用散烧，2021年我国终端煤炭消费量为4.9亿吨标准煤左右，其中，燃料加工和化工、钢铁、建材、居民生活等4个行业消费占比较高，约占全国终端煤炭消费量的75%。随着"双碳"目标深入推进，以及经济社会与产业低碳转型发展，"十四五"时期，终端煤炭消费规模基本保持稳定，2025年为5.3亿吨标

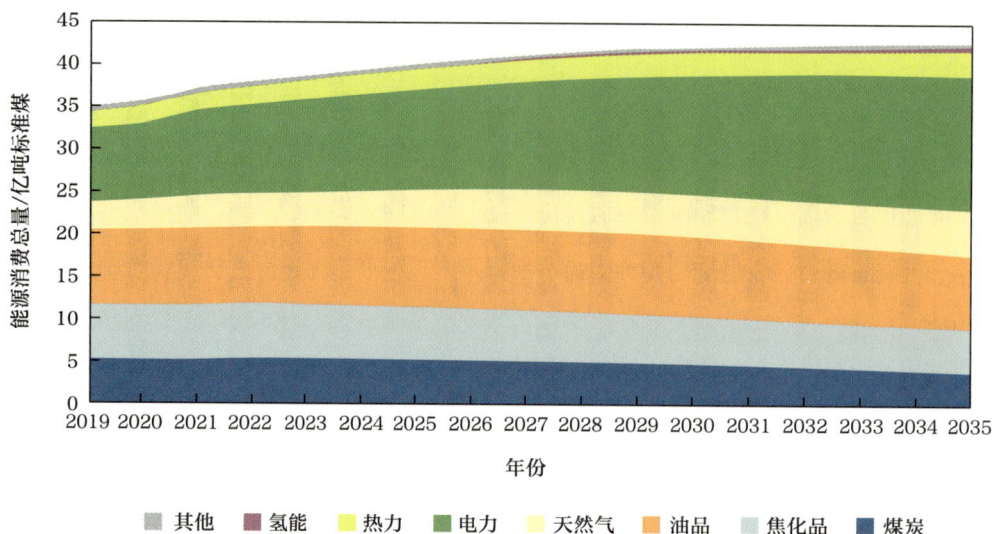

图 2-15　终端能源消费总量及品种结构统计与预测

准煤。随后，燃料加工和化工、钢铁、建材、居民生活等重点用煤行业及其他行业对于煤炭的消费呈逐步降低趋势，预计我国终端煤炭消费量在2030年、2035年将分别降至4.9亿吨标准煤、4.1亿吨标准煤〔图2-16（a）〕。

终端焦化品消费总体上进入峰值平台期并将在"十四五"时期后逐步降低。2021年我国终端焦化品消费量为6.3亿吨标准煤左右，其中，钢铁、燃料加工和化工、建材、其他制造业等4个行业消费占比较高，约占全国终端焦化品消费量的98%。从中长期来看，钢铁、建材等主要消费焦化品的行业发展规模将逐渐缩小，对应焦化品的消费量也将逐步降低，同时在"双碳"目标引导和社会低碳转型发展理念不断深化的背景下，其他行业对于焦化品的消费也呈逐步降低趋势。预计我国终端焦化品消费量在2025年、2030年、2035年分别为6.1亿吨标准煤、5.7亿吨标准煤、5.0亿吨标准煤〔图2-16（b）〕。

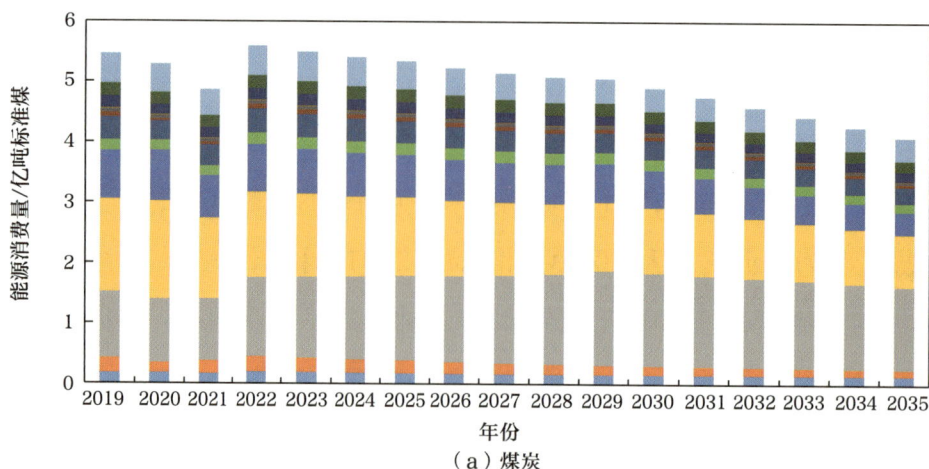

（a）煤炭

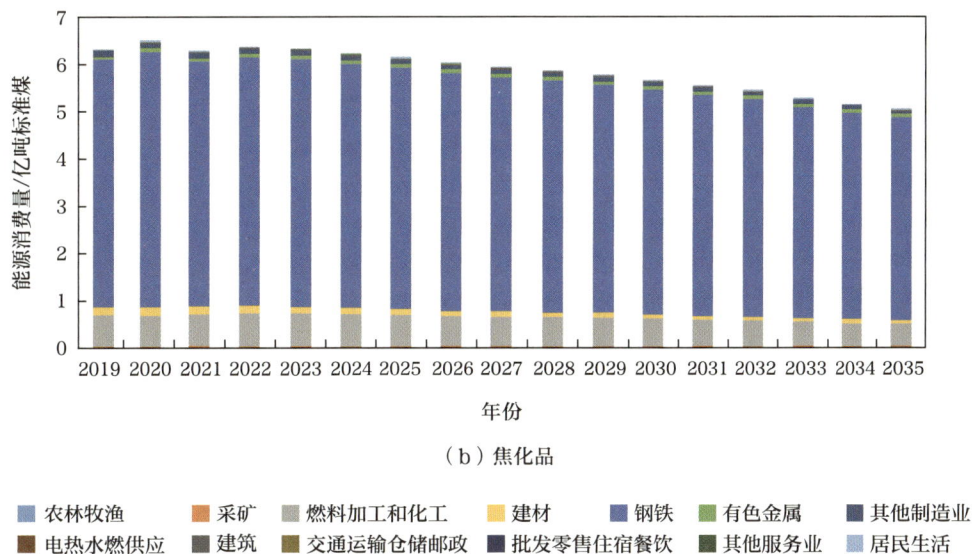

（b）焦化品

农林牧渔　　采矿　　燃料加工和化工　　建材　　钢铁　　有色金属　　其他制造业
电热水燃供应　　建筑　　交通运输仓储邮政　　批发零售住宿餐饮　　其他服务业　　居民生活

图 2-16　各行业对煤炭和焦化品的终端消费量统计与预测

2. 油品和天然气终端消费

终端油品消费预计在2026年前后达峰，随后将稳中趋降。2021年我国终端油品消费量为9.5亿吨标准煤（6.7亿吨标准油），其中，交通运输仓储邮政、燃料加工和化工、居民生活、建筑、其他服务业、建材等6个行业消费占比较高，约占全国终端油品消费量的94%。从中长期来看，交通运输仓储邮政、燃料加工和化工、其他服务业等3个行业规模将继续壮大，对于油品的消费还将有持续一定时间的增长，居民生活对油品的消费也还有一定增长空间，全国终端油品消费预计在2026年前后达到峰值，峰值约为9.7亿吨标准煤（6.8亿吨标准油）；随着"双碳"工作深入推进，以及新能源汽车加速发展、电力加速替代，各行业对于油品的消费将呈逐步降低趋势，预计我国终端油品消费量在2030年、2035年分别为9.4亿吨标准煤（6.6亿吨标准油）和8.8亿吨标准煤（6.2亿吨标准油）[图2-17（a）]。

近中期终端天然气消费规模持续增长，预计在2035年前后达峰。2021年我国终端天然气消费量为3.7亿吨标准煤（2956亿立方米），其中，居民生活、燃料加工和化工、其他制造业、交通运输仓储邮政、建材、钢铁、其他服务业等7个行业消费占比较高，约占全国终端天然气消费量的93%。从中长期来看，燃料加工和化工、其他制造业、交通运输仓储邮政、其他服务业以及居民生活等5个行业，对于天然气的消费还将有持续较长时间的增长，全社会对终端天然气的消费在未来10年仍将呈现稳步增长态势，预计我国终端天然气消费量在2025年、2030年、2035年将分别为4.3亿吨标准煤（3399亿立方米)、4.9亿吨标准煤(3867亿立方米)、5.3亿吨标准煤(4148亿立方米),即在2035年前后达到峰值[图2-17(b)]。

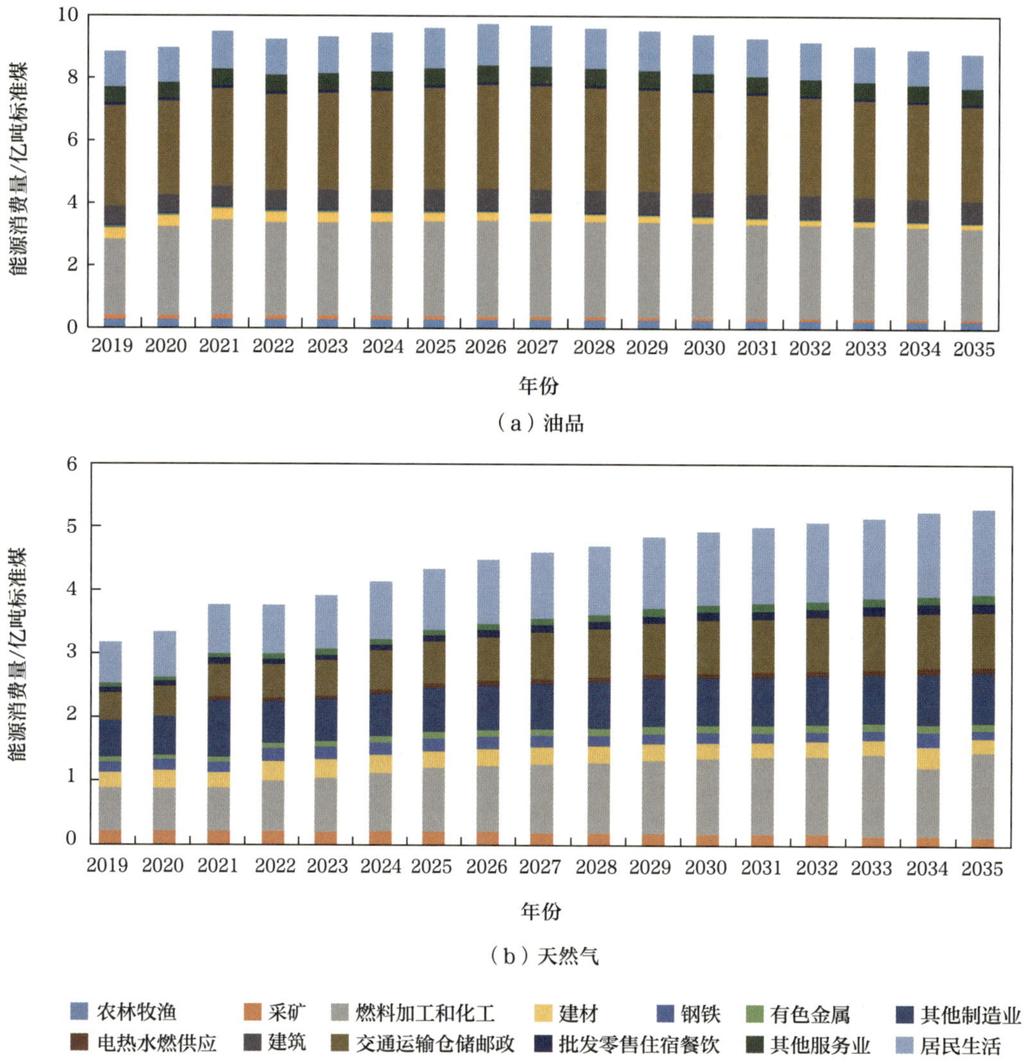

(a)油品

(b)天然气

图例:农林牧渔 采矿 燃料加工和化工 建材 钢铁 有色金属 其他制造业 电热水燃供应 建筑 交通运输仓储邮政 批发零售住宿餐饮 其他服务业 居民生活

图2-17 各行业对油品和天然气的终端消费量统计与预测

3. 电力和热力终端消费

预计未来30年左右,终端电力和热力消费将长期保持稳定增长态势。2021年,我国终端电力消费折算能量为10.1亿吨标准煤(8.2万亿千瓦·时),其中,居民生活、燃料加工和化工、其他制造业、钢铁、有色金属、其他服务业、电热水燃供应、建材等8个行业消费占比较高,约占全国终端电力消费量的87%。从中长期来看,得益于我国经济长期向好发展和终端用能电气化率的不断提高,国民经济各行业对于电力的消费在较长时期内保持持续增长,居民生活对电力消费也有较大增长空间。全社会终端电力消费在未来近30年内仍将呈现增长态势，预计2025年、2030年、2035年终端电力消费将分别为11.9亿吨标准煤（9.7万亿千瓦·时）、14.1亿吨标准煤（11.5万亿千瓦·时）、15.8亿吨标准煤（12.9万亿千瓦·时）［图2-18（a）］。

2021年我国终端热力消费折算能量为2.4亿吨标准煤，其中，燃料加工和化工、居民生活、其他制造业、有色金属、其他服务业、钢铁等6个行业消费占比较高，约占全国终端热力消费量的93%。从中长期来看，受我国经济长期向好发展影响，国民经济各行业对于热力的消费在较长时期内将保持持续增长，居民生活在全国收入水平不断提高趋势下对热力消费也有较大增长空间。全社会终端热力消费在未来20多年内仍将呈现增长态势，预计2025年、2030年、2035年终端热力消费将分别为2.3亿吨标准煤、2.7亿吨标准煤、2.9亿吨标准煤［图2-18（b）］。

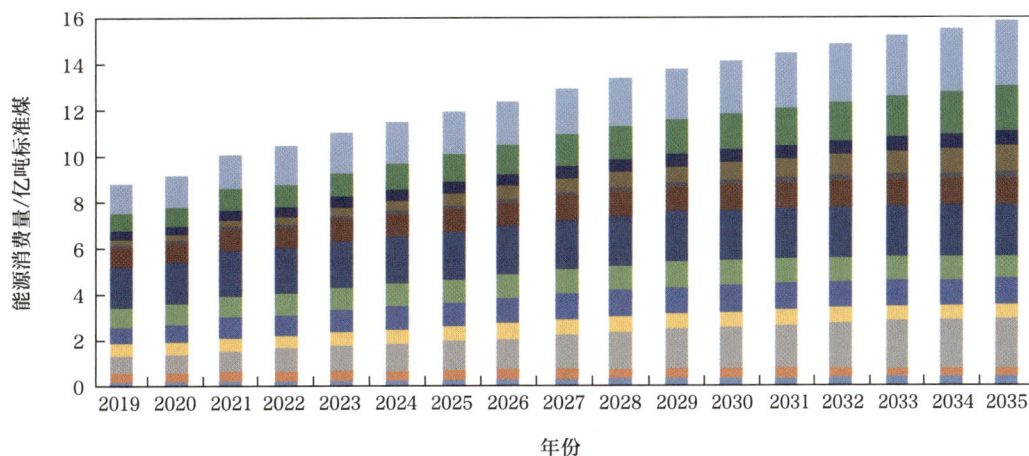

（a）电力

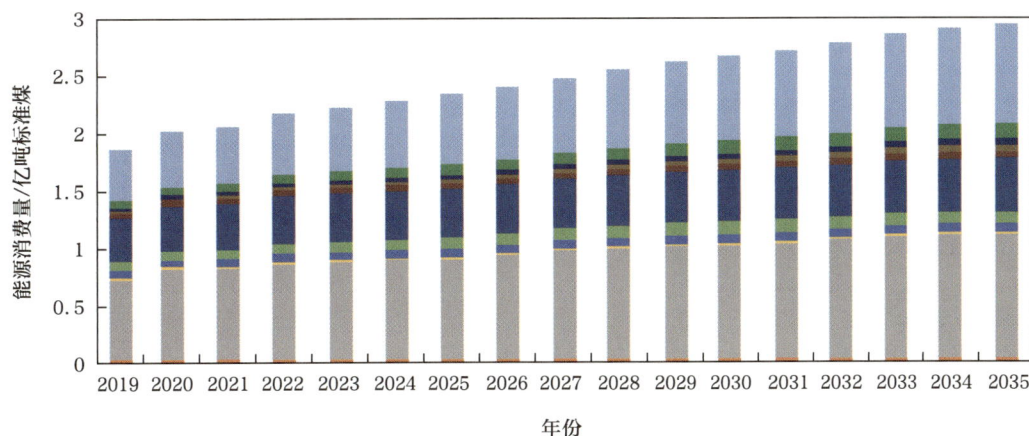

（b）热力

图 2-18　各行业对电力和热力的终端消费量统计与预测

49

4. 氢能（绿氢）和其他能源终端消费

当前我国绿氢开发利用规模较小，未来增长空间巨大。当前绿氢主要分布在燃料加工和化工、交通运输仓储邮政等行业。未来，在"双碳"目标引导、低碳转型发展理念不断深化和氢能规模化替代的多重作用下，氢能将获得蓬勃发展的机会，特别是在燃料加工和化工、钢铁和交通运输仓储邮政等领域将优先开展规模化应用。氢能逐步发展成为我国能源消费的重要组成部分，预计到2025年、2030年、2035年，我国终端绿氢消费量将分别达到170万吨标准煤（41万吨绿氢）、1270万吨标准煤（307万吨绿氢）、4730万吨标准煤（1150万吨绿氢）左右［图2-19（a）］。

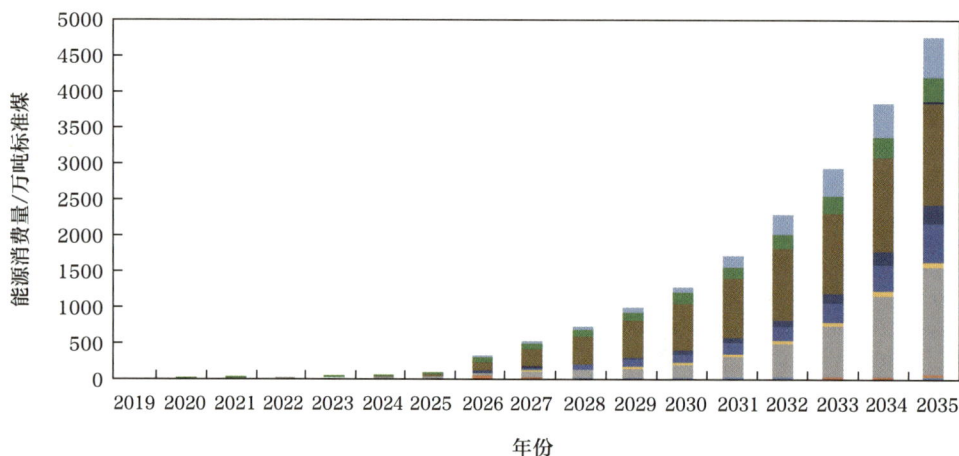

（a）氢能（绿氢）

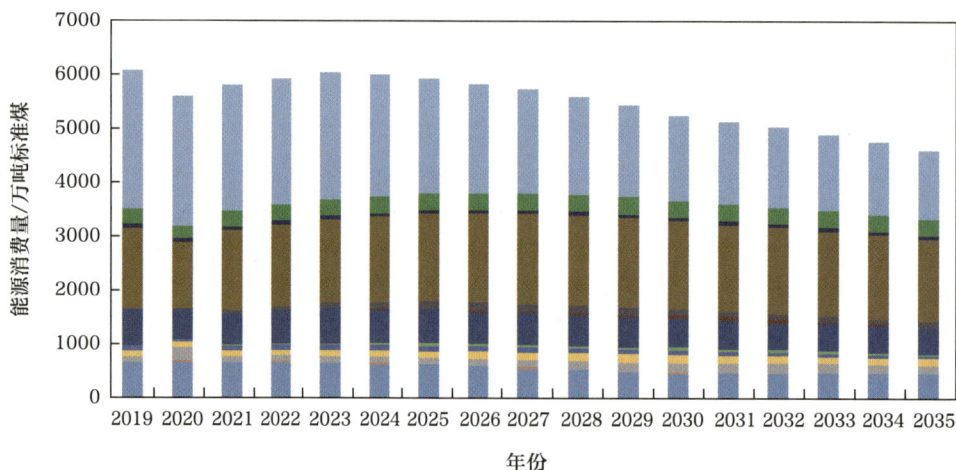

（b）其他能源

图 2-19　各行业对氢能和其他能源的终端消费量统计与预测

2021年我国终端其他能源（主要包括薪柴、秸秆、地热等）消费量为5500万吨标准煤，其中，居民生活、交通运输仓储邮政、农林牧渔、其他制造业等4个行业消费占比较高，约占全国终端其他能源消费量的86%。从中长期来看，在"双碳"目标引导、社会低碳转型发展理念不断深化和非化石能源加速替代的多重作用下，各行业对于其他能源的消费将呈逐步降低趋势。预计我国终端其他能源消费量在2025年、2030年、2035年将分别为5930万吨标准煤、5260万吨标准煤、4610万吨标准煤〔图2-19（b）〕。

五、一次能源消费及碳排放预测

一次能源是指可以直接从自然界获取的能源品种，主要包括煤炭、石油、天然气、一次电力及其他能源四大类。为了满足在生产生活中对终端能源的需求，就需要通过能源转化过程，将部分一次能源转化为可供直接消费的终端能源，这个过程中会产生能源转化损耗。从逻辑关系来看，终端能源需求是一次能源生产的原动力，一次能源供给是终端能源消费的根本来源，两者密不可分；从数量关系来看，一次能源消费等于终端能源消费与能源转化损耗之和。

（一）一次能源消费总量及结构

充分考虑燃煤发电、燃气发电、炼油加工、煤焦化、煤制油、煤制气等能源转化过程中的能源消耗，在终端能源消费预测的基础上，得出一次能源消费总量和结构的结论。我国一次能源消费统计方法有发电煤耗法、电热当量法两种，但表征意义及其总量存在一定差异，具体见专栏一。建议研究近中期能源发展趋势重点参考本书中的"发电煤耗法"口径相关结论。

> **专栏一**
>
> ### 一次能源消费统计发电煤耗法、电热当量法的差异
>
> 我国一次能源消费统计数据一般按两种口径发布。一直以来，由于我国煤电占比较高，发电煤耗法统计的能源消费总量传播应用更广，常见于统计公报、新闻发布会等大众关注度较高的场合；电热当量法主要在《中国能源统计年鉴》中体现，使用范围集中在能源领域的

研究人员，相关数据在公众视野里出现较少，但在国际上主要使用电热当量法进行统计，极少使用发电煤耗法。从数量对比来看，两者有较为明显的差距，例如，2020年，我国一次能源消费总量按发电煤耗法计算为49.8亿吨标准煤，按电热当量法计算为45.6亿吨标准煤；2021年我国一次能源消费总量按发电煤耗法计算为52.4亿吨标准煤，按电热当量法估算约为47.7亿吨标准煤，当前阶段两者的总体差距在10%左右。

发电煤耗法和电热当量法的计算逻辑存在区别。我国的一次能源消费主要包括煤炭、石油、天然气、一次电力和其他能源等4个类别，发电煤耗法和电热当量法的主要差异在于对一次电力（风光水核等发电）的计量方式不同。电热当量法是将所有的一次电力直接按照电力的热值当量换算，即按照每千瓦·时折合122.9克标准煤进行统计，这种方法在国际上更为通用；发电煤耗法是将所有的一次电力按照燃煤发电的能耗水平进行统计，即当前按照每千瓦·时折合300克标准煤左右水平进行统计，是电热当量法的2.4倍左右。

非化石能源发电规模越大，两种统计方法的差异越大。按发电煤耗法核算的一次能源消费总量要比按电热当量法核算的更大，并且一次电力的规模越大，差异就越大，当一次电力成为主体电力时（例如，到2035年以后，非化石能源发电量占比超过50%），按发电煤耗法核算的一次能源消费总量数字虚高，将失去代表性。

综合考虑2035年能源电力结构变化，即化石能源发电量占比仍处于主体地位，发电煤耗法与电热当量法两种统计口径并行使用。一方面，保证未来预测数据与历史统计数据相衔接；另一方面，引入电热当量法数据形成对比，作为过渡。2035年之后，非化石能源发电量占比超过50%，主要使用电热当量法来表征一次能源消费总量和结构，采用发电煤耗法表征当下制定的一些主要考核目标。

1. 一次能源消费总量

按发电煤耗法计算，我国一次能源消费总量预计在2035—2040年进入峰值平台期，达到65亿～66亿吨标准煤，较2020年的49.8亿吨标准煤仍有30%左右的增长空间。其中，2025年一次能源消费总量达到57亿吨标准煤左右，较2020年增长14.5%；2030年接近62亿吨标准煤，2035年达到65亿吨标准煤左右，并进入峰值平台期（图2-20），2040年前维持在65亿～66亿吨标准煤，随后将进入稳步下降阶段。

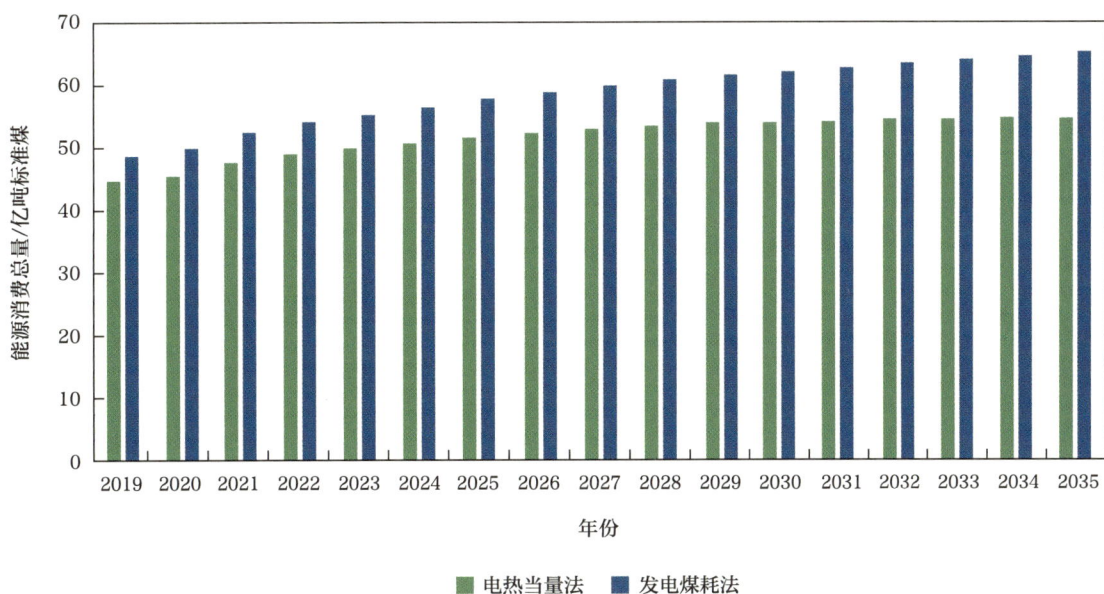

图 2-20　我国一次能源消费总量统计与预测

按电热当量法计算，我国一次能源消费总量在2033—2035年达峰，峰值为接近55亿吨标准煤，较2020年的45.6亿吨标准煤提高约20%。其中，2025年一次能源消费总量为51亿吨标准煤左右，2030年将达到53亿吨标准煤左右；预计在2033—2035年达峰，峰值为接近55亿吨标准煤（图2-20）；2035年后将进入逐步下降阶段。

2. 一次能源消费结构

按发电煤耗法计算，2022年，煤炭、石油、天然气、一次电力及其他能源在我国一次能源消费总量中占比分别为56.2%、17.9%、8.5%、17.4%。煤炭消费占比出现自2012年以来首次回升，较2021年上升0.3个百分点；天然气消费占比则出现自2002年以来首次下降，消费量比2021年下降1.7%，消费占比较2021年下降0.4个百分点。短期内煤炭的消费占比提高，即煤炭消费增速超过能源消费增速，主要受国际能源供应形势发生深刻变化的影响。俄乌冲突以来，石油、天然气价格持续增长，我国进口天然气总量下降，石油消费减少，煤炭和非化石能源消费占比得到提升。从长期趋势看，我国能源低碳转型的趋势没有改变。2022年，代表能源转型方向的一次电力消费占比较2021年提高0.8个百分点，保持持续强劲增长势头。

预计到2025年，我国一次能源消费结构中煤炭、石油、天然气、一次电力及其他能源占比将变为53.3%、17.5%、9.6%、19.6%，到2030年将变为49.5%、15.7%、

10.6%、24.2%。"十四五"时期煤炭消费占比累计降低3.5个百分点，"十五五"期末煤炭消费占比首次降至50%以下；对应非化石能源消费持续增长，预计在2023年底即超过石油消费成为第二大能源，"十五五"期末接近油气消费总量。2035年，预计我国煤炭、石油、天然气、一次电力及其他能源消费占比进一步调整为45.0%、13.8%、11.4%、29.8%（图2-21）；2035年以后非化石能源消费占比将会加速提升，预计到2060年，煤炭、石油、天然气、一次电力及其他能源在我国能源消费中的占比分别为10%、3.5%、6.5%、80%。

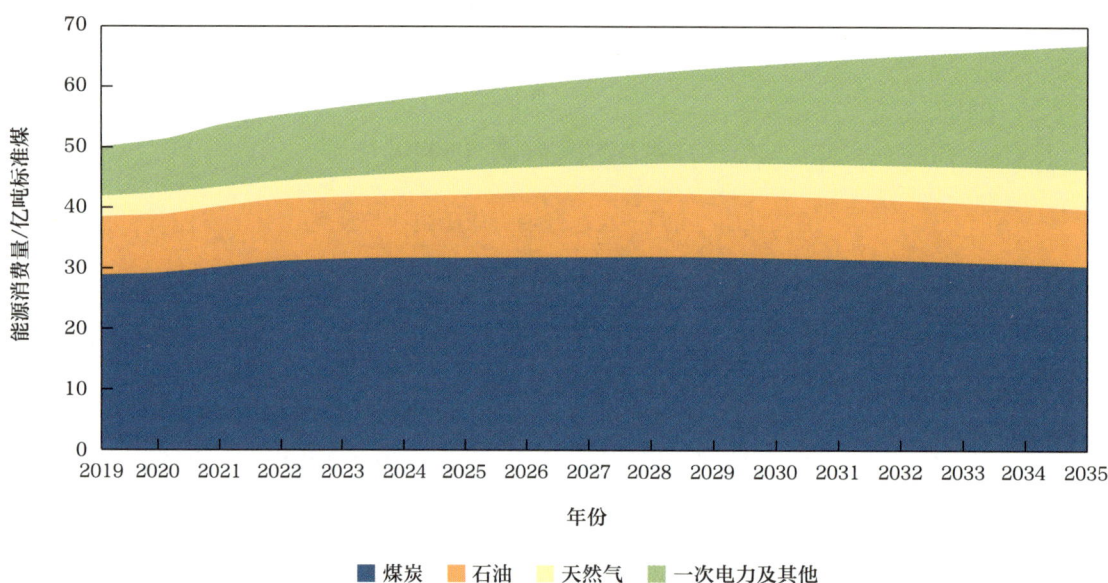

图 2-21 我国一次能源消费量及结构统计与预测（发电煤耗法）

按电热当量法计算，2022年，我国一次能源消费总量中煤炭、石油、天然气、一次电力及其他能源占比分别为61.6%、19.9%、9.4%、9.1%，电热当量法反映了当前不同一次能源品种在能源系统中的能量直接贡献程度。预计到2025年、2030年、2035年，一次能源消费结构进一步转变为59.5%、19.5%、10.8%、10.2%，57.0%、18.1%、12.1%、12.8%和53.7%、16.4%、13.6%、16.2%。从能量直接贡献上，煤炭消费占比持续下降，但在2040年仍占据一次能源消费的一半左右，依然是我国最重要的主体能源。油气在未来15年左右的时间内，消费占比基本稳定在30%，但呈现石油消费占比下降并补缺天然气消费增长的特点。非化石能源呈逐步加速发展态势，在一次能源消费中的地位快速提升（图2-22）。

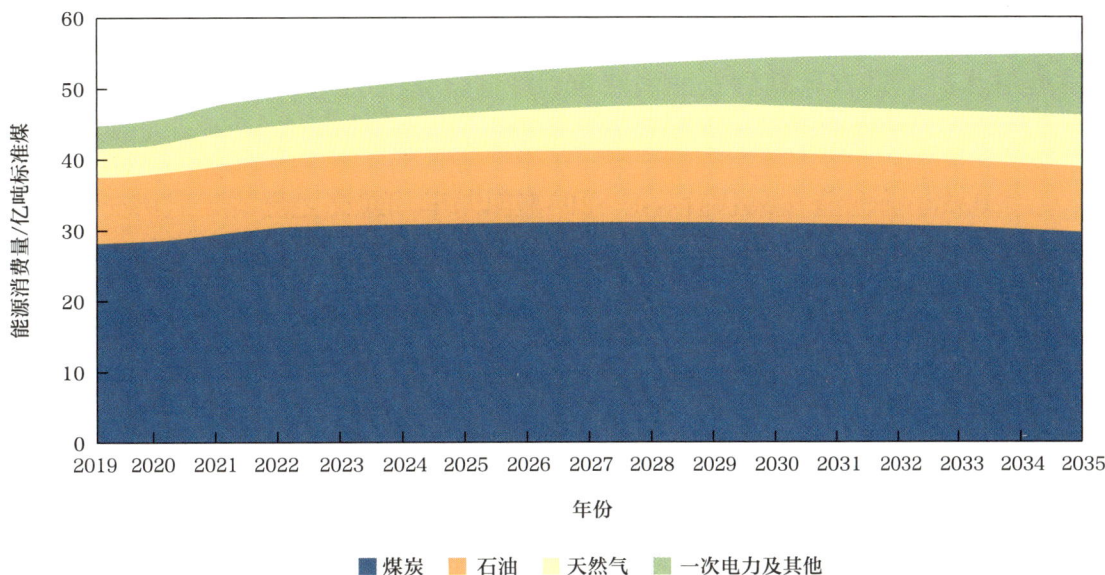

图 2-22　我国一次能源消费量及结构统计与预测（电热当量法）

（二）分品种一次能源消费达峰及长期演化趋势

煤炭消费预计在2028年前后达峰，2035年维持在42亿吨左右，消费占比呈现加速下降趋势。在"先立后破"原则下，随着新能源的大规模发展及保障能源电力安全稳定的现实需要，我国煤炭消费在今后一段时期仍将保持稳定增长趋势，预计到2025年达到45亿吨商品煤（按原煤约47.4亿吨）左右；在2028年前后煤炭消费达到峰值，峰值为45亿～46亿吨商品煤（按原煤约48.0亿吨），峰值折算约为31亿吨标准煤。"十五五"后期，煤炭消费达峰后将进入规模和占比持续下降阶段，预计到2030年降至45亿吨商品煤以下。到2035年降至42亿吨商品煤左右，仍然占据能源消费的主体地位。2035年以后，随着我国非化石能源规模化发展，煤炭消费规模和占比快速下降（预计到2060年煤炭消费降至8亿～10亿吨商品煤）。按发电煤耗法计算，煤炭消费在一次能源消费中的比例将从2020年的56.8%逐步降至2025年的53.3%、2030年的49.5%和2035年的45.0%，"十四五""十五五""十六五"时期的煤炭消费占比分别同比累计降低3.5个百分点、3.8个百分点、4.5个百分点，煤炭消费占比呈现加速趋减态势。

石油消费预计在2026年前后达峰，2035年维持在6亿吨以上，消费占比下降总体平缓。石油消费现阶段总体处于峰值平台期，2022年受新冠病毒疫情影响出现小幅下降，后疫情时代将有所反弹，但考虑到电动汽车对燃油汽车的快速替代趋势，石油消费难以出现持续较大规模增长，预计2025年全社会石油消费合计量为7亿吨（表观消费量为7.4亿吨）；在2026年前后石油消费达到峰值，峰值约为7.1亿吨（表观消费量为7.5亿吨）；"十五五"时期，石油消费进入下行期，2030年降至6.8亿吨（表观消费量为7亿吨）。2035年前保持在6亿吨以上。2035年以后，随着交通领域清洁交通工具的规模化替代及非化石能源的规模化发展，石油消费规模和占比将呈快速下降态势（预计到2060年石油消费降至1.5亿吨左右）。按发电煤耗法计算，石油消费在一次能源消费中的比例将从2020年的18.9%逐步降至2025年的17.5%、2030年的15.7%、2035年的13.8%，"十四五""十五五""十六五"时期的石油消费占比分别同比累计降低1.4个百分点、1.8个百分点、1.9个百分点，相比煤炭消费占比降幅更为平缓。

天然气消费预计在2035年前后达峰，2035年达到5700亿立方米左右，消费占比呈现稳步提升态势。天然气作为实现"双碳"目标的过渡能源，发电用气、供热用气、终端用气都将在未来较长时间内保持持续增长。预计2025年我国天然气消费为4400亿立方米左右，到2030年接近5200亿立方米，到2035年达到5700亿立方米，基本达峰。2035年以后，随着非化石能源规模化发展，天然气的过渡性支撑能源角色将逐步减弱，其消费将逐步下降（预计到2060年降至3000亿立方米左右）。按发电煤耗法计算，天然气消费在一次能源消费中的比例将从2020年的8.4%逐步提高至2025年的9.6%、2030年的10.6%、2035年的11.4%，"十四五""十五五""十六五"时期的天然气消费占比分别同比累计提高1.2个百分点、1.0个百分点、0.8个百分点，天然气消费占比保持稳健增长态势。

一次电力及其他能源（非化石能源）消费总量持续增长，逐步成为电力增量的绝对主体，消费占比呈加速增长态势。在绿色低碳政策导向和非化石能源技术进步、成本降低的长期驱动下，风、光、水、核、生物质等非化石能源在未来将保持持续快速发展态势，预计一次电力及其他能源（非化石能源）的发电量到2025年将达到3.8万亿千瓦·时，占全国总发电量的38%左右；到2030年将达到5.2万亿千瓦·时，占全国总发电量的44%左右；到2035年将达到6.8万亿千瓦·时，占全国总发电量的近一半（49%左右）。2035年以后，非化石能源的发展速度将进一步加快，并最终在能源系统中占据绝对主体地位（预计到2060年将达到发电量16.7万亿千瓦·时，占全国总发电量的95%左右）。按发电煤耗法计算，非化石能源消费占一次能源消费的比例将从2020年的15.3%逐步提高至2025年的19.6%、2030年的24.2%、2035年的29.8%，

"十四五""十五五""十六五"时期的非化石能源消费占比分别同比累计提高4.3个百分点、4.6个百分点、5.6个百分点，非化石能源消费占比保持加速增长态势，到2030年非化石能源发电将贡献全国接近90%的新增发电量，到2035年将贡献全国95%的新增发电量。

（三）我国能源活动碳排放趋势和"双碳"目标

我国能源活动碳排放预计在2029年达峰，峰值为110亿吨左右，随后进入峰值平台期，至2035年降至约103亿吨（图2-23）。未来几年，为支撑经济社会发展和保障能源电力系统安全，化石能源消费总体仍处于缓慢增长期，对应能源活动碳排放量也将继续增长。预计2025年，能源活动碳排放量接近108亿吨；2029年前后总体达到峰值，峰值为110亿吨左右，较2020年碳排放量约有10亿吨的增长空间。碳排放达峰以后，随着化石能源消费的减量替代及CCUS等负碳技术的示范推广（图2-24），能源活动碳排放量将逐步下降，预计到2035年下降到103亿吨左右。总体来看，"十四五""十五五""十六五"时期，能源活动碳排放量分别新增约8亿吨、2亿吨、–5亿吨，我国能源活动顺利实现2030年前"碳达峰"和2035年"碳排放达峰后稳中有降"。

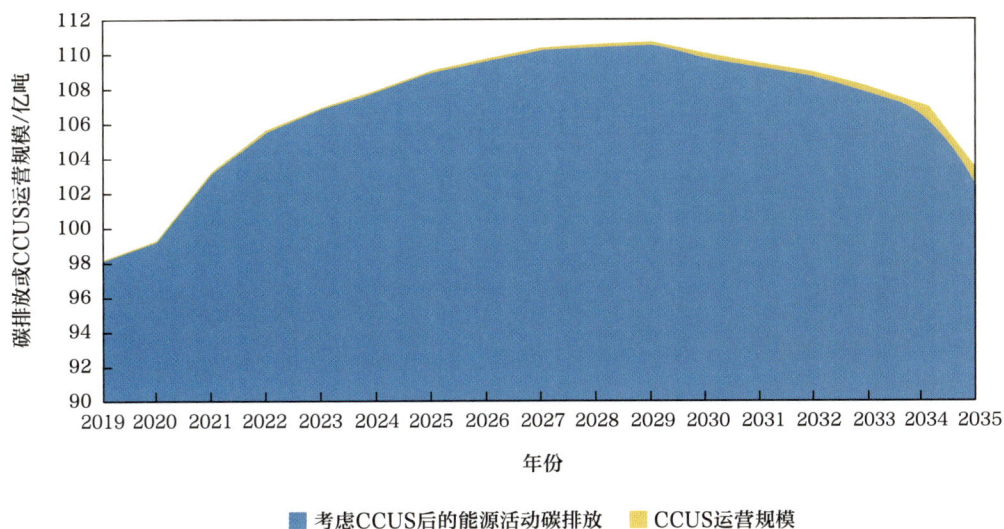

图 2-23　我国能源活动碳排放和 CCUS 运营规模

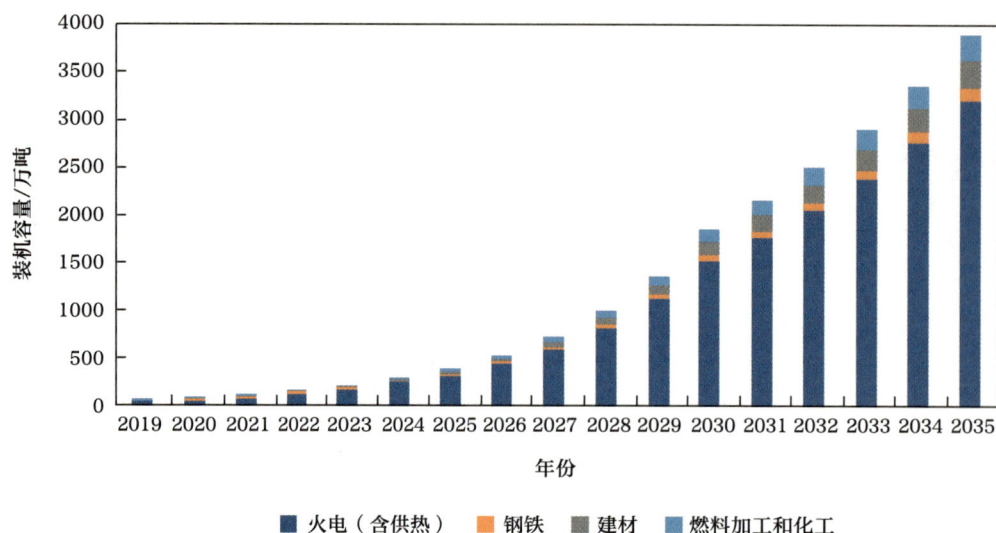

图 2-24　各行业 CCUS 的累计装机容量统计与预测

从行业构成上看，能源活动碳排放主要来源于火电、钢铁、建材、燃料加工和化工四大行业，2020年其能源活动碳排放占比分别为45%、17%、6%、9%左右，合计约占77%；国民经济其他行业碳排放占比共计23%左右。从发展趋势上看，在2035年前，火电行业由于发电量持续攀升，碳排放占比将持续升高，到2030年超过50%，到2035年将达到53%左右；钢铁行业和建材行业由于产量稳中有降，碳排放占比将持续降低，到2030年分别降至13%和3.5%，到2035年分别降至12%和3%；燃料加工和化工业碳排放占比呈现先升高后降低的走势，主要原因是近几年煤化工的快速发展和未来油品消费达峰以后产业规模的逐步下降，预计占比到2030年约为9.5%，到2035年约为9%（图2-25）。

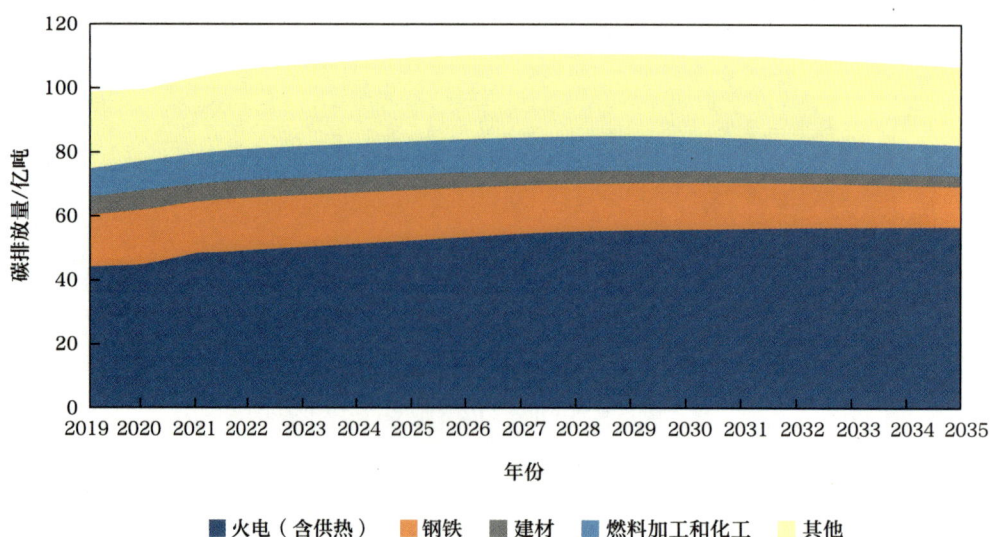

图 2-25　各行业不考虑 CCUS 时的碳排放统计与预测

碳排放量增速低于能源消费总量增速，碳排放达峰后能源消费仍将保持6～9年的增长。能源活动与碳排放呈现高度的正相关性，但由于技术进步、能源结构逐步低碳演化，碳排放量增速趋势上低于能源消费总量增长速度，"十四五""十五五"时期，预计全国一次能源消费总量较2020年分别增长14.5%、20.1%，而对应碳排放量分别增长约8%、10%（图2-26）。此外，全国碳排放在2029年达峰，较我国能源消费在2035—2040年达峰（按发电煤耗法计算）早6～11年，主要原因是在2029年之后，虽然煤炭和石油消费量达峰后开始缓慢下降，但天然气、一次电力及其他能源消费量仍在保持上涨并成为增量绝对主体，导致能源消费达峰要滞后于碳排放达峰。这一方面反映出2035年前能源消费持续增长，但增长以低碳清洁能源为绝对主体；另一方面反映出2030年后能源系统转型的结构性降碳效果十分显著。

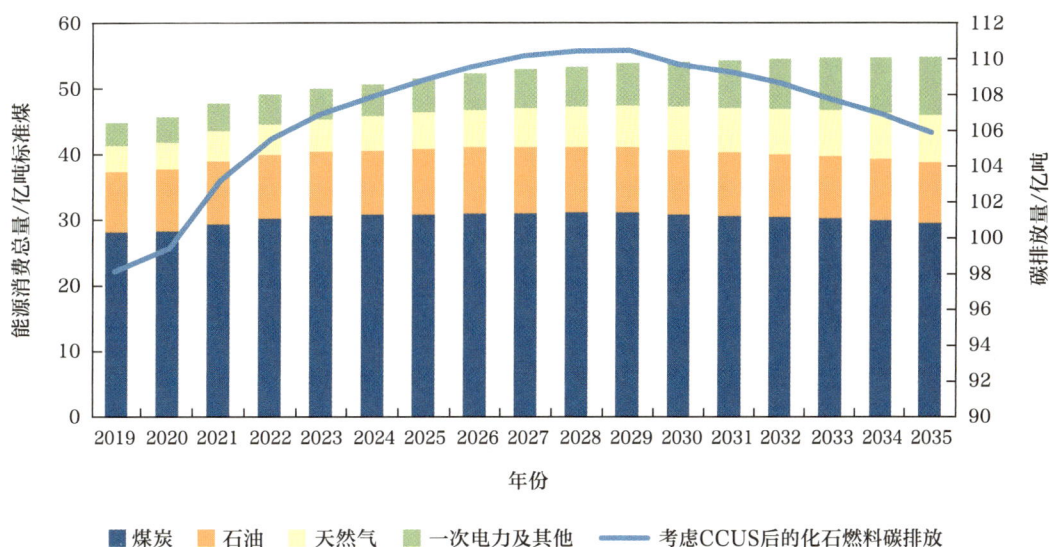

图 2-26　能源消费达峰与碳排放达峰之间的关系统计与预测（电热当量法）

到2060年能源活动碳排放预计约为22亿吨，通过12亿吨CCUS工程和碳汇抵消可实现碳中和。2035年后随着非化石能源对煤炭、石油、天然气等的加速替代，预计我国能源活动碳排放将进入快速下降阶段，到2060年能源系统碳排放约为22亿吨（不考虑负碳技术时），若考虑CCUS兜底脱碳保障并到2035年之后进入规模化布局（重点在煤电、石油化工、煤化工、冶金、工业燃煤等领域推广应用），预计2060年CCUS可实现碳减排12亿吨，能源活动碳排放降至10亿吨。另外，根据国内林业领域研究结果，预计2060年我国陆上林地的碳汇能力可达15亿～20亿吨，可顺利实现能源活动碳中和，并为社会其他碳排放预留一定空间。

六、中国能源供需平衡预测推演

（一）能源总体供需平衡

从历年统计数据来看，我国一次能源供需总体保持平衡，供需平衡差额在2%~4%（1亿~2亿吨标准煤），能源供给总量受能源消费总量牵引，保持相近的变化趋势。能源消费方面，预计我国一次能源消费总量（按发电煤耗法计算）到2025年、2030年、2035年将达到58亿吨标准煤、62亿吨标准煤、65亿吨标准煤左右。能源供给方面，我国一次能源主要由国内满足，总体自给率在80%左右（按发电煤耗法计算），具体由煤炭、石油、天然气、一次电力及其他能源4类能源供给保障，其中石油、天然气的对外依存度较高，煤炭、一次电力及其他能源基本依靠国内（图2-27）。

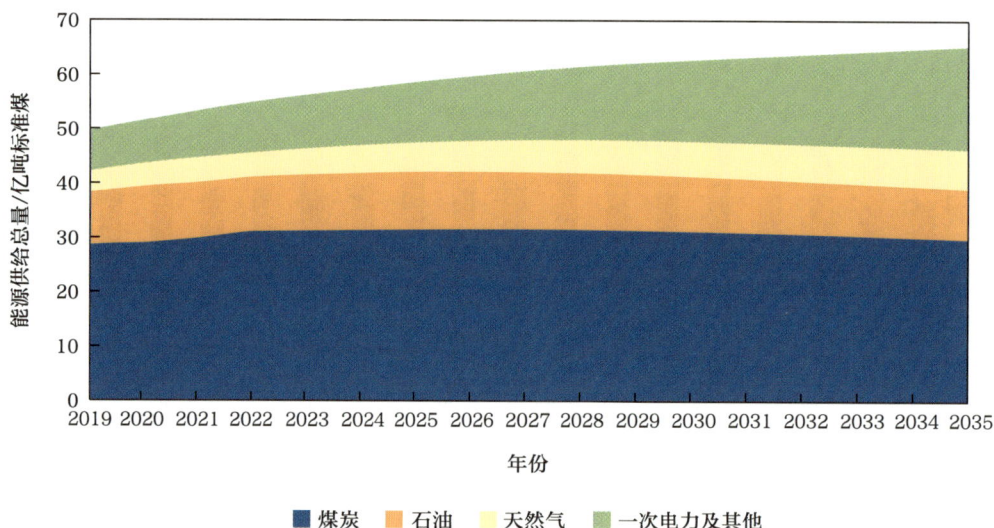

图 2-27　我国一次能源供给总量及结构变化情况统计与预测（发电煤耗法）

能源供应有效保障能源消费需求，2035年将形成煤炭、油气、非化石能源三分天下的格局。预计未来较长时间内我国一次能源供给总量（按发电煤耗法计算）将保持增长态势，到2025年达到59亿吨标准煤左右，到2030年达到63亿吨标准煤左右，到2035年达到66亿吨标准煤左右。2022年，我国煤炭、石油、天然气、一次电力及其他能源对我国能源供给的贡献率分别为56.5%、18.3%、8.2%、17.0%；预计未来一段时间煤炭和石油的贡献率将逐渐下降，天然气、一次电力及其他能源的贡献率将逐渐上升，到2025年煤炭、石油、天然气、一次电力及其他能源对我国能源供给的贡献率分别为53.2%、18.2%、9.4%、19.2%；到2030年贡献率分别为49.4%、16.2%、10.4%、24.0%；到2035

年调整至45.2%、13.9%、11.3%、29.6%。

我国能源自给率总体处于80%左右的较高水平，受油气结构性对外依存度高的影响，我国未来能源自给率将呈现先略有下降再不断升高的态势。2022年，我国一次能源的总体自给率为81%（按发电煤耗法计算），其中煤炭、石油、天然气、一次电力及其他能源的自给率分别约为94.8%、28.9%、61.1%、100.0%；受油气进口量下降影响，油气自给率相比2021年略有上升；预计未来几年随着油气进口量的增多，油气自给率将有所降低。未来我国一次能源的总体自给率呈现先略有下降再不断升高的走势，预计2025年降至80%，其中煤炭、石油、天然气、一次电力及其他能源的自给率分别为94.2%、28.6%、56.1%、100.0%；2030年回升到81%，其中煤炭、石油、天然气、一次电力及其他能源的自给率分别为94.2%、29.3%、54.7%、100.0%；2035年将提高到接近83%，其中煤炭、石油、天然气、一次电力及其他能源的自给率分别为94.6%、30.8%、52.0%、100.0%（图2-28）。

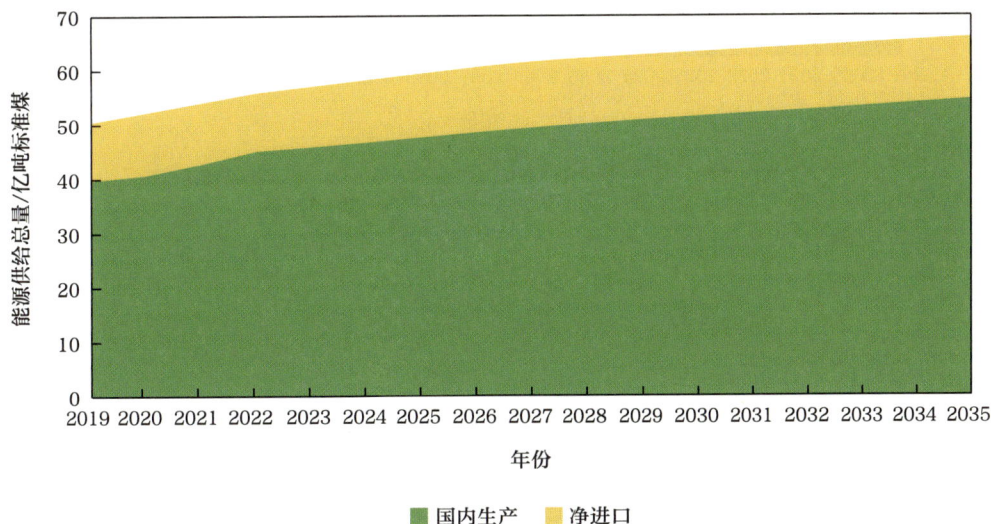

图 2-28　我国一次能源供给总量及来源地变化统计与预测（发电煤耗法）

（二）煤炭供需平衡

煤炭消费未来几年将持续增长，以国内生产为主的供应高位爬坡，供需保持总体平衡。未来几年，我国煤炭消费保持低速增长态势，预计到2025年约为30.9亿吨标准煤，按商品煤约为45亿吨（折合原煤约为47.4亿吨），在2028年前后达峰，峰值约为31.2亿吨标准煤，按商品煤为45亿～46亿吨；达峰后煤炭消费将持续下降，到2030年、2035年分别降至45亿吨商品煤、42亿吨商品煤左右，2035年后煤炭消费保持较快速度下降［图2-29（a）］。对应煤炭国内生产保持稳步增长，净进口保持稳定并略有下降。

当前和未来我国煤炭需求都将主要由国内生产煤来供给，进口煤会保持一定比例并呈现逐渐下降的趋势。预计2025年煤炭的国内生产量和净进口量分别为45.9亿吨和3.2亿吨；到2028年煤炭消费达峰时的国内生产量和净进口量分别为46.1亿吨和3.3亿吨，到2030年、2035年煤炭国内生产量和净进口量分别为45.2亿吨、3.2亿吨和42.9亿吨、2.9亿吨，其中进口煤比例将从2021年的6%下降至2035年的5%左右［图2-29（b）］。

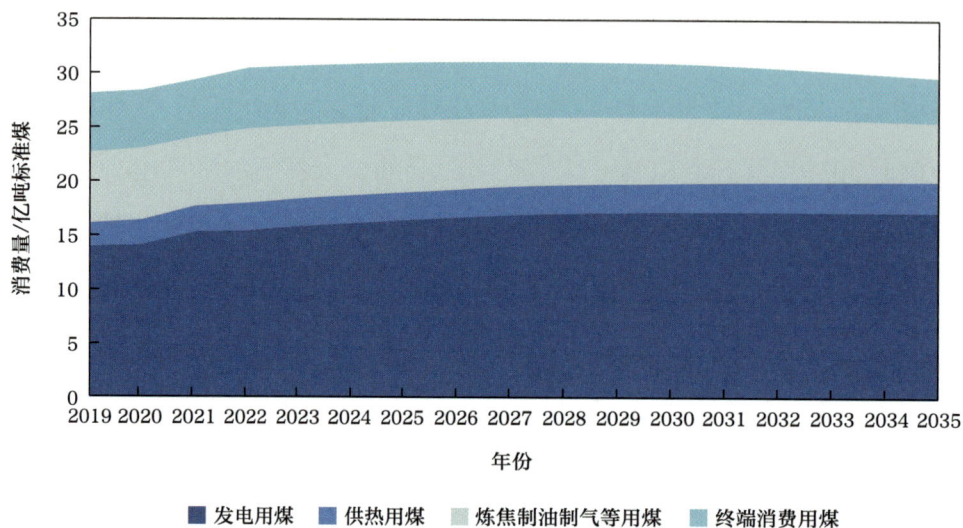

（a）消费量及结构

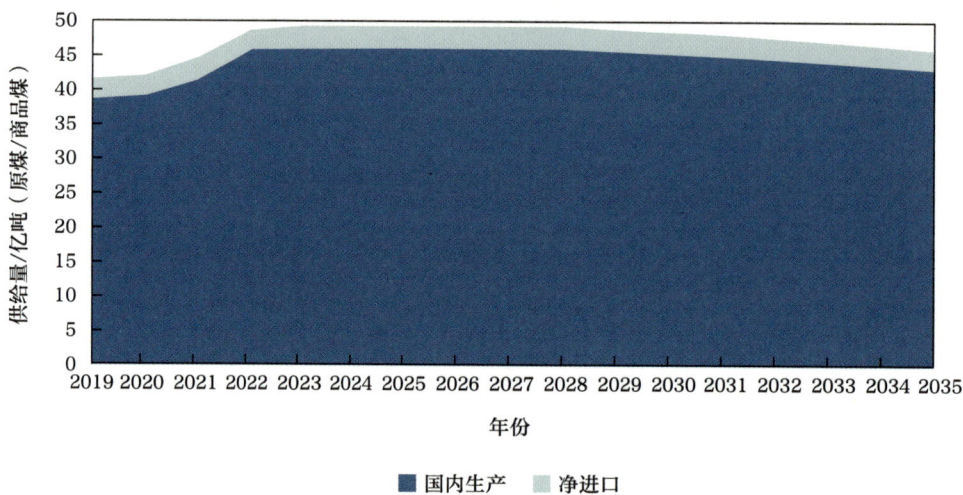

（b）供给量及结构

图 2-29 煤炭消费量、供给量及结构发展趋势

考虑到未来煤炭核心区产能下降、中东部煤矿深度开采难度加大，以及全国2030年后在产煤矿产能快速衰退等因素，预计2035年前需新增煤炭产能9亿吨。根据全国在产煤矿产能及资源接续能力评估，按照全国现有煤炭产能剩余服务年限，煤炭产量在2030

年后将出现快速衰减，难以保障今后一段时期及2040年前煤炭消费需求。考虑煤炭供需平衡，需要提前在晋陕蒙新等重点区域开工建设一定规模的煤炭产能，并配以适当煤炭进口，共同保证2030—2050年煤炭的充足供给。其中，预计"十四五"时期开工3.5亿吨、投产2亿吨左右煤炭产能，"十五五"时期开工3亿吨、（含结转）投产3亿吨左右煤炭产能，"十六五"时期还需开工2.5亿吨、（含结转）投产2.5亿吨左右煤炭产能；其间煤炭退出产能超过10亿吨，新建产能和退出产能相抵后，煤炭总产能稳中趋降。

（三）油气供需平衡

近中期石油消费依靠进口的格局难以改变，石油消费达峰后的对外依存度进入下行通道。石油消费现阶段总体处于峰值平台期，考虑到未来电动汽车对燃油汽车的快速替代趋势，预计全社会石油消费稳步增长至2026年前后达峰，峰值约为7.1亿吨（表观消费量为7.5亿吨），2030年缓慢降至6.8亿吨（表观消费量为7亿吨），2035年前保持在6亿吨以上［图2-30（a）］。

近几年我国石油工业大力提升勘探开发力度，油气增储上产取得重要阶段成效，原油产量重回2亿吨，提振了国内资源稳定的信心，但继续增产空间较小。缺口主要依靠进口，给我国能源安全造成一定压力，但随着石油消费达峰及国内石油稳产，石油对外依存度总体呈持续下降趋势，预计在2035年前我国石油供给仍需主要依靠进口，对外依存度保持在较高比例，其中2025年、2030年、2035年分别为70.5%、69.3%、68.2%［图2-30（b）］。

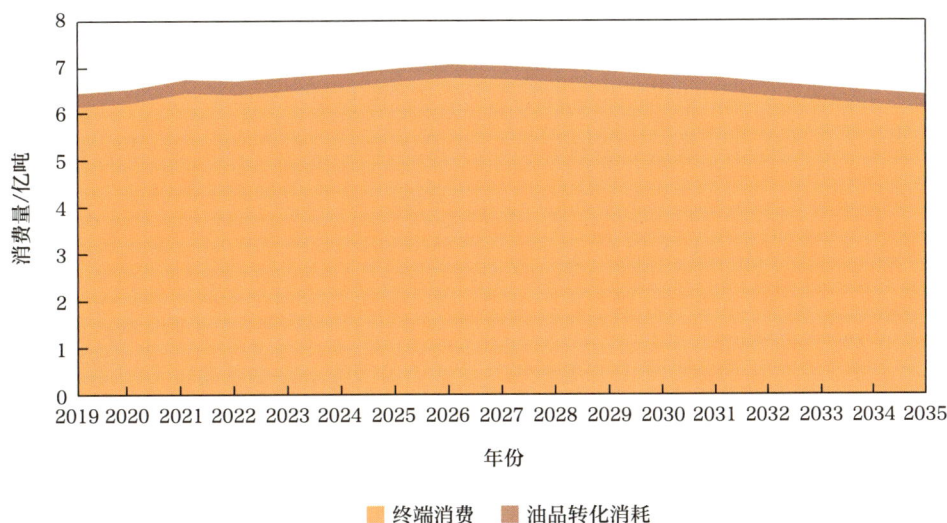

（a）消费量及结构

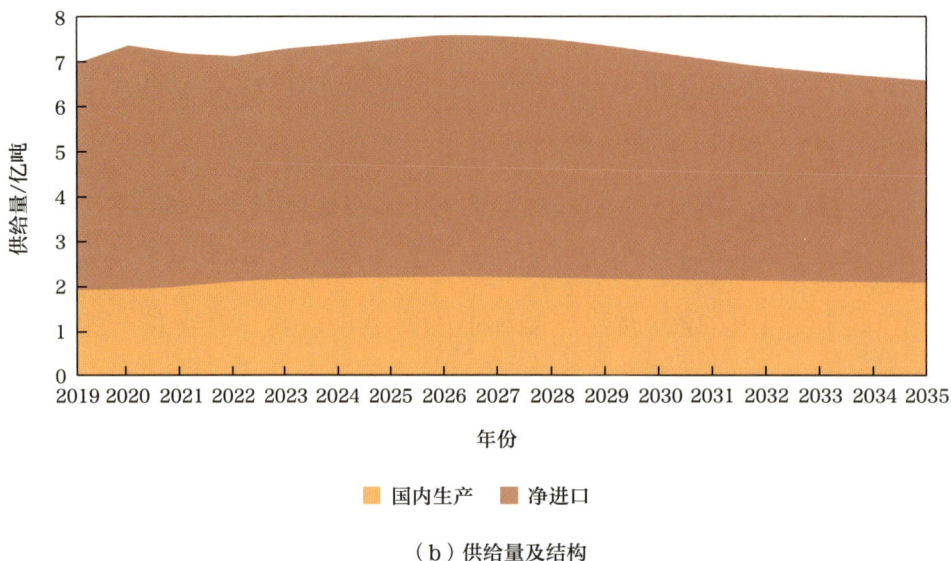

（b）供给量及结构

图 2-30　石油消费量、供给量及结构发展趋势

　　天然气国内生产与进口并举的供应体系保障了未来天然气消费需求增长，天然气对外依存度可控制在50%以内的合理区间。天然气作为实现"双碳"目标的过渡能源，发电用气、供热用气和终端用气都将在未来较长一段时间持续增长。预计2025年我国天然气消费量为4400亿立方米左右，到2030年接近5200亿立方米，到2035年达到5700亿立方米左右并基本达峰［图2-31（a）］。2000年以来，我国天然气行业进入快速发展期，储产量快速增长，进口气在天然气供给中的占比稳步攀升，形成了以国产气为主体的多元化天然气供应体系。未来我国天然气供给将稳步增长，进口气也将持续增加，国产气仍将发挥供气主体作用，天然气对外依存度将呈现先上升后下降的趋势。预计2025年、2030年、

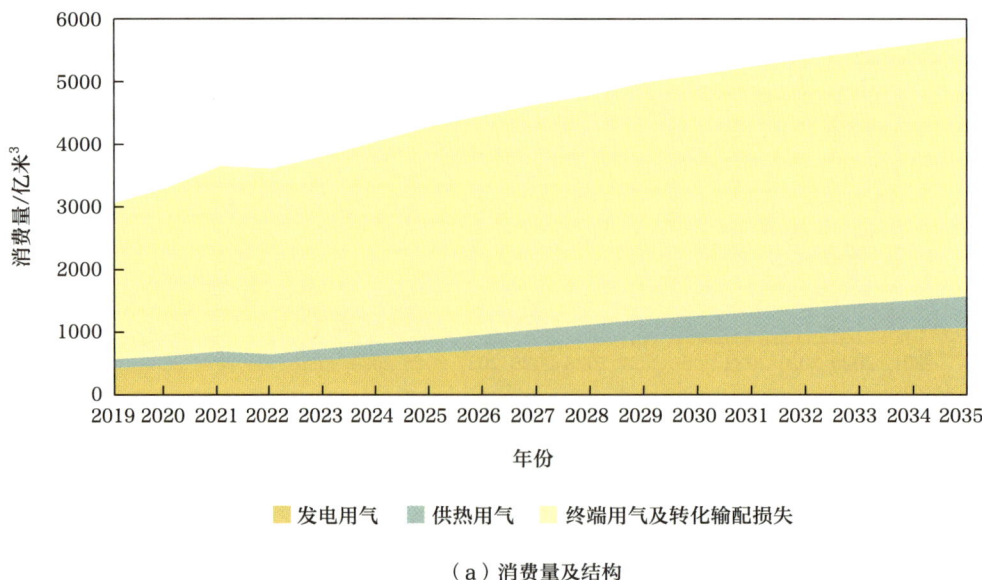

（a）消费量及结构

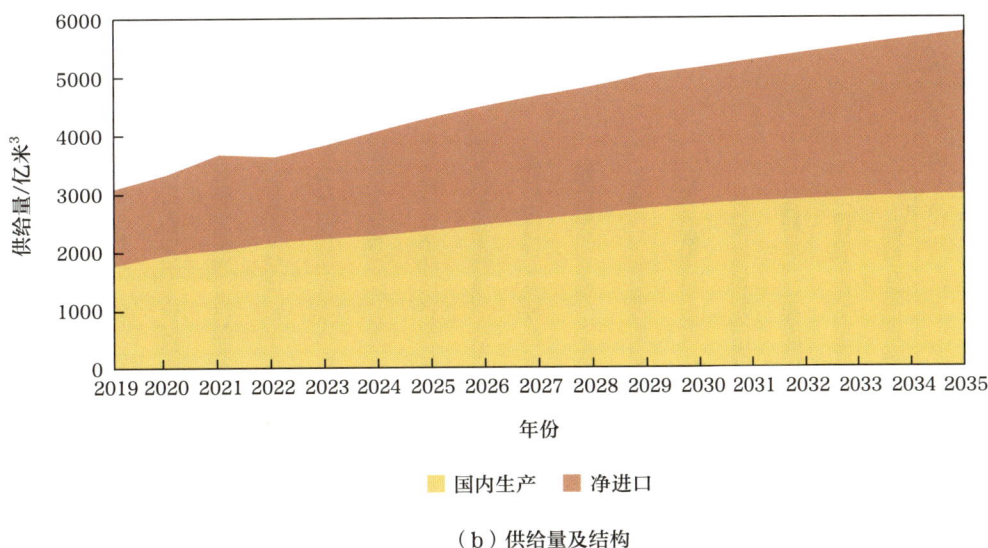

（b）供给量及结构

图2-31 天然气消费量、供给量及结构发展趋势

2035年我国国产气产量将分别达到2400亿立方米、2800亿立方米、3000亿立方米左右；天然气对外依存度在2025—2030年保持在45%左右，到2035年上升到48%左右〔图2-31（b）〕。

（四）电量供需平衡

全社会用电需求保持持续增长态势，终端电氢化率不断提升。在"双碳"目标引导下，我国终端用能的清洁化程度将不断提高，用电用氢比例将逐步提高，预计2025年我国终端电氢化率将接近30%，到2030年将超过34%，2035年将达到39%左右。相应地，我国全社会用电需求在经济社会发展自然牵引和终端能源电氢替代的双重驱动下将保持持续增长趋势。预计我国全社会用电量（按国家统计局口径）到2025年将略超过10万亿千瓦·时，2030年将达到11.9万亿千瓦·时左右，2035年将达到13.7万亿千瓦·时左右（图2-32）。

我国总发电量总体与全社会用电量保持一致，非化石能源发电量占比在2035年达到50%左右，煤电发电占比在2030年降至50%以下。为保障用电需求，预计我国总发电量在2025年、2030年、2035年分别达到10.1万亿千瓦·时、11.9万亿千瓦·时、13.7万亿千瓦·时左右。在当前煤电仍是主体电源的背景下，未来清洁能源发电将成为我国低碳能源转型、降低高碳能源比例、有效减少碳排放的有生力量，清洁能源发电占比将逐渐提高。预计2025年、2030年、2035年非化石电源发电占比将从2022年的35%左右分别提高

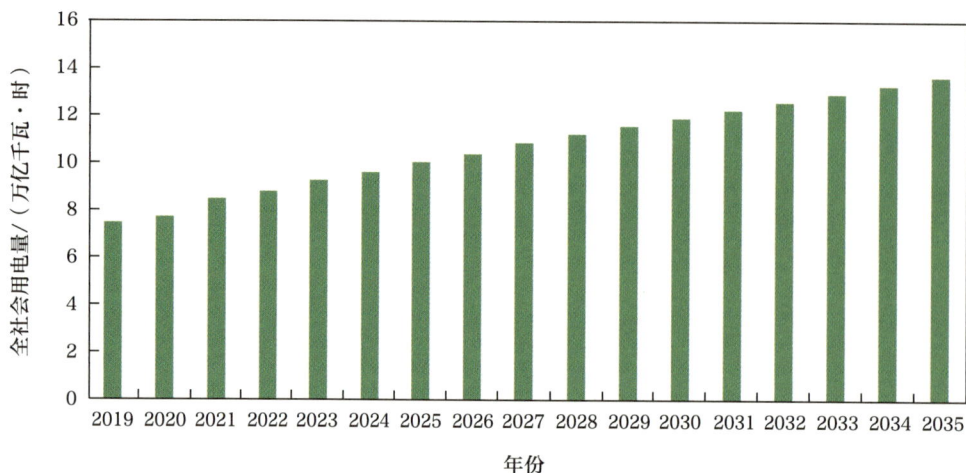

图 2-32　全社会用电量统计与预测

到38%、44%、49%，其中，风电和太阳能发电成为增量主体；煤电发电占比将呈逐步降低趋势，到2025年、2030年、2035年将从2022年的60%左右逐渐下降至56%、49%、43%左右。

七、煤炭行业发展趋势

（一）煤炭行业发展现状

21世纪以来，我国煤炭肩负能源支柱和基础产业重任，经历脱贫攻坚、全面发展、调整转型等阶段，在结构调整、布局优化、资源勘查、行业整合、消费转型、运输保障等方面取得了突出成效，安全稳定供应的基础得到巩固。煤炭作为我国主体能源的兜底保障作用有力支撑了经济社会快速发展。

1. 煤炭消费处于历史高位，用煤结构持续优化

煤炭消费呈上升趋势。2000—2020年，我国煤炭消费变化大致可分成三个阶段：2001—2013年快速增长阶段，国民经济高速增长拉动煤炭消费快速提升，煤炭消费量由12.6亿吨上升至42.4亿吨，年均增长10.6%；2014—2016年小幅回落阶段，经济增速放缓带动煤炭消费逐步回落至38.9亿吨；2017—2020年缓慢回升阶段，新常态下经济转型升级和高质量发展推动煤炭消费回升，由39.1亿吨逐步回升至40.5亿吨（图2-33）。2021—2022年，煤炭在支撑国民经济发展和民生保障中的兜底作用进一步凸显。按相关机构公布的数据和消费增速测算，2022年全国煤炭消费约44.4亿吨，创历史新高。

66

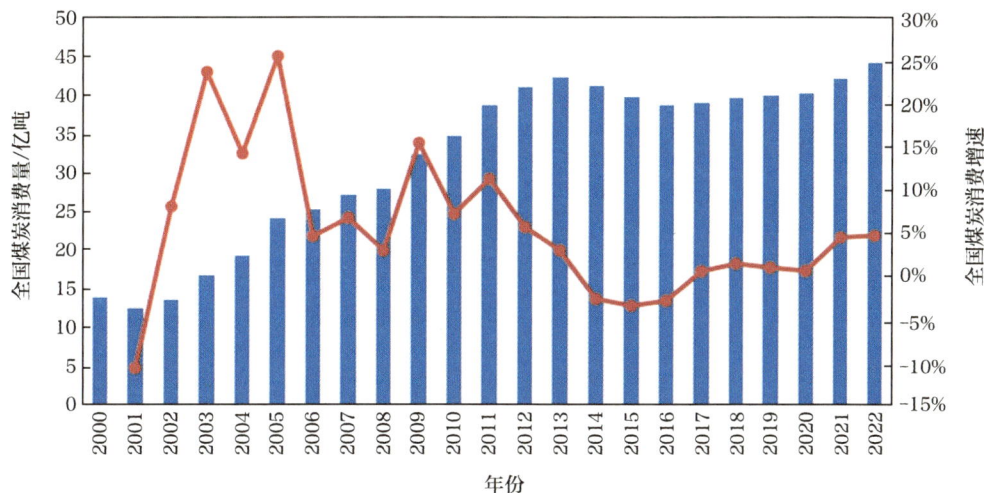

图 2-33 全国煤炭消费变化趋势

资料来源：国家能源集团技术经济研究院整理

煤炭消费向西部地区转移。能源化工基地建设带动西部地区煤炭消费大幅提升；能源结构优化调整和生态环境压力倒逼东部地区煤炭消费增速趋缓，全国煤炭消费向西部地区转移。2005—2022年，晋陕蒙甘宁新6省区煤炭消费由5.0亿吨上升至13.6亿吨，占全国煤炭消费比例由20.6%上升至30.7%；煤炭消费增量8.6亿吨，占全国煤炭消费增量的44.2%（图2-34）。

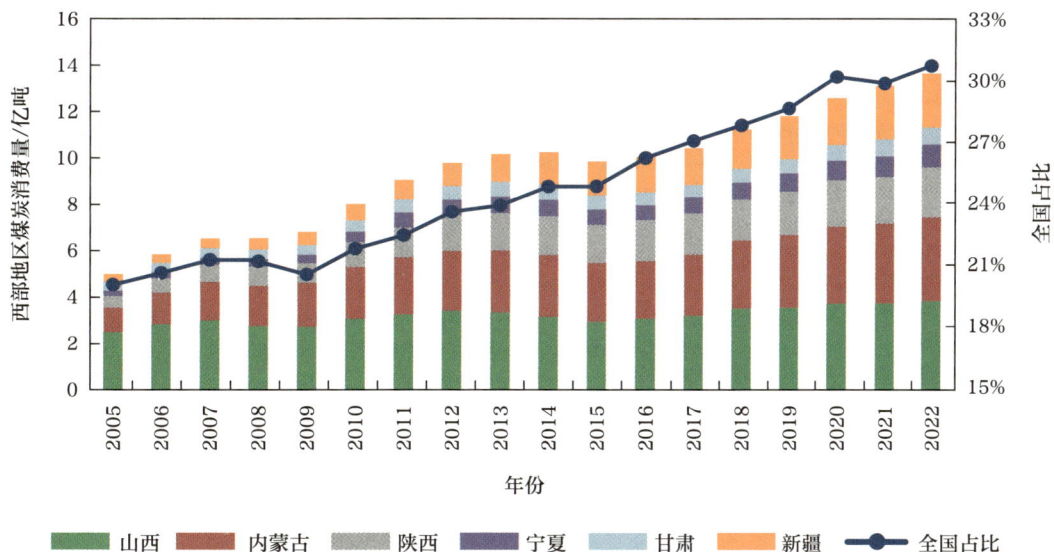

图 2-34 西部地区（晋陕蒙甘宁新）煤炭消费变化趋势

资料来源：国家能源集团技术经济研究院整理

煤炭消费结构逐步优化。2005—2012年，我国工业化进程加快，电力、钢铁、建材和化工四大耗煤行业煤炭消费逐步提升，但占全国煤炭消费比例长期保持在80%左右。2013年《大气污染防治行动计划》颁布实施以来，煤炭消费逐步向四大耗煤行业集中；终端能源电气化率稳步提升、工业用电和民用电较快增长、煤电兜底作用增强综合拉动电煤消费上升。2005—2022年，四大行业煤炭消费由19.5亿吨增加到39.9亿吨，占全国煤炭消费比例由78.5%上升至89.8%；电力消费占比由45.3%上升至55.5%（图2-35）。原料用能不纳入能源消费总量控制举措还将推动煤炭由燃料进一步向燃料和原料并重转变。

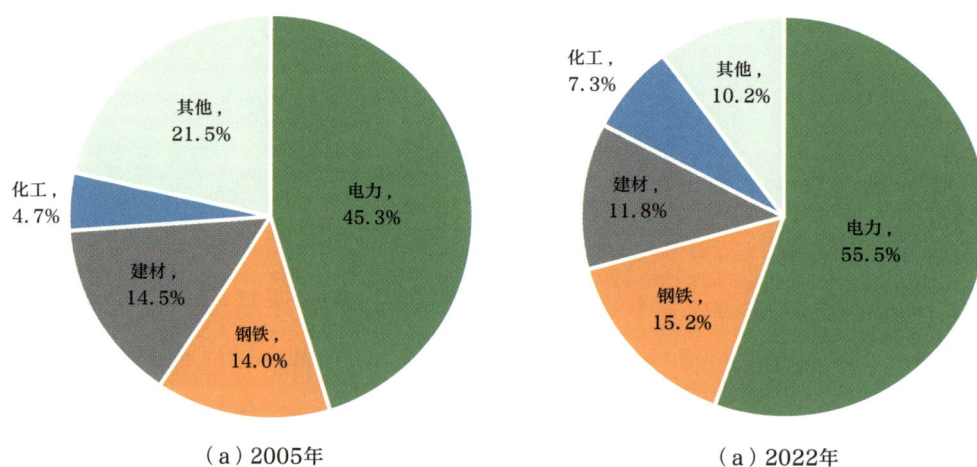

（a）2005年　　　　　　（a）2022年

图 2-35　2005 年和 2022 年全国煤炭消费结构对比

资料来源：国家能源集团技术经济研究院整理

2.产业结构持续优化，兜底保供能力显著增强

煤炭资源勘查卓有成效。我国持续加大煤炭资源勘查力度、提高勘探精度，为煤炭资源接续和产业优化布局提供保障。"十一五"时期，重点围绕大型煤炭基地开展煤炭资源勘查；"十二五"时期，重点开展东部（含东北）、中部地区深部资源勘查和西部地区规划矿区勘探；"十三五"时期，着力提高资源勘查开发规模化、集约化程度，加强煤层气勘查开发。截至2020年底，全国查明保有煤炭资源储量为1.74万亿吨，2006—2020年累计查明新增煤炭资源储量为5788亿吨。根据自然资源部《2021年全国矿产资源储量统计表》，2021年底我国煤炭证实储量与可信储量为2078.85亿吨。

煤炭产业生产力水平不断提升。2000年以来，我国煤炭开发经历产能加速扩张、严重过剩、有序退出和优化布局4个阶段，通过"上大压小""产能置换"等政策措施，推动落后产能淘汰退出，促进先进产能有序释放，推动煤炭生产结构优化升级。现阶段大型现代化煤矿已成为我国煤炭生产主体，平均单井产能由3万吨/年提高到120万吨/年以上，全国建成千万吨级矿井79处，智能化采掘工作面1019个，120万吨/年及以上的大型煤矿产量占全国煤矿产量的85%（图2-36）。

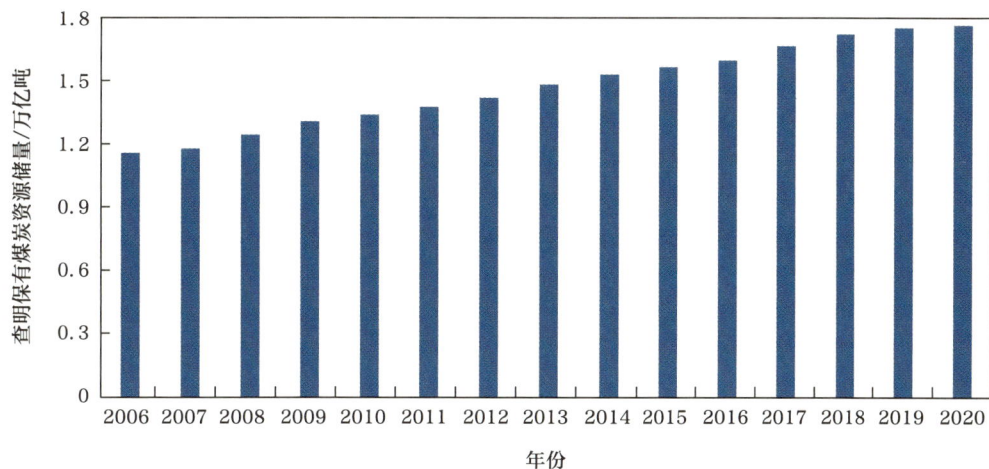

图 2-36　我国查明保有煤炭资源储量变化

资料来源：自然资源部

煤炭供应保障能力显著增强。2021年以来，面对能源供需持续紧张局面，煤炭增产保供持续加码，两年来累计批复406处煤矿产能核增，累计核增产能5.6亿吨/年，煤炭有效产能显著提升。2022年煤炭产量为45.6亿吨，同比增长10.5%，创历史新高，日均产量为1250万吨，夯实了能源保供基础（图2-37）。

图 2-37　我国煤炭产量变化趋势

资料来源：国家统计局

3. 兼并重组多维推动，产业集中度明显上升

煤炭企业兼并重组提速。21世纪以来，在市场化改革和产业政策指导下，我国煤炭产业以大基地建设、大企业培育为引领，开启了一轮煤企壮大和整合之路，山西焦煤集团、宁夏煤业集团、陕西煤业化工集团率先以联合组建方式成立，四川、重庆、黑龙江、河北、河南、吉林、山东等地相继组建区域性煤炭企业集团。2017年，国家发展改革委等12部委联合印发《关于进一步推进煤炭企业兼并重组转型升级的意见》（发改运行〔2017〕2118号），同年神华集团与国电集团合并重组为国家能源集团，煤企正式开启新一轮战略性重组；此后，中煤能源集团吸收国投、保利和中铁等企业的煤矿板块，原山东能源集团与兖矿集团联合重组成立山东能源集团，山西战略重组成立晋能控股集团和山西焦煤集团，甘肃、贵州、辽宁、黑龙江等地分别完成煤炭企业专业化重组整合。

煤炭产业集中度明显上升。经历两轮战略性重组和专业化整合，我国煤炭行业形成"1122+10"的大型煤炭企业集团格局，即1家6亿吨级、1家4亿吨级、2家3亿吨级、2家2亿吨级和10家5000万～1亿吨级的煤炭企业。煤炭产业集中度大幅提升，2021年煤炭产业集中度前四家、前八家企业产量占全行业比例（CR4、CR8）分别达到35%、49%，较2000年分别提高26个百分点和36个百分点，较2015年分别提高10个百分点和13个百分点，5000万吨级以上企业煤炭产量占全国煤炭产量的比例达到61%；2022年煤炭产业集中度CR4小幅回落到34%（图2-38），CR8稳定在49%。

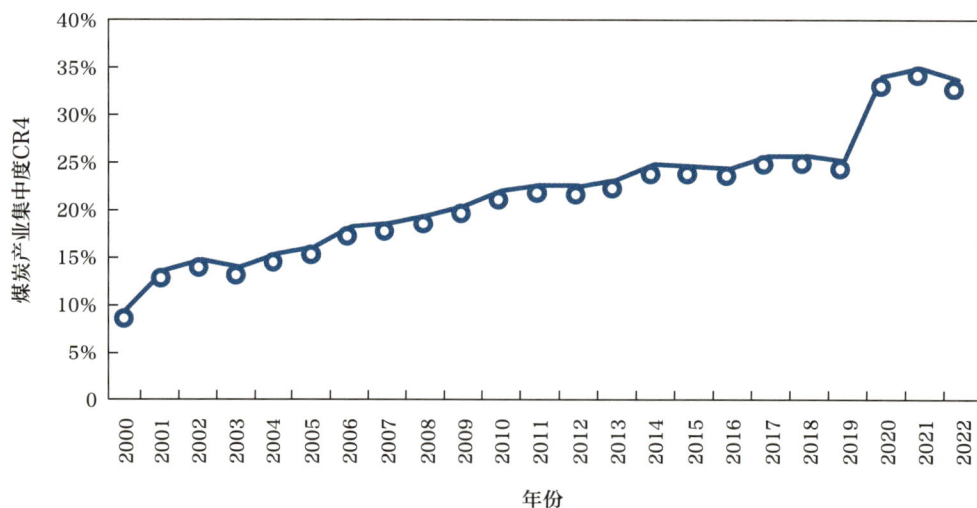

图 2-38　2000 ～ 2022 年我国煤炭产业集中度 CR4 变化情况

资料来源：国家能源集团技术经济研究院整理

4. 开发布局加速西移，跨区调运规模持续扩大

传统煤炭产区资源濒临枯竭。2000年之前，我国煤炭开发以中部、东部和东北部地区为主，经大规模长时间开发，传统煤炭产区资源逐步枯竭，开发潜力明显不足。东北部地区多数矿区开采历史较长，储采比已不足25年，且煤层埋藏深度较大，开采条件恶化，开发潜力极为有限。东部地区浅部资源逐渐枯竭，深部资源高地温、高地压、高承压岩溶水及高瓦斯等问题加剧，安全生产压力大。华南和西南含煤区煤层分布不稳定，以小型煤盆地为主，影响了大型现代化矿井建设。中部地区开发强度大，浅部资源可开采量逐步缩减，接续资源多在深部，进一步开发潜力不大。

煤炭开发实现由东向西梯级转移。我国煤炭开发经历了以东、中部为主到中、西部主导的时空演化。"十五"到"十一五"时期，西部大开发战略推动神东、陕北、黄陇、晋北、晋中、晋东、蒙东、宁东等8个大型煤炭基地建设，晋陕蒙宁由资源储备区转为煤炭调出区；"十二五"时期，"控制东部、稳定中部、发展西部"的总体布局按下了西部地区煤炭开发的加速键，晋陕蒙宁逐步成为我国煤炭主产区；"十三五"以来，煤炭生产布局调整为"压缩东部、限制中部和东北、优化西部"，东部、中部和东北部等地区落后产能加速退出，晋陕蒙优质产能进一步释放，新疆从战略大后方迈入保供前沿，煤炭开发实现了由东向西的梯级转移。2005—2022年，晋陕蒙新4省区煤炭产量由11.8亿吨增长至36.4亿吨，占全国煤炭产量的比例由46.2%提升至81.0%（图2-39）。

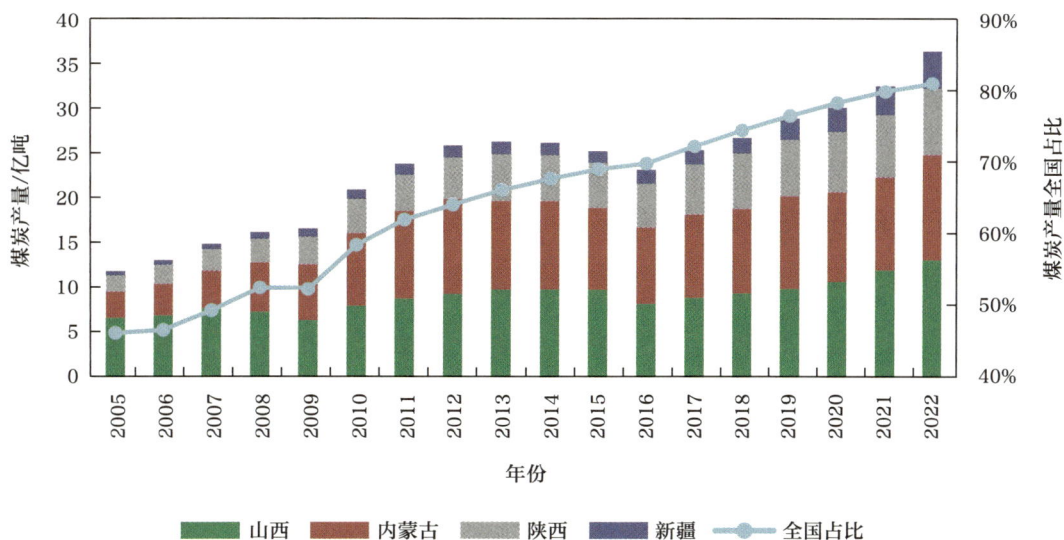

图 2-39 晋陕蒙新地区煤炭产量及全国占比

资料来源：国家能源集团技术经济研究院整理

71

　　跨区调运规模逐步扩大。煤炭主要消费地和资源富集区逆向分布的特征决定了我国"北煤南运、西煤东调"的调运格局。晋陕蒙作为我国煤炭主产区，肩负着保障全国煤炭稳定供应的重要责任，是我国煤炭的最主要调出区。随着煤炭开发重心进一步西移，煤炭生产和消费逆向分布特征愈加显著，煤炭跨区域大范围调运规模逐步增加，疆煤外运量显著增长。2012—2022年，晋陕蒙新地区煤炭净调出量由14.4亿吨提升至20.2亿吨，占全国煤炭区间净调出量的比例由93.3%增长至99.2%（图2-40）。

图 2-40　晋陕蒙新地区煤炭净调出量及全国占比

资料来源：国家能源集团技术经济研究院整理

（二）煤炭近中期生产布局和调运分析

1. 2023年煤炭供需形势分析

　　煤炭消费增速将保持上升。2023年是全面贯彻落实党的二十大精神的开局之年，2023年政府工作报告提出5%左右的GDP增长目标。经济进一步复苏，将带动能源电力需求增长。预计2023年我国煤炭消费增速在2%左右。从耗煤行业看：①电力耗煤。近两年我国表现出以顶峰装机不足为主要特征的电力供应紧缺问题，为保障能源电力安全，我国正在优化煤电布局，加大电力基础保供能力建设。预计2023年我国用电量同比增加5000亿千瓦·时左右，若其中1/3左右由煤电提供，预计将增加电力耗煤5000万吨标准煤，折商品煤7200万吨，增长近3%。②化工耗煤。在高端化、多元化、低碳化发展推动下，化工耗煤将保持增长，预计将增加1000万吨，增长3%。③钢铁、建材耗煤。受益于基建稳增长和地产修复，预计钢铁、建材行业呈弱复苏发展态势，耗煤增长1%左右。④其他耗煤。预计保持稳中有降趋势。

煤炭供应能力高位爬坡，供需总体平衡。除一系列煤炭产能核增之外，2022年国家加快推动联合试运转煤矿建设，及时核准了一批新建煤矿。鉴于新建和部分新增产能实际达产仍需一定时间，煤炭供给能力将继续缓慢提升，预计2023年将具备1亿吨以上煤炭增产潜力。考虑3亿吨左右煤炭进口，全年煤炭供应保障度较高，但需注意动力煤热值下降可能导致煤炭供应量虚增、增速虚高的问题，以及不利条件下局部性阶段性供应偏紧的风险。

2. "十四五"时期煤炭生产布局及调运分析

"十四五"是开启全面建设社会主义现代化国家新征程的第一个五年，我国进入新发展阶段。这一时期，煤炭作为我国主体能源的地位和作用不会改变，预计煤炭生产和消费还将继续增长，且均继续呈西移趋势，跨区调运规模保持增长。

煤炭消费保持增长，增量主力是电煤、主阵地在西部。"十四五"时期，我国煤炭消费仍将增长，预计2025年将增至45亿吨商品煤左右（对应原煤约47.4亿吨）。其中，发电供热用煤将是主要增长点，预计2025年我国煤电装机较2020年底增加2.4亿~2.6亿千瓦，煤电作为最主要顶峰电源，仍将在发电增量中贡献不小比例，对应耗煤增量约4亿吨。化工耗煤是第二大增长点，预计2025年较2020年增量有望达到5000万吨左右。钢铁和建材行业耗煤相对平稳，其他耗煤保持降势。从区域看，西部煤炭消费将进一步提速，占比将由36%上升至38%，中部保持在25%，东部则由39%下降至37%。

煤炭产能继续增长，新增产能向晋陕蒙新集中。考虑进口因素，根据供需平衡测算，全国现有煤矿难以满足碳达峰前后我国煤炭需求，存在9亿吨左右的产能缺口。考虑到煤矿建设周期，2035年前还需新建同样规模的煤矿。基于阶段性煤炭供需平衡需要，新增产能建设的时序宜"近多远少"，"十四五"开工3.5亿吨、投产2亿吨左右煤炭产能。我国现有规划煤矿产能86%集中在晋陕蒙新，其他区域规划煤矿资源条件相对较差，新增煤炭产能将重点布局于晋陕蒙新，并推动产业进一步西移。预计2020—2025年，我国东部煤炭产量占比将由7%降至5%，中部将由34%降至30%，西部将由59%升至65%。

生产西移快于消费西移，跨区调运规模保持增长。"十四五"时期，我国煤炭生产西移快于消费西移，"北煤南运、西煤东调"需求增长，跨区净调运规模预计将由2022年的20.2亿吨增加至2025年的22亿吨。具体来看：①晋陕蒙新煤炭生产消费量均保持增长，预计产量占全国比例由78%上升至82%，消费量占全国比例由33%上升至36%，净调出量保持增长。②净调入量增长地区，东北三省、宁甘青生产增量不及消费增量，东南沿海生产降幅大于消费降幅，鲁苏皖产量下降但消费增长，华中四省产量下降但消费稳定。③净调入量下降地区，京津冀消费降幅大于产量降幅，西南地区产量增长但消费稳定（图2-41和图2-42）。

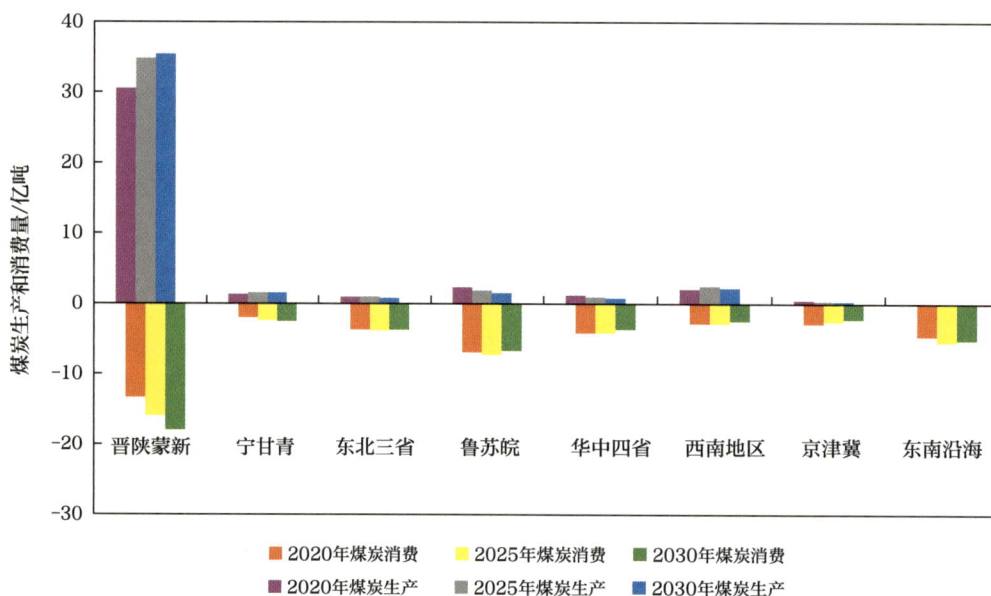

图2-41　2020—2030年我国分区域煤炭生产或消费趋势

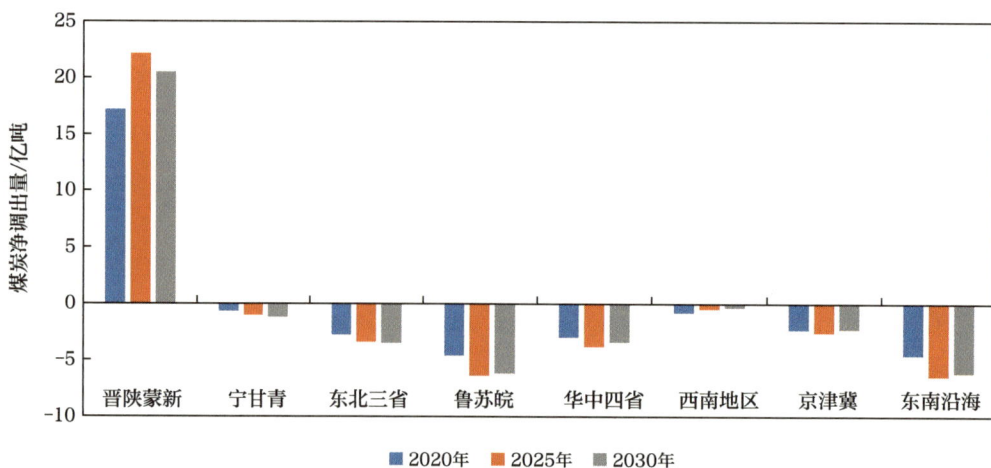

图2-42　2020—2030年我国分区域煤炭净调出趋势

3. 碳达峰前后煤炭生产布局和调运分析

为实现2030年前碳达峰目标，煤炭消费尽快达峰是关键。"十五五"时期，我国煤炭消费将出现峰值，消费西移快于生产西移，跨区调运规模将有所下降。

煤炭消费达峰，电力化工用煤继续增长，消费重心进一步西移。"十五五"时期，发电供热用煤和化工用煤仍将是煤炭消费的增长点，钢铁和建材用煤稳步下降，煤炭消费预计整体在2028年前后达峰，峰值为45亿～46亿吨（对应原煤47亿～48亿吨）。从区域煤炭消费看，东中部总体下降，西部煤基产业链进一步延伸推动煤炭消费继续增长，预计到2030年，西部煤炭消费占比将上升至41%，东部、中部将分别降至35%、24%。

煤炭产能增减平衡，生产进一步西移。根据阶段性煤炭供需平衡需要，"十五五"时期还需开工3亿吨、（含结转）投产3亿吨左右煤炭产能，考虑产能退出，其间煤炭供应相对平稳。新增煤炭产能仍将主要集中于晋陕蒙新，继续推动煤炭生产西移。预计到2030年，西部煤炭产量占比将继续增长至69%，东部、中部将分别降至4%、27%。

消费西移快于生产西移，跨区调运规模稳中趋降。"十五五"时期，我国煤炭消费西移步伐将快于生产西移，跨区净调运规模预计降至20亿吨左右。具体来看：①晋陕蒙新生产消费量均保持增长，预计产量占比将由82%升至84%，消费量占比将由36%升至40%，净调出量有所下降。②净调入量增长地区，东北三省产量降幅大于消费降幅，宁甘青产量下降但消费稳定。③净调入量下降地区，京津冀、东南沿海、华中四省、鲁苏皖、西南地区消费降幅大于产量降幅（图2-41和图2-42）。

4.2035年前煤炭生产布局和调运分析

碳达峰后，我国煤炭消费将逐渐由峰值平台期向显著下降阶段过渡，且西移布局加快，煤炭生产西移趋势也更加明显，跨区调运规模逐渐下降。我国2035年的远景目标是基本实现社会主义现代化，2022年12月，中共中央、国务院印发《扩大内需战略规划纲要（2022—2035年）》，提出消费和投资规模再上新台阶等系列目标，并提出强化能源资源安全保障（包括增强国内生产供应能力）等具体要求。2031—2035年，煤炭仍将为我国保障能源自给水平发挥重大作用。

煤炭消费稳中趋降，电力用煤达峰，消费重心继续西移。煤炭消费进入稳中趋降阶段，但仍保持在40亿吨以上，其间发电供热用煤在2033年左右达到峰值，钢铁和建材用煤继续下降，化工用煤将是唯一的持续增长点。从区域煤炭消费看，东部、中部保持降势，西部稳中有升，预计到2035年，西部煤炭消费占比将继续增长至45%，东部、中部将分别降至32%、23%（表2-1）。

表2-1　我国区域煤炭消费占比变化趋势

地区	2020年	2025年	2030年	2035年
东部	39%	37%	35%	32%
中部	25%	25%	24%	23%
西部	36%	38%	41%	45%

煤炭产能总体趋降，生产进一步西移。根据阶段性煤炭供需平衡需要，"十六五"时期还需开工2.5亿吨、（含结转）投产2.5亿吨左右煤炭产能，其间退出产能4亿～5亿吨，煤炭产能稳中趋降。随着产业布局继续西移，预计到2035年，西部煤炭产量占比将继续增长至72%，东部、中部分别降至3%、25%（表2-2）。鉴于未来能源发展的不确定性，"十六五"时期可视形势变化对煤炭产能安排进行适时调整。

表2-2　我国区域煤炭生产占比变化趋势

地区	2020年	2025年	2030年	2035年
东部	7%	5%	4%	3%
中部	34%	30%	27%	25%
西部	59%	65%	69%	72%

消费西移加快，跨区调运规模继续下降。"十六五"时期，我国煤炭消费西移步伐进一步加快，跨区净调运规模预计将降至18亿吨左右。具体来看：①晋陕蒙新四省区，内蒙古、陕西、新疆产量稳定，山西产量下降，山西、陕西消费略降，内蒙古、新疆消费增长，预计四省区产量占全国比例将由84%上升至88%，消费量占全国比例将由40%上升至45%，净调出量继续下降。②其他地区净调入量均有下降，其中东北三省、京津冀、华中四省、宁甘青、鲁苏皖、西南地区均是消费降幅大于产量降幅，东南沿海消费下降（图2-43和图2-44）。

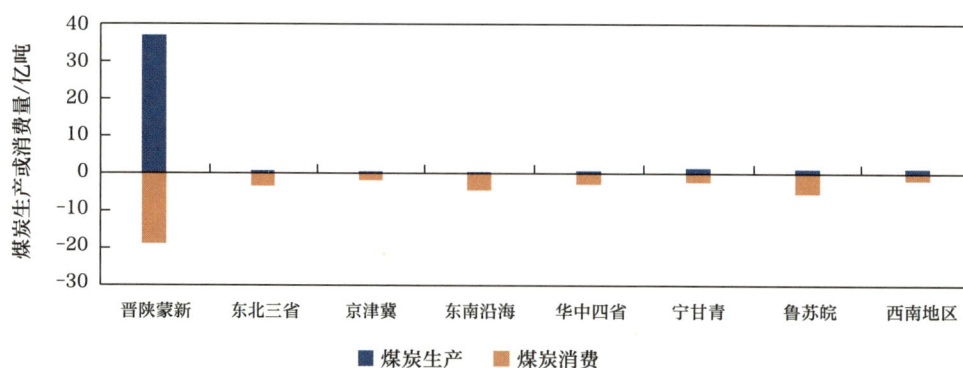

图2-43　2035年我国分区域煤炭生产和消费情况预测

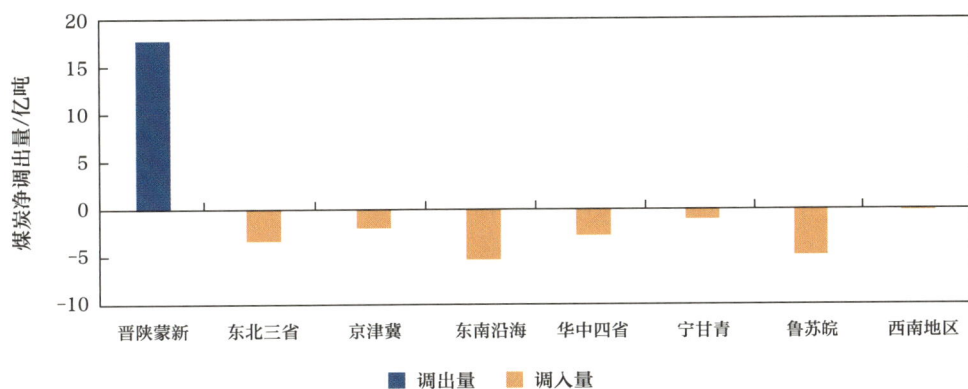

图 2-44 2035 年我国分区域煤炭净调出情况预测

八、油气行业发展趋势

（一）石油行业发展趋势

1. 石油行业发展现状

1）我国石油可采储量增量连续三年突破10亿吨，原油产量进入稳定期

2012年以来，党中央做出"大力提升油气勘探开发力度"等决策部署，全行业全面推进油气增储上产"七年行动计划"；我国在页岩油勘探、海域勘探等领域取得了突破，原油储量持续增长，截至2021年底，全国石油累计探明地质储量为437.29亿吨，累计探明技术可采储量为111.90亿吨，剩余技术可采储量为36.88亿吨。国内原油产量连续回升，2021年增至1.99亿吨（图2-45），2022年重回2亿吨，进入稳定阶段。

图 2-45 2012—2021 年全国新增石油探明储量及原油产量统计

2）我国石油石化工业实力实现跨越式发展

我国石油石化工业实现了由小到大、由弱到强的跨越式发展，特别是21世纪以来，不断在规模、布局、技术、产品等方面取得举世瞩目的成就。从规模上看，2012—2021年我国炼油和乙烯产能加速增长，国内炼油产能由7.2亿吨增至9.2亿吨（图2-46），乙烯产能由1695万吨增至4953万吨，均达到世界第一。随着炼化产能快速发展，我国于2012年实现了汽油、煤油、柴油三种油品全面净出口，现已成为全球油品出口的主要国家之一。

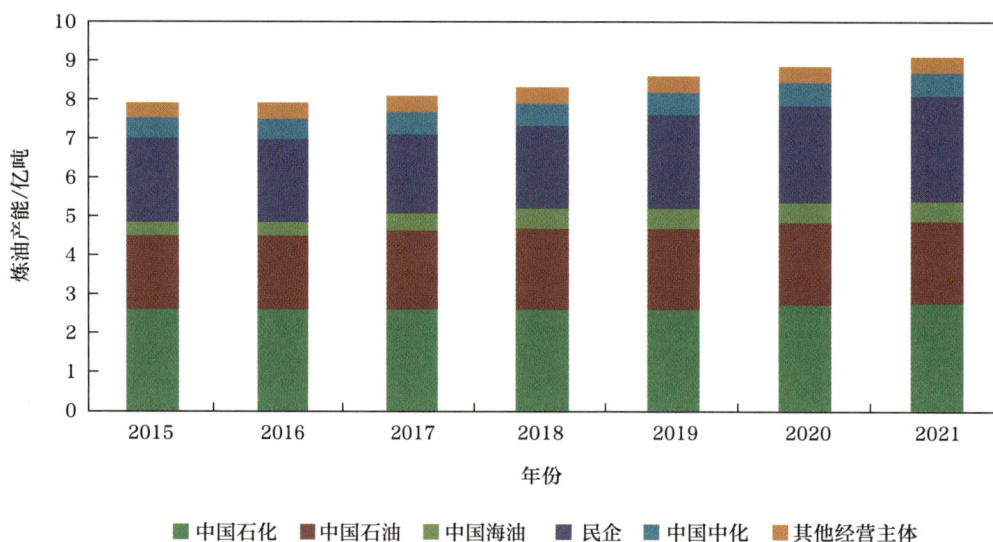

图 2-46　2015—2021 年我国分主体炼油产能

3）我国原油进口呈现多元化格局

我国原油进口规模呈现不断扩大态势，2019年原油进口量突破5亿吨。2021年，我国原油进口量为5.13亿吨。其中沙特、俄罗斯、伊拉克是前三大进口来源国，进口量分别为8757万、7965万、5407万吨，占比分别为17.1%、15.5%、10.5%，合计达到43.1%。2021年，我国前十大进口来源国进口量占比合计达到83.6%，其中有5个为中东产油国。

2. 石油行业近中期发展趋势

1）2035年前原油产量有望保持在2亿吨以上

根据《全国油气资源动态评价（2015）》，我国石油地质资源量为1257.1亿吨，可采资源量为300.7亿吨（其中，致密油地质资源量为146.6亿吨，可采资源量为14.55亿吨）。据《"十三五"全国油气资源评价》，我国陆上中高成熟度页岩油资源量为283亿吨，近几年我国石油勘探在鄂尔多斯、准噶尔、松辽等盆地取得战略突破，石油资源有望实现战略接替。截至2020年底，全国累计探明石油地质储量为415.96亿吨，资源探明率为33.1%，剩余资源量为841.1亿吨，仍有较大的勘探潜力。

分领域看，我国陆上常规石油探明率已近50%，进入勘探中后期。我国石油和天然气探明储量主要集中在中深层、深层和超深层，目前勘探领域主要为陆上深层轻质油、凝析油气、海洋石油和致密油页岩油。深层-超深层已成为油气增储的主体，近20年新发现的海相大油气田几乎全部位于盆地深层-超深层，我国已成为全球陆上最大的深层-超深层油气勘探生产区。海洋油气勘探方兴未艾，我国近海石油资源量为245.12亿吨，探明原油储量为57.65亿吨，2020年海洋原油产量为4542万吨，已经成为我国增储上产的重要增长极。非常规油气是未来增储上产的重要接替，页岩油资源量为283亿吨，在鄂尔多斯、准噶尔、松辽等盆地皆获得了重大突破，近年来新增探明储量为13.4亿吨，剩余资源量为270亿吨。

总体来看，不断创新地质认识，完善非常规、深层、海相等油气地质理论，加快深层-超深层、深水、非常规等领域拓展强度，突出战略接替技术准备，可有效保障国内油气储产量持续增长。进一步突出海相、非常规、山前带、超深层等新领域，全力推进油气勘探大发现大突破，可有效支撑我国原油生产长期稳定发展的资源基础。预计原油产量有望在2035年前保持在2亿吨以上的水平。

2）2035年前我国原油进口及对外依存度仍将保持高位

综合国内石油需求及炼化产能规模（2025年将增至9.5亿吨，2030年将增至9.8亿吨，2035年将回落至9.0亿吨）的趋势，我国原油需求的峰值将出现在2030年前后（约7.5亿吨），2035年降至6.5亿吨左右。

鉴于国内原油产量基本稳定在略高于2亿吨的水平，相应地，近中期原油进口量将稳定在5亿~5.5亿吨水平，届时原油对外依存度也将在2030年前达到峰值（71%~73%）。2030年后，随着原油需求量减少，原油进口量和对外依存度将有所下降，预计2035年我国原油进口量为4.5亿吨左右，对外依存度降至70%左右（图2-47）。

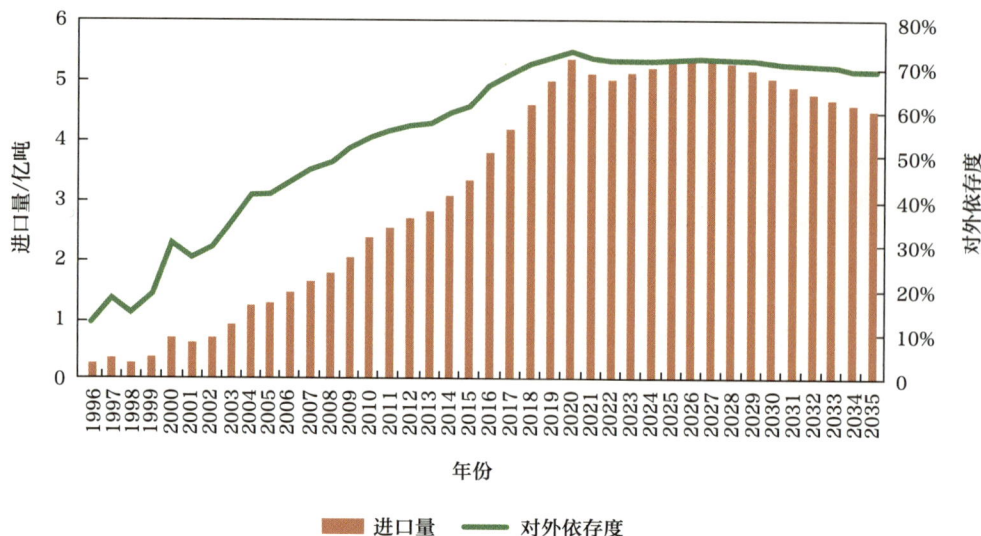

图 2-47　我国原油进口量及对外依存度

3）2035年前我国原油进口将更加多元

全球石油资源丰富，储量保持增长，储采比保持在50以上，且近年来在深海、非常规领域不断取得突破进展，原油资源得到保障。从主要国家和地区对石油生产动力看，短期内世界石油供应增长还将主要来自沙特阿拉伯、阿联酋等中东石油输出国组织（Organization of the Petroleum Exporting Countries，OPEC）产油国，以及美国、加拿大、巴西和圭亚那等新型产油国。从我国目前原油进口来源及未来全球原油产量增长看，2035年前，中东、中亚、俄罗斯仍是我国原油进口的主要来源地。其中来自沙特阿拉伯、俄罗斯的原油进口量均有望在0.8亿～1亿吨/年，合计占我国原油进口量的1/3左右。南美洲和非洲也将成为我国原油进口增长的重要来源地，我国原油进口格局将更加多元化。

（二）天然气行业发展趋势

1. 天然气行业发展现状

1）国内天然气生产现状

自2000年以来，我国加大天然气勘探开发力度，实现储产量"双快"增长，为能源绿色低碳转型奠定了资源基础。"七年行动计划"的推进大力提升了国内油气勘探开发力度，全国天然气新增储产量持续处于高位。截至2021年底，我国天然气剩余探明技术可采储量为6.71万亿立方米，储采比为30.4。其中，常规气（含致密气）为6.34万亿立方米，页岩气、煤层气为3660亿立方米。我国天然气分布集中度高，陆上储量主要分布在四川、陕西、新疆、内蒙古、重庆等省区市，占比分别达到27%、20%、19%、17%和5%，合计占比达到88%。

2000—2021年我国天然气产量保持快速增长，年均增速达到10.2%。自2016年以来，全国天然气每年新增产量保持在100亿立方米以上。2021年，全国天然气产量达到2076亿立方米（图2-48），全球排名第四位，仅次于美国、俄罗斯和伊朗。2022年，我国上游企业加快科技创新，积极推动油气资源先进技术开发应用，不断增强国内天然气生产保障能力，2022年天然气产量增幅达到149亿立方米，在我国天然气供应中发挥了压舱石作用。

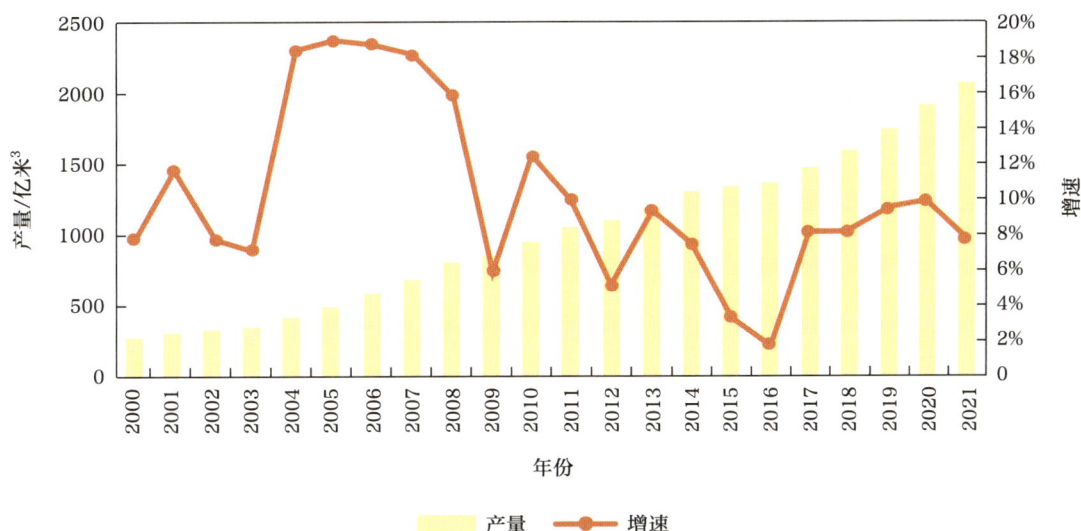

图 2-48　2000—2021 年我国天然气产量走势

资料来源：国家统计局

非常规天然气在我国天然气供应中的占比持续提升。"十二五"初期，我国出台政策鼓励页岩气的勘探开发，在四川盆地及周缘，鄂尔多斯盆地、西北主要盆地等地区进行勘探开发工作。经过10年的技术攻关与实践，我国非常规天然气勘探开发技术不断突破，实现了埋深3500米以浅页岩气资源的规模有效开发，成为仅次于美国的全球第二大页岩气生产国。2021年，我国页岩气产量为230亿立方米（图2-49），占国产气供应量的比例为11.1%，主要分布在四川和重庆。

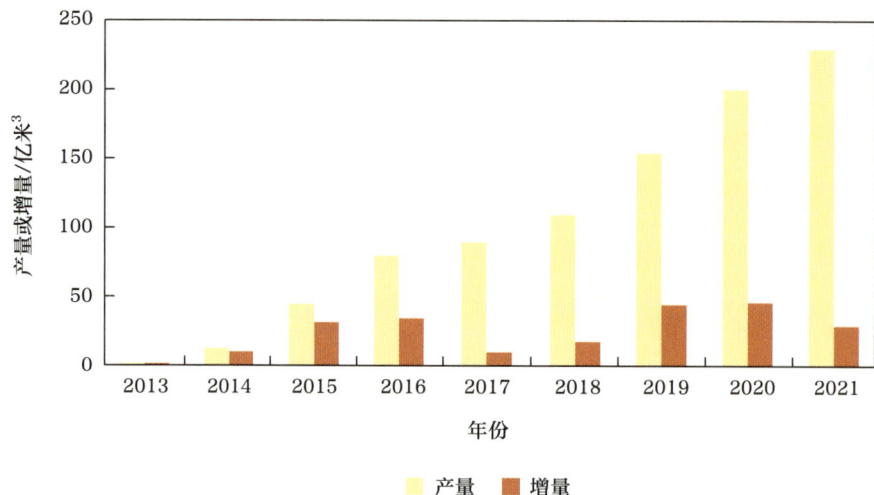

图 2-49　我国页岩气产量增长趋势

2）我国天然气进口现状

为满足我国不断增长的天然气需求，提升天然气供应能力，我国于2006年开始进口液化天然气（liquefied natural gas，LNG），2010年开始进口管道气，已经建成西北、西南、东北、海上四大天然气进口通道，成为全球第一大天然气进口国（2018年）和LNG进口国（2021年）。

2021年，我国天然气进口量为1681亿立方米，同比增长19.4%；对外依存度为44.7%，较2020年上升2.5个百分点。其中，管道气进口量占比为35%，LNG进口量占比为65%（图2-50和图2-51）。2022年，受国际气价大幅上涨影响，我国天然气进口量首次出

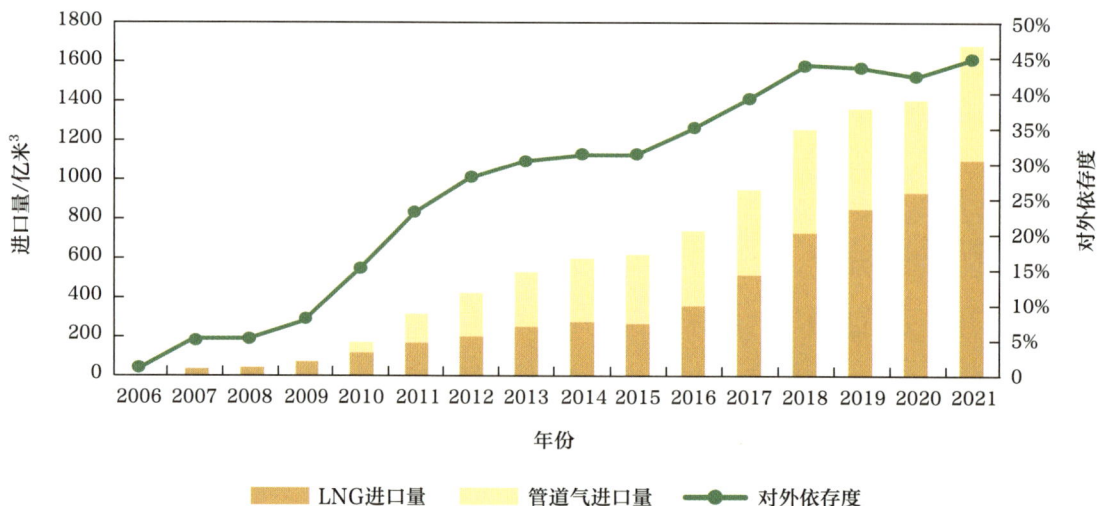

图 2-50　我国天然气进口量及对外依存度

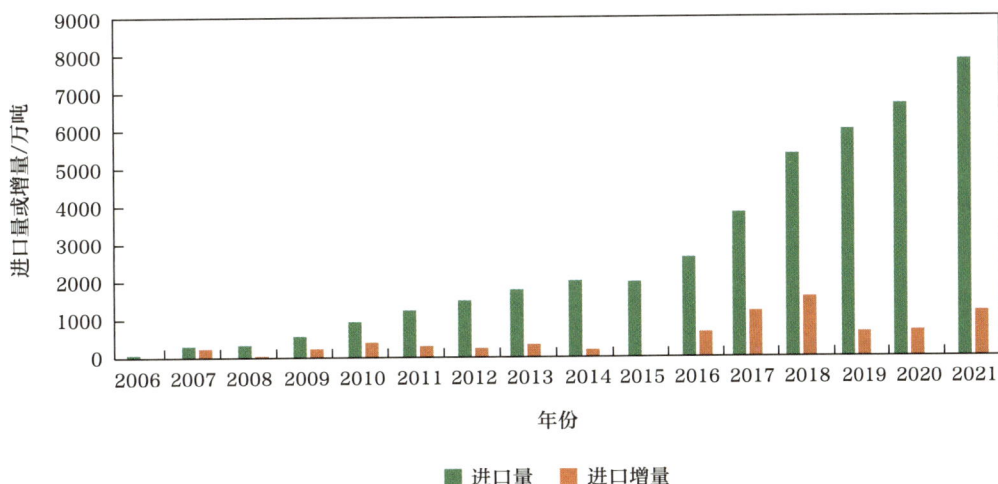

图 2-51　2006—2021 年我国 LNG 进口量

现负增长，LNG进口量大幅下降。2022年进口量约为1500亿立方米，同比下降10.7%。其中管道气进口量占比为43.4%，较2021年上升8.4个百分点；LNG进口量占比为56.6%。

2. 天然气行业近中期发展趋势

1）近中期国内天然气供应展望

近年来，国家出台了系列措施鼓励国内天然气勘探开发，全面推行矿业权竞争性出让制度，取消石油天然气勘探开发合资、合作限制，吸引多种社会资本进入油气勘探开发领域。未来将有更多主体进入上游领域，国产气供应能力将持续提升。预计2025年、2030年、2035年我国国产气将分别达到2400亿、2800亿、3000亿立方米左右。2020—2025年，国产气年均增量将达到约100亿立方米，低于"十三五"时期116亿立方米的国产气年均增量；2025—2030年，国产气年均增量近80亿立方米。页岩气将成为国产气产量增长的重要领域，预计2030年页岩气产量将达400亿立方米，占比为14.2%。2030—2035年，天然气作为实现"双碳"目标的过渡能源，需求量仍稳步增长，国产气和进口气均将持续增加，2035年前后达到峰值，我国天然气对外依存度也将在2035年前后达到48%的峰值，之后将逐步下降，2030—2035年，国产气产量保持小幅增长，年均增长1.3%左右（约40亿立方米）。

2）近中期天然气进口展望

管道气方面，中国已建成中亚、中缅、中俄三条陆上天然气进口通道，其中，中亚天然气管道投运A、B、C三条线，合计输气量为550亿立方米/年，中缅天然气管道输气量为120亿立方米/年，中俄东线天然气管道输气量为380亿立方米/年（表2-3）。正在规划的进口气管道有中亚D线、俄远东线、中蒙俄管道，2025年，我国管道气进口量将达1050亿立方米/年，2030年将达1450亿立方米/年。预计2025年和2030年我国管道气进口量将分别达到900亿立方米、1100亿立方米。按照目前规划，2035年我国管道气进口量将达到1950亿立方米。

表2-3　进口管道气供应量

管线	设计能力/（亿米³/年）	状态	运营时间
中亚A线	300	投产	2009.12
中亚B线		投产	2010.10
中亚C线	250	投产	2014.5
中亚D线	300	规划中	—
中缅管道	120	投产	2013.7
中俄东线	380	投产	2019.12
俄远东线	100	已签署协议	—
中蒙俄管道	500	—	—

LNG方面，"十四五"时期，我国将有大量LNG接收站投运，"十五五"时期，LNG接收站建设速度将大幅放缓。根据在建项目统计，未来3年我国将有23座LNG接收站投运，新增接收能力超1.0亿吨/年，截至2025年底总接收能力将近2.0亿吨/年。根据各公司已经签署的协议统计，截至2022年底，我国签署LNG长贸合同量将达到9900万吨（约1375亿立方米）。预计2025年、2030年我国LNG进口量将分别达到1100亿立方米、1244亿立方米。我国长协LNG来源将进一步多元化，集中度进一步下降，其中，卡塔尔长协LNG占比最大，将达到22%；美国居第二位，占比达19%；澳大利亚和俄罗斯分别居第三位和第四位，占比分别为15%和14%；资源池来源占比为17%。预计2035年我国LNG进口量为1380亿立方米左右。

综合预计，2025年和2030年我国天然气进口量将分别达到2000亿立方米和2300亿立方米左右，我国天然气对外依存度将有所上升，分别达到44%和45%左右。到2035年我国天然气进口量将达到2750亿立方米左右，进口量基本达峰（图2-52）。

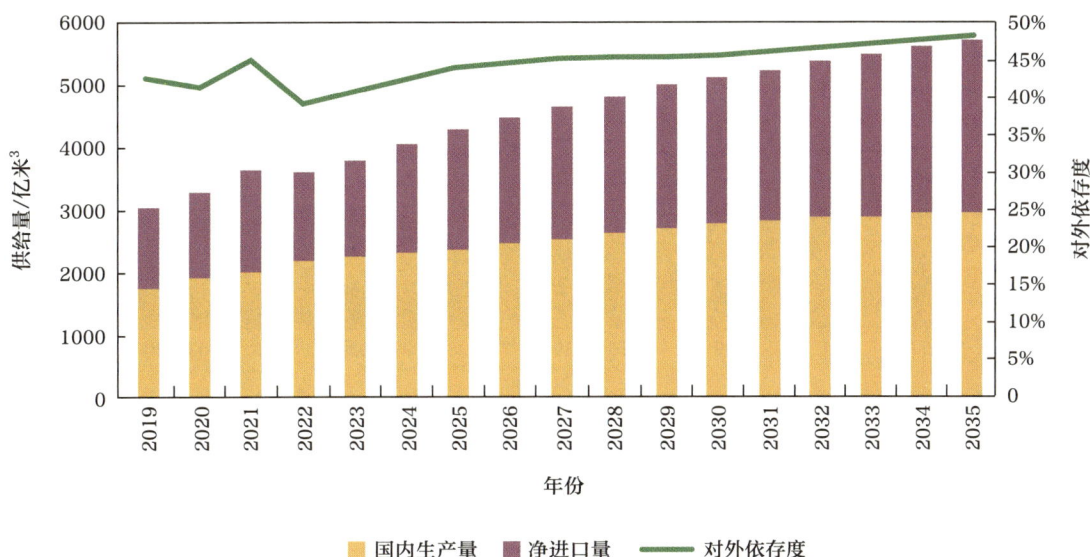

图 2-52 我国近中期天然气总体供给发展趋势

九、电力行业发展趋势

（一）电力行业总体发展趋势

1. 全社会用电量发展趋势

我国在2035年要基本实现社会主义现代化，经济实力需要不断壮大，而经济的增长离不开电力的强力支撑；在"双碳"目标下，我国终端用能清洁化水平逐步提高，终端用能电氢化率不断提高。综合来看，我国的全社会用电需求在经济社会发展自然牵引和终端能源电氢替代的双重驱动下将会持续保持长期增长趋势，我国全社会用电量（包括终端用电、制氢用电和电力输配损失）预计在2025年将达到10.1万亿千瓦·时，在2030年将达到11.9万亿千瓦·时，在2035年将达到13.7万亿千瓦·时［图2-53（a）和（b）］。

2. 发电量结构发展趋势

随着全社会用电需求的增长，我国发电规模将不断壮大，发电结构也将从煤电独大逐步向以清洁发电为主过渡，最终演化为风电、太阳能发电、其他发电三分天下的格局，其中，煤电发电量占比呈逐步降低趋势，2025年、2030年、2035年煤电发电量占比

（a）

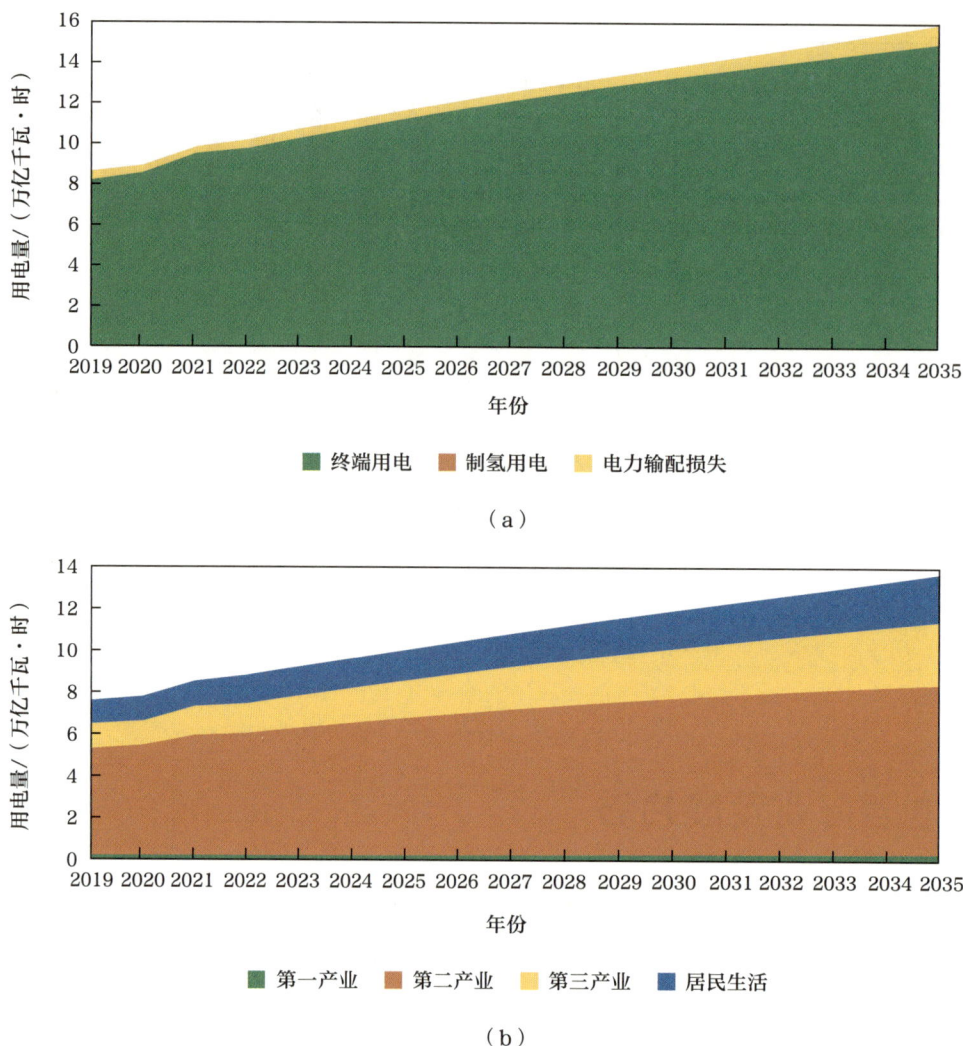

（b）

图 2-53　2035 年前全社会用电量、用途构成及产业结构统计与预测

从2021年的60%左右逐渐下降到56%、49%、43%左右；风电发电量占比将持续快速提升，2025年、2030年、2035年风电发电量占比从2021年的8%左右快速提升到11%、14%、17%左右；太阳能发电量占比也将持续快速提升，2025年、2030年、2035年风电和太阳能发电量占比将从2021年的4%左右快速提升到6%、8.5%、11%左右；水电总体稳步增长，但受资源和条件限制，发电量逐步趋稳，占比将从2021年的15%左右降低到2035年的13%左右；核电发电量占比持续提升，2025年、2030年、2035年核电发电量占比从2021年的4.8%左右逐步提升到5.0%、5.6%、6.9%左右〔图2-54（a）〕。

3.电力装机总量和装机结构发展趋势

装机总量。为满足全国不断增长的用电需求，并适应发电清洁化程度不断提高的要求，我国电力装机总量将不断攀升。根据CESFOM结果，预计到2025年我国电力装机总量将达到33亿千瓦左右，在2030年电力装机总量将达到43亿千瓦左右，在2035年电力装机总量将达到52亿千瓦左右。

装机结构。未来我国非化石电源装机占比将逐渐提高。根据CESFOM结果，预计到2025年，非化石电源装机占比将达到53%，风、光发电合计装机将达到12亿千瓦以上；2030年，非化石电源装机占比将达到60%，风、光发电合计装机将超过20亿千瓦，成为最大装机电源；2035年，非化石电源装机占比将超过65%，风、光发电合计装机将达到28亿千瓦［图2-54（b）］。

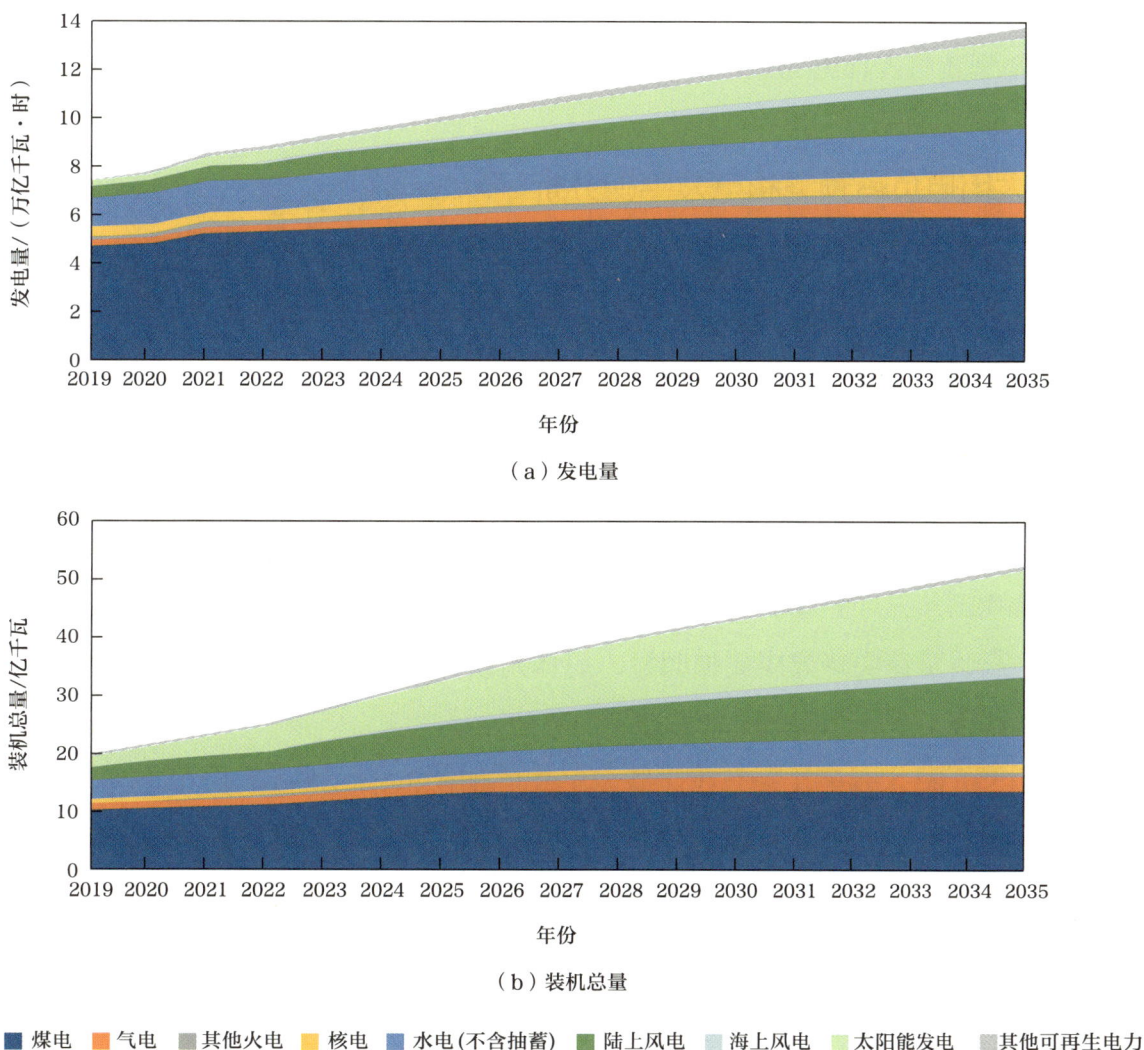

（a）发电量

（b）装机总量

■ 煤电　　■ 气电　　■ 其他火电　　■ 核电　　■ 水电(不含抽蓄)　　■ 陆上风电　　■ 海上风电　　■ 太阳能发电　　■ 其他可再生电力

图 2-54　2035 年前发电量、装机总量和结构发展趋势

4. 非化石能源发电发展趋势

大力发展非化石能源是我国实现"双碳"目标的重要引擎之一，通过发展壮大清洁

能源发电产业可以不断优化我国能源消费和供给结构,逐步实现对化石能源的替代,有效发挥减碳降碳的作用。根据CESFOM,风、光、水、核、生物质等非化石能源在未来将持续保持快速发展并逐步在能源系统中占据主体地位,预计非化石能源的发电量到2025年将接近3.8万亿千瓦·时,到2030年将达到5.2万亿千瓦·时(占比为43%);到2035年将达到6.8万亿千瓦·时,非化石电源超越煤电成为第一大电源。预计到2025年,我国电力装机总量将达到33亿千瓦,其中非化石电源装机占比接近53%,风、光发电装机超过12亿千瓦;到2030年,电力装机总量约43亿千瓦,其中非化石电源装机占比接近60%,风、光发电装机超过20亿千瓦;到2035年,电力装机总量达到52亿千瓦左右,其中非化石电源装机占比超过65%,风、光发电装机合计达到28亿千瓦左右,占据主体地位。

5. 最大用电负荷预测和电力平衡分析

2016—2021年我国全社会最大用电负荷年均增长速度为5.8%,略快于全社会用电量年均增长速度。"十三五"时期各年的最大峰谷差率均在30%左右,总体变化不大;全社会最大用电负荷一般发生在夏季晚高峰时段,2021年冬夏负荷双峰效应也较为明显。2022年夏季负荷尖峰效应较为明显,叠加西南地区高温少雨、水电出力不足,造成四川、重庆等局部地区用电高峰时段电力供应不足。

未来,我国全社会最大用电负荷在方向上将与全社会用电量保持总体一致的发展趋势。但随着我国第三产业和居民生活用电量占比的逐渐提高,全社会用电负荷的波动性也将不断升高,负荷尖峰效应更加明显,总体判断,我国全社会最大用电负荷的增长速度仍将保持略快于全社会用电量增长速度的趋势。

根据CESFOM,预计我国全社会最大用电负荷到2025年将达到14.2亿千瓦,到2030年将达到17.3亿千瓦,到2035年将达到20亿千瓦[图2-55(a)]。为满足用电高峰时段的电力供应安全需求,在大力发展发电电源的基础上,需要不断增加储能的规模,预计2025年、2030年、2035年我国储能(含抽水蓄能、电化学储能、其他储能)的装机将分别达到1.0亿千瓦、2.3亿千瓦、4.2亿千瓦。结合不同发电电源种类和不同储能方式在负荷高峰时段各自的出力系数,预测到2025年、2030年、2035年我国各类发电电源和储能最大出力合计分别超过16亿千瓦、19亿千瓦、22亿千瓦[图2-55(b)],均超过同期全社会最大用电负荷10%以上,在总体上可以保证用电高峰时段的电力供应安全。

（a）最大用电负荷

（b）最大出力合计

■ 煤电　　　■ 气电　　　■ 其他火电　　　■ 核电　　　■ 水电　　　■ 陆上风电

■ 海上风电　　　■ 太阳能发电　　　■ 其他可再生电力　　　■ 抽水储能　　　■ 电化学储能　　　■ 其他储能

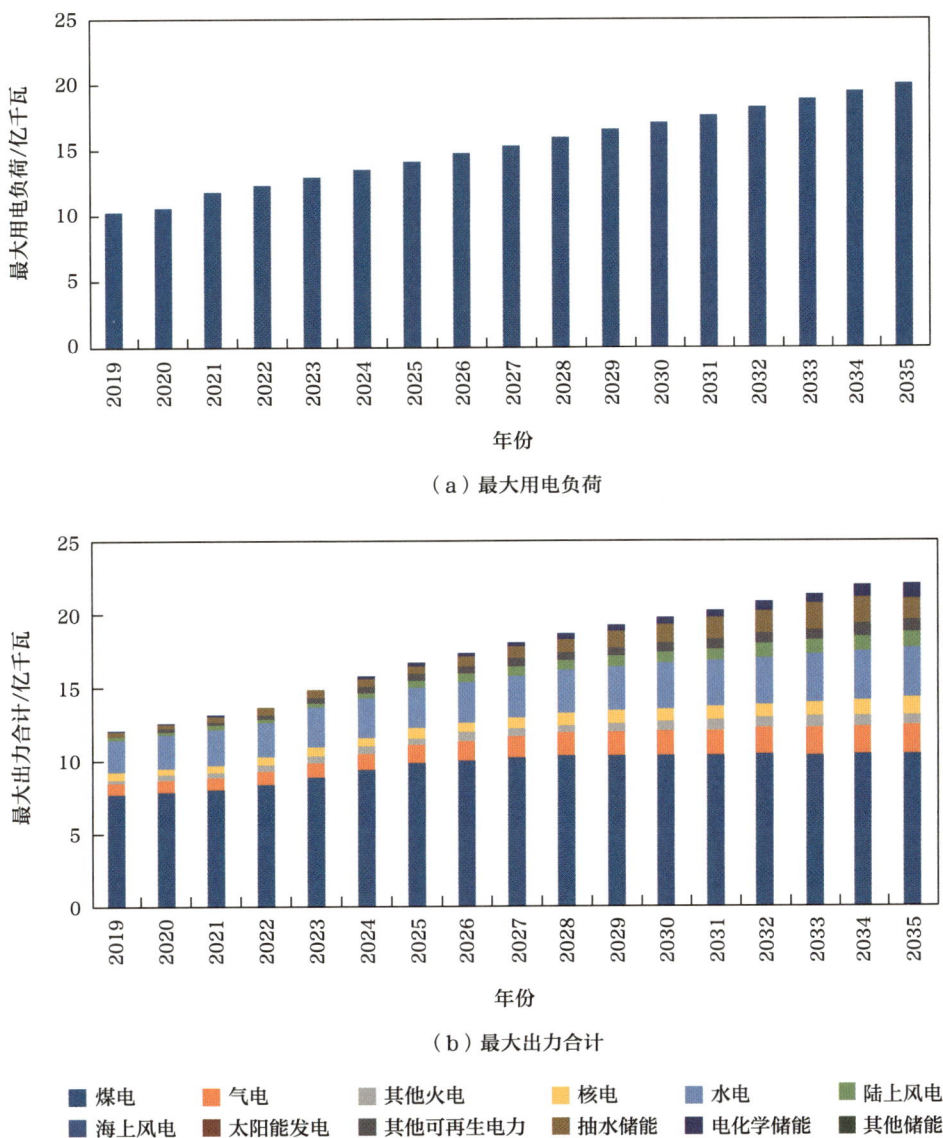

图 2-55　2035 年前全社会最大用电负荷及各发电电源和储能最大出力变化趋势统计与预测

（二）火电行业发展趋势

1. 火电行业发展现状

　　我国以煤为主的能源资源禀赋决定了煤炭作为能源消费结构的主体，也形成了以煤电为主的电力生产和消费格局，煤电长期以来作为我国的基础性电源，为支撑经济社会发展提供了坚实的电力保障。近年来，我国火电行业发展取得长足进步，煤电节能与污染物排放控制、资源综合利用等已经达到世界先进水平，部分领域达到世界领先水平，同时重型燃气轮机关键核心技术研发与装备制造不断取得新突破。火电充分发挥了保障电力供应、服务新能源发展、支撑大电网安全运行等重要基础性作用。

1）火电装机容量和发电量占比双降，碳排放增速放缓

火电装机容量增速放缓，占比逐步下降。截至2022年底，全国火电装机容量为13.3亿千瓦，较2012年增长5.1亿千瓦，年均增速为5.0%。其中，煤电装机容量占全国电力装机总量比例持续下降，由2012年的66.2%降至2022年的43.8%，气电装机容量占比基本保持在4.5%左右（图2-56）。煤电装机容量增速明显放缓，随着供给侧结构性改革深入推进，化解煤电过剩产能取得积极成效，煤电装机容量增速从2012年的6.1%降至2022年的1.3%。气电装机容量保持稳步增长，除低排放、低碳因素外，天然气发电在利用效率、灵活运行等方面均有显著优势，2012—2022年气电装机容量快速增长，年均增速超过10%。

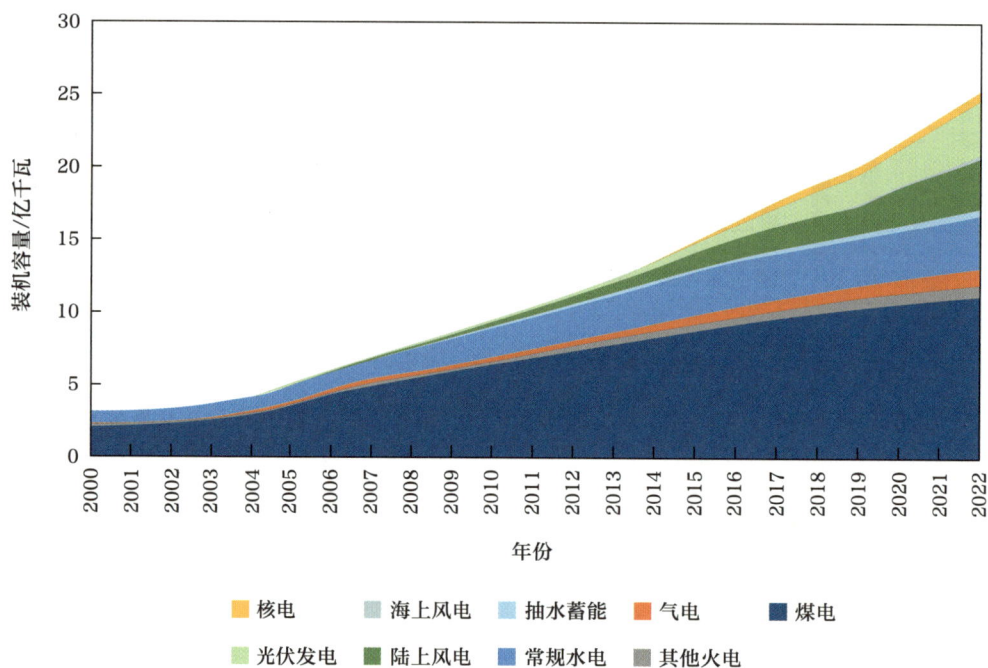

图 2-56　2000—2022 年全国电力装机结构变化趋势

资料来源：中国电力企业联合会，IHS Markit

火电发电量占比稳中有降。2022年全国火电发电量为57 307亿千瓦·时，较2012年增长18 199亿千瓦·时，年均增速为3.9%。其中，煤电发电量占全国总发电量比例持续下降，2022年煤电发电量占全国总发电量的58.4%，较2012年下降15.5个百分点；同期气电发电量占比基本保持在3%～3.5%。

火电碳排放占能源活动碳排放的40%左右，增速明显放缓。"十三五"时期，全国电力碳排放持续增长。2020年在我国能源活动碳排放结构中，电力、工业、交通和其他行业碳排放占比分别为44%、40%、16%，其中电力碳排放约43.1亿吨，电力碳排放增速明显放缓，由2017年的8.9%下降到2020年的1.9%。单位火电发电量碳排放呈现下降趋势。"十三五"时期，煤电淘汰落后产能成效显著，累计关停落后煤电机组超过3000万千瓦。截至2020年底，我国煤电机组节能改造规模超过8亿千瓦，全国单位火电发电量碳排放为832克/（千瓦·时），较2015年下降28克/（千瓦·时）。

2）机组服役年限短，运行可靠性持续提升

煤电机组服役年限短。我国现役煤电机组平均服役时间约12年，其中5.30亿千瓦的机组服役时间不足10年，3.16亿千瓦的机组服役时间在10～19年，服役时间超过20年的机组不足1亿千瓦，服役时间超过30年的机组仅占1.1%。相较之下，欧盟、美国近80%的煤电机组服役时间超过30年、近50%的煤电机组服役时间超过40年（表2-4）。

表2-4 世界在役煤电机组运行年限与装机容量

运行年限	中国		印度		欧盟+美国		其他国家之和	
	容量/亿千瓦	占比	容量/亿千瓦	占比	容量/亿千瓦	占比	容量/亿千瓦	占比
0～9年	5.30	57.1%	1.44	68.2%	0.41	9.4%	0.97	24.0%
10～19年	3.16	34.0%	0.23	10.9%	0.13	3.0%	0.70	17.3%
20～29年	0.72	7.8%	0.24	11.4%	0.37	8.5%	0.71	17.6%
30～39年	0.10	1.1%	0.20	9.5%	1.43	32.7%	0.83	20.5%
40年及以上	0.007	0.1%	0	0	2.03	46.5%	0.83	20.5%

机组可靠性水平持续提升。2015—2020年煤电机组可靠性总体维持在较高水平，2020年煤电机组运行系数为72.8%，较2015年提升1.5个百分点；等效可用系数为93.0%，较2015年提升0.4个百分点。气电机组可靠性总体略有降低，2020年气电机组运行系数为45.3%，较2015年降低0.6个百分点；等效可用系数为93.2%，较2015年降低4.3个百分点。

3）节能减排成效显著，清洁高效生产水平不断提升

供电煤耗持续稳定降低。全国煤电淘汰落后产能成效显著，机组结构持续优化，超临界、超超临界机组比例明显提高，供电煤耗持续保持世界先进水平。2022年全国6000千瓦以上煤电机组平均供电煤耗为301.5克/（千瓦·时），较2012年降低24.5克/（千瓦·时）。

节能减排成效显著,主要污染物排放大幅下降。2020年全国火电烟尘排放总量为15.5万吨,较2015年降低61.25%,单位火电发电量烟尘排放量为0.032克/(千瓦·时),较2015年降低0.058克/(千瓦·时)(图2-57)。2020年全国火电二氧化硫排放总量为78万吨,较2015年降低61.00%,单位火电发电量二氧化硫排放量为0.16克/(千瓦·时),较2015年降低0.31克/(千瓦·时)(图2-58)。2020年全国火电氮氧化物排放总量为87万吨,较2015年降低51.44%,单位火电发电量氮氧化物排放量为0.18克/(千瓦·时),较2015年降低0.25克/(千瓦·时)(图2-59)。

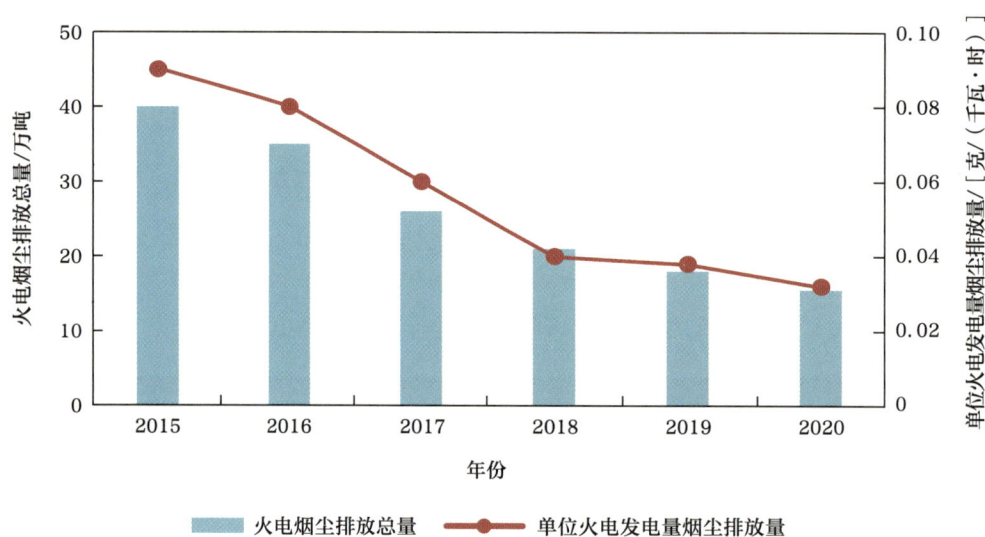

图 2-57　全国火电烟尘排放总量

资料来源:中国电力企业联合会

图 2-58　全国火电二氧化硫排放总量

资料来源:中国电力企业联合会

图 2-59　全国火电氮氧化物排放总量

资料来源：中国电力企业联合会

固体废物综合利用率持续提升。2020年全国火电厂粉煤灰生产量为5.65亿吨，综合利用4.2亿吨，较2016年分别增加0.65亿吨、0.6亿吨，综合利用率由2016年的72%提升到2020年的74%；2020年全国火电厂脱硫石膏生产量为8350万吨，综合利用6350万吨，较2016年分别增加1100万吨、1000万吨，综合利用率由2016年的74%提升到2020年的76%。

4）火电行业经营形势严峻，亟须纾困转型

受电煤价格影响，近年来全国主要发电企业经营形势严峻。2017—2020年，全国电煤价格稳中有降，沿海电煤采购价格指数由2017年的608元/吨下降到2020年的556元/吨；主要发电企业煤电业务利润总额由亏转盈，2020年煤电业务利润总额达到160亿元，较2017年增长305亿元；主要发电企业电力业务利润总额大幅增长，2020年达到874亿元，较2017年增长约120%。2021年因电煤供需阶段性失衡，电煤价格创历史新高，沿海电煤采购价格指数同比增长55.8%，电煤高价持续时间超过预期，导致主要发电企业电力业务全面亏损。2021年全国主要发电企业电力业务利润总额亏损近500亿元，其中煤电业务利润总额亏损约1400亿元。2022年随着电煤长协覆盖率和履约率不断上行，煤电企业经营总体向好。受部分企业电煤长协保供政策落实不到位影响，业绩呈现分化。

2. 火电行业近中期发展趋势

"十四五"前期，火电在保障能源电力供应安全、稳定经济发展等方面发挥关键作用，煤电兜底保障作用越发凸显。"十四五"中后期，全国重点区域推进基础保障性和系统调节性火电建设，加快存量综合升级改造，电力供应可靠性进一步增强。

"十五五""十六五"时期，火电装机容量迈入峰值平台期，功能转型升级节奏加快。

1）"十四五"时期发展趋势

火电装机容量集中式增长。"十四五"时期，全国煤电项目集中核准、建设复苏提速，煤电持续发挥能源电力兜底保供作用。截至2022年底，全国煤电装机容量为11.24亿千瓦，其中2008—2022年投运的煤电机组占比接近80%。近两年能源保供形势下，国家与省级政府及时核准一批保供煤电项目，预计"十四五"后期煤电装机容量将有明显增长。梳理近十余年全国煤电建设投产装机容量，"十一五"煤电装机高潮期，年均煤电投产装机容量6000万～8000万千瓦；"十三五"以来，随着电力供应基础能力提升和用电转为中高速增长，尤其是近年以风光为主的新能源大力发展，年均煤电投产装机容量降至4000万千瓦左右（图2-60）。2022年新增煤电装机容量约1500万千瓦。根据全国各省区市煤电核准与开工建设进度，2023—2025年均新增煤电投产装机容量预计将恢复至约8000万千瓦。预计到2025年，全国煤电装机容量将达到13.2亿～13.6亿千瓦；同时新增气电装机容量约4800万千瓦，全国气电装机容量将达到1.5亿千瓦左右。

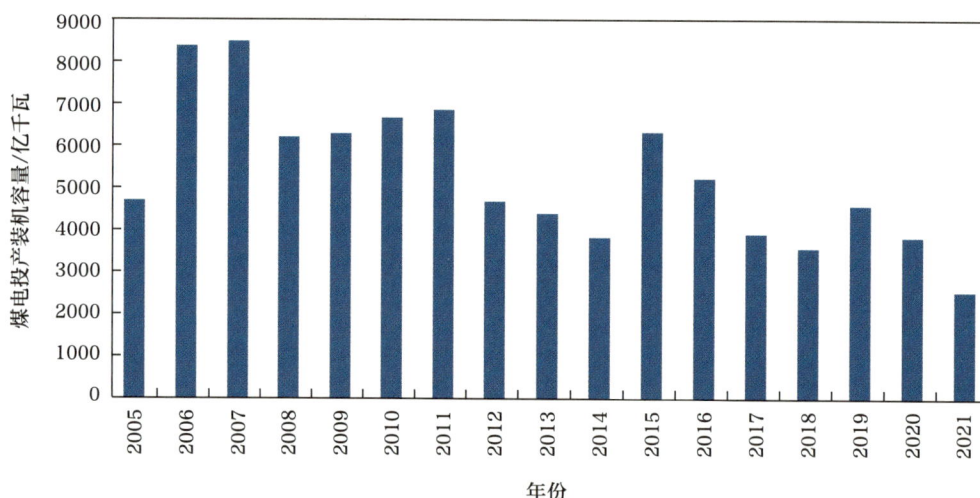

图 2-60　2005—2021 年全国煤电投产建设装机容量变化趋势

资料来源：中国煤炭运销协会

新增煤电集中按需布局。"十四五"以来，我国煤电发展布局更加重视其在系统中的功能性作用，增量煤电主要集中分布于大型清洁能源外送基地和东中南部负荷中心，旨在提升可再生能源消纳水平、缓解局部供电紧张形势。从地域分布看，截至2022年底，全国新增核准煤电分布在广东、江苏、安徽、湖北、广西、浙江、江西、新疆、河北、贵州等地。基于电量平衡法分析研判，从全国范围看，2023—2025年随着各地能源保供电源项目建设投产、新增新能源规模并网及跨区输电通道利用率提升和增量布局，多数地区供需紧张状况将得到缓解。

存量升级改造提速。"双碳"目标和构建新型电力系统要求倒逼全国煤电低碳转型。国家层面已经明确升级改造目标。国家发展改革委、国家能源局联合印发的《关于开展全国煤电机组改造升级的通知》（发改运行〔2021〕1519号）中明确"十四五"煤电升级改造目标，完成3.5亿千瓦节能降耗改造、2亿千瓦灵活性改造及5000万千瓦供热改造。各级地方政府煤电改造政策已由明确改造的发展方向逐步过渡到改造对象、改造目标、改造技术等具体领域。发电企业积极推进煤电"三改联动"。我国主要燃煤发电集团分别结合自身产业结构现状、碳排放情况，加大煤电改造资金投入，明确各自碳达峰时间表及煤电机组改造升级的目标任务、具体方案。"十四五"时期，华能集团、国家能源集团、华电集团、国家电力投资集团、大唐集团计划投资用于煤电机组升级改造的金额分别约187.0亿元、173.4亿元、150.5亿元、90.5亿元、70.5亿元。

2）"十五五""十六五"时期发展趋势

2035年以前，火电作为我国主力电源的总体形势不会改变。"十五五""十六五"时期，煤电仍将从电量和电力两方面为电力系统提供支撑保障，但其主导地位将逐步弱化。

"十五五"时期，局部地区仍有煤电增量需求，若仅考虑风电、太阳能发电、水电、核电、气电及生物质等发电装机增长，区域间电力流仅考虑存量和"十四五"在建/规划输电通道，全国范围内仍将存在2000亿千瓦·时左右的电量缺口，需要新增5000万千瓦左右的煤电规模。煤电增量布局将重点集中在下述三类区域。一是在以沙漠、戈壁、荒漠地区为重点的大型清洁能源基地配套建设调峰支撑性煤电。二是在东中部缺电负荷中心建设系统保障性煤电。三是在供热负荷集中、清洁供暖替代区域建设热电联产。

2030年前后煤电装机达峰后进入峰值平台期。预计到2030年，全国煤电装机容量将进一步增长至14亿千瓦左右，装机容量占比降至32%，发电量占比降至50%以下，随后进入为期十年左右的装机峰值平台期，发电量占比持续下降。

"十六五"时期煤电容量不再净增，新增电力需求基本完全依靠新增新能源、核电等类型电源满足，新建煤电主要为热电机组和调峰机组，主要以等容量或减容量替代方式建设，容量不净增。到2035年，全国煤电装机容量略低于14亿千瓦，占比进一步降至27%左右；发电量保持在6万亿千瓦·时，占比约为43%，煤电机组仍承担基础电力和电量供应保障作用，全国平均煤电利用小时数相比"十四五"时期稳中略降，保持在4200小时左右。同期气电装机保持增长态势，到2035年全国气电装机容量增长至2.5亿千瓦左右。

功能转型升级加快。持续发展"火电+"综合能源，围绕火电上下游相关业务，从拓展综合能源供应、布局分布式发电、规划能源输送管廊，以及开发下游其他增值性用能服务等方面发展综合智慧能源，拓宽现有能源服务的边界并提高质量。实现低碳煤电技术商业化应用，在国内煤电+CCUS技术研发与示范基础上，结合应用领域需求加强技术创新，持续降低应用成本，逐步在电力行业形成规模化布局。深入推进智慧化，依靠智能传感与执行、智能控制与优化、智能管理与决策等技术，形成具备自学习、自适应、自趋优、自恢复、自组织的智能发电运行控制管理模式，满足"双高"电力系统运行管理要求。

（三）风电行业发展趋势

1. 风电行业发展现状

中国风电产业始于20世纪80年代，30多年来经历了科研示范及产业探索阶段、产业快速发展阶段、大规模发展阶段和目前所处的"双碳"驱动阶段。中国风电已经取得了巨大成就，在世界能源格局中占据举足轻重的地位。

风电开发规模快速扩大，稳居全球第一。中国风电已连续十二年累计、新增装机容量稳居世界第一。截至2022年底，中国风电累计装机容量达3.65亿千瓦，占发电装机容量的14.3%。2008—2022年，风电装机容量复合增长率达27.7%（图2-61）。

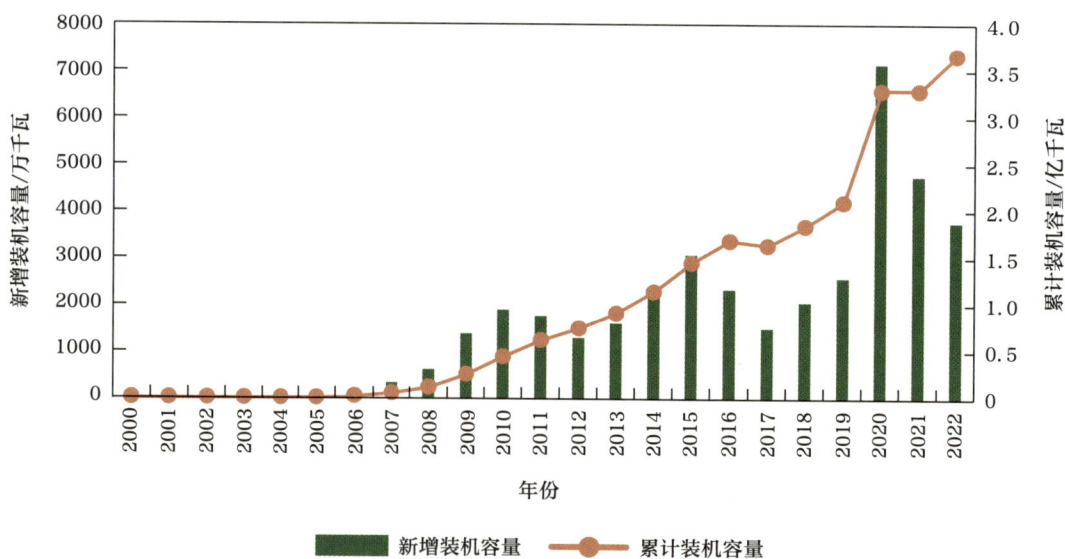

图 2-61　2000—2022 年中国风电新增及累计装机容量

注：2000—2007年数据来自中国可再生能源学会风能专业委员会，是风电吊装量；2008—2022年数据来自中国电力企业联合会，是风电并网量

资料来源：中国可再生能源学会风能专业委员会、中国电力企业联合会

风电跃居中国第三大主力电源。从2014年开始风电已经成为继火电、水电之后的第三大主力电源。2022年，风电发电量为7624亿千瓦·时，占全社会发电量的8.8%。2008—2022年，风电发电量复合增长率达33.7%。

海上风电超预期发展。中国海上风电起步较晚，但发展迅速，已连续四年新增装机容量全球第一，累计装机容量也在2021年超越英国跃居世界第一。截至2022年底，中国海上风电累计装机容量达3046万千瓦，占风电装机容量的8.3%。

2. 风电行业近中期发展趋势

风电是构建新型电力系统的主体能源，是构建新型能源体系和实现"双碳"目标的主力军。在政策引导和市场需求的双重驱动下，中国风电产业将继续迎来跨越式发展。

1）"十四五"时期发展趋势

从2022年起，中国风电全面进入平价时代。在"双碳"目标引领和各种政策激励下，中国风电市场将在"十四五"时期继续保持快速发展。预计"十四五"时期，中国风电年均新增装机容量达5718万千瓦，较"十三五"时期增长80%以上。截至2025年底，中国风电累计装机容量将达5.68亿千瓦，占总发电设备装机容量的17.1%，较2020年底增加4.3个百分点。风电发电量将达1.05万亿千瓦·时，占全国总发电量的10.4%，较2020年底增加4.4个百分点（图2-62）。风光大基地将成为陆上风电快速发展的核心组成部分，分散式风电是集中式风电的有益补充，海上风电发展进程提速。

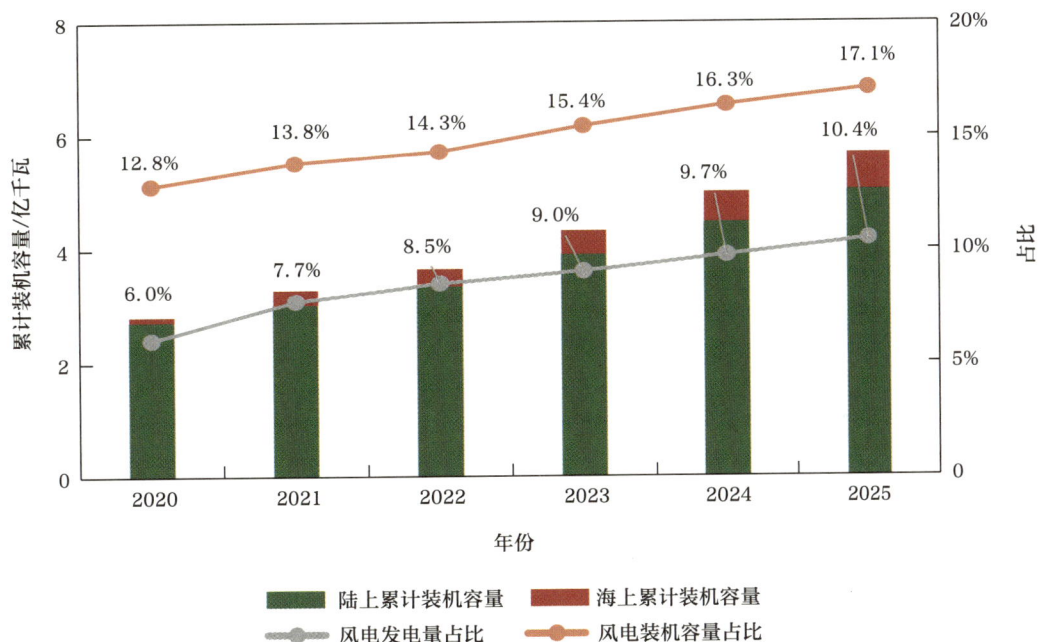

图2-62　"十四五"时期风电累计装机容量及发电量占比

陆上风电继续快速增长。因受新冠病毒疫情等因素影响，2022年陆上风电装机容量有所放缓。2023年，考虑到招标存量及第一批大基地项目并网等因素，陆上风电新增装机容量将超5500万千瓦。2024—2025年，在地方"十四五"规划、沙戈荒大型风光基地的支撑下，新增装机容量将继续快速增加，年均新增装机容量为5600万千瓦左右。到2025年，陆上风电累计装机容量将突破5亿千瓦，较2020年底增长84.7%。

海上风电发展进程提速。"双碳"目标提出后，中国沿海地区海上风电规划及支持政策陆续出台。截至2022年底，广东、浙江等9省区规划的"十四五"新增装机容量目标累计达5420万千瓦。同时，广东、山东、浙江及上海相继出台省级补贴政策进行接力，为海上风电装机提供强有力的支撑。预计2023—2025年，年均新增装机容量为1100万千瓦左右。截至2025年底，海上风电累计装机容量将达6400万千瓦，是2020年底的7倍。

2）"十五五""十六五"时期发展趋势

随着海上风电竞争力逐步增强、风机"以大代小"逐渐形成规模，以及大基地项目的有力支撑，"十五五""十六五"时期，风电装机容量及发电量仍将快速增长。截至2030年、2035年底，累计装机容量将分别达8.9亿千瓦和11.9亿千瓦，占总发电设备装机容量的20.5%和22.6%，较2025年底增加3.4个和5.5个百分点；风电发电量占全国总发电量的13.7%和16.3%，较2025年底增加3.3个和5.9个百分点（图2-63）。

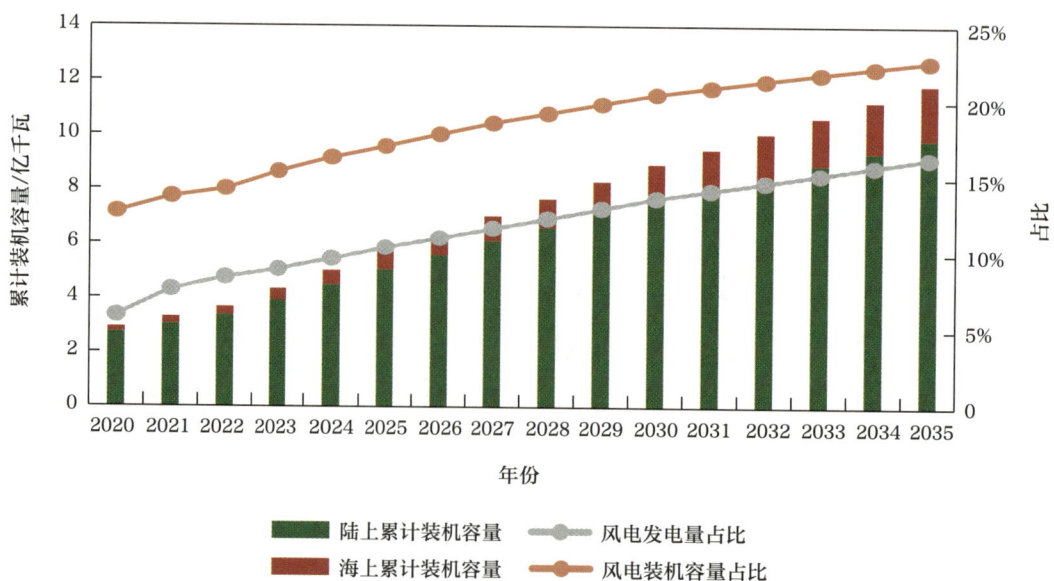

图2-63　2020—2035年风电装机容量及发电量占比

到2035年，陆上风电累计装机容量将接近10亿千瓦，达9.8亿千瓦，较2025年底约翻一番。"十六五"时期，陆上风电新增装机容量将较"十五五"时期有所下降。大基地项目仍是陆上风电快速发展的核心组成，分散式风电稳步发展，与"十四五"时期不同的是，"十五五""十六五"时期，"以大代小"改造将规模发展，助力陆上风电新增装机容量保持稳定增加。

海上风电将成为风电增量的重要组成部分。随着海上风电的规模化开发、风机大型化加速，中国海上风电更具竞争力。"十五五""十六五"时期，海上风电年均新增装机容量达1400万和1300万千瓦左右，成为风电增量的重要组成部分，占风电新增装机容量的比例将提升至22.1%。到2035年，中国海上风电累计装机容量将突破2亿千瓦，较2025年增长213.0%，占中国风电累计装机总量的17.0%。海上风电较成熟的地区（如江苏、广东、浙江、山东等地）将继续快速发展，而新兴的市场（如广西、海南、河北等地）也将在"十五五"时期进入规模开发阶段。此外，2030年后，百万千瓦级的深远海海上风电示范项目不断涌现，为未来的规模发展奠定基础。

（四）太阳能发电行业发展趋势

中国是太阳能发电制造和利用大国，光伏产业是获得全球竞争优势的新兴产业。截至2022年底，光伏组件产量连续十六年居全球首位，多晶硅产量连续十二年居全球首位，光伏新增装机容量连续十年居全球首位，累计装机容量连续八年居全球首位。

1. 太阳能发电行业发展现状

自21世纪以来，太阳能发电发展与政策是密不可分的。以有无国家级补贴来划分，可以分为补贴快速推动（2000—2012年和2013—2020年）和平价（2021年以后）两个阶段。

进入平价阶段以来，太阳能发电产业高速发展。2022年新增装机容量为8746万千瓦（图2-64），连续十年稳居世界首位。其中，光伏发电新增装机容量为8741万千瓦，同比增长59.3%，创历史新高；光热发电新增装机容量为5万千瓦，为玉门鑫能二次反射塔式光热发电示范项目。截至2022年底，全国太阳能发电装机容量为39 261万千瓦，其中光热发电装机容量为58.8万千瓦，其余为光伏发电。太阳能发电装机容量约占总发电设备装机容量的15.3%，成为仅次于煤电和水电的第三大电源。全国太阳能发电量为4276亿千瓦·时，同比增长30.8%。

图 2-64　2008—2022 年中国太阳能发电新增装机容量及增长率

资料来源：国家能源局

集中式与分布式并举的发展趋势更加明显。2022年分布式光伏发电新增装机容量为5111万千瓦，占太阳能发电新增装机容量的58%，工商业项目新增装机容量2587万千瓦，首次可以和集中式、户用项目三足鼎立。全国光伏利用率为98.3%，同比增长0.3个百分点，持续提高。上游产业规模持续增长，2022年多晶硅、硅片、电池、组件产量分别达到82.7万吨、357吉瓦、318吉瓦、288.7吉瓦，同比增长均超过55%，均创历史新高，行业总产值（不含逆变器）超过1.4万亿元，增速超过95%。光伏产品（硅片、电池、组件）出口大幅增长，总额超过512亿美元，同比增长80.3%。

2. 太阳能发电行业近中期发展趋势

在"双碳"目标下，中国的太阳能发电行业仍将保持快速发展的态势，为构建新型能源体系提供强劲动力。

1）"十四五"时期发展趋势

太阳能发电各项政策已经清晰明确，"十四五"时期是实现从"量"到"质""量"并重的关键窗口期。摆脱了对财政补贴的依赖进入平价阶段，可以与其他能源公平竞争，市场进一步发挥在可再生能源资源配置中的决定性作用，光伏发电在电力消费中的占比将持续提升，通过大规模集中开发和因地制宜的分布式高水平利用，实现高质量发展。光热发电发挥储热和发电调节的作用，在大型风光基地的建设中将迎来第二波建设热潮。

"十四五"时期，水电、核电、生物质发电增长空间有限，需要风光装机实现跃升发展。预计太阳能发电新增装机容量的复合增长率约为22%，2023年及以后年均新增装机容量为1亿千瓦左右。至"十四五"期末，累计装机容量达到6.95亿千瓦，发电量约6243亿千瓦·时，在全国总量中分别占比20.9%和6.2%（图2-65）。

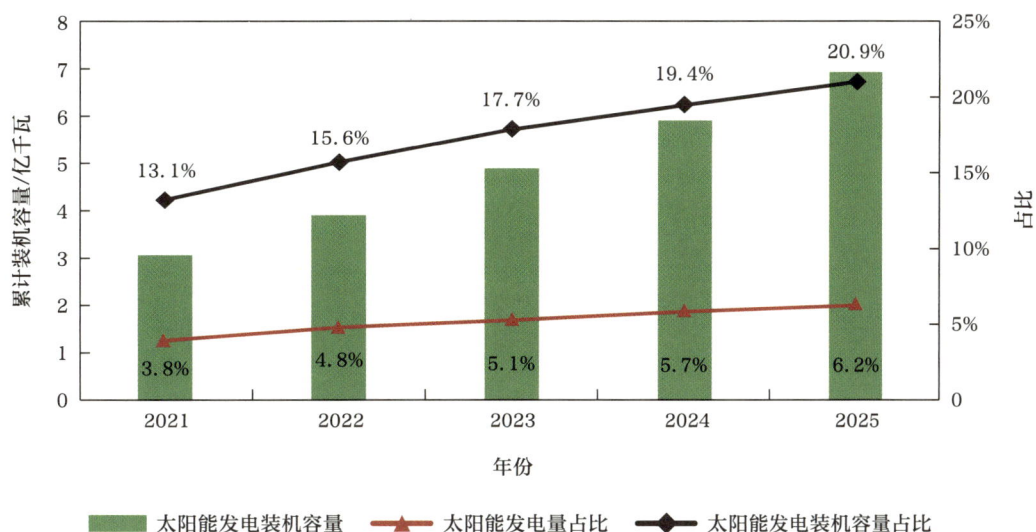

图 2-65 "十四五"时期太阳能发电装机容量及发电量占比

"十四五"时期，沙漠、戈壁、荒漠地区大型风光基地建设装机容量为2亿千瓦，第一、二、三批大型基地项目装机容量超过1亿千瓦，各地区"十四五"发展规划中太阳能发电项目装机容量超过4亿千瓦，融合多种能源互补一体化，为地面集中式项目发展提供了强有力的支撑。光热发电大基地中进一步发挥灵活调节作用，截至2023年3月公布的29个（装机容量约336万千瓦）项目有望建成。分布式项目商业模式不断创新，在"光伏+农、林、牧、渔"的基础上进一步实现多产业跨界融合发展模式。

光伏发电将逐渐成为投资成本最低的电源，地面电站在大部分地区可实现与煤电基准价同价；分布式项目在大多数地区也具有较好的经济性。光伏产品出口将继续增长，美国、欧洲和印度以前所未有的力度加大本土制造能力并设置多种贸易壁垒，出口面临的国际贸易环境将更加复杂，光伏国际产业竞争也会越来越激烈。光伏产品产业供应链将向地理更加分散化和多元化发展，欧洲、美国等建立本土产业链的努力将有一定成果，但是中国仍是全球主要的光伏产品生产国。

2）"十五五""十六五"时期发展趋势

"十五五""十六五"时期，太阳能发电复合增长率预计约为11%和6%，年新增装机容量为9600万千瓦和8600万千瓦左右。至2030年和2035年底，累计装机容量分别达到11.7亿千瓦和16.1亿千瓦，在全国累计装机容量中占比约27%和30.7%；发电量约1.03万亿千瓦·时和1.47万亿千瓦·时，在全国总发电量中占比约8.7%和10.7%（图2-66）。光伏发电将成为度电成本最低和重要的主力电源。

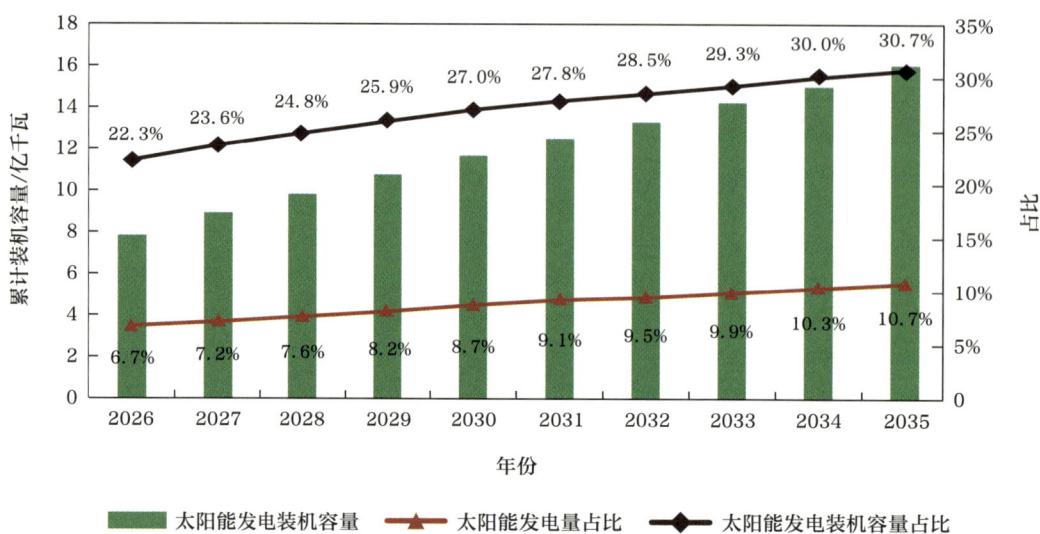

图 2-66　"十五五""十六五"时期太阳能发电装机容量及发电量占比

大型项目和分布式项目并举发展。大型项目继续以大基地项目和各省区市规划项目为主,光热发电更深程度地参与其中。户用项目普及到大部分有安装条件的家庭屋顶上,工商业屋顶项目成为工业园区、厂房、政府机关、学校等的必要配备。此外,光伏发电作为灵活和低价电源将与服装、建筑、道路、家电等多方面结合,成为大众生活和工作的新应用形式。钙钛矿电池、有机电池、量子点电池、染料敏化电池等新型技术得到突破,有望在一定程度上改变晶硅电池市场格局。

(五)水电行业(常规水电)发展趋势

1.水电行业(常规水电)发展现状

1)水电发展历程

我国水力资源技术可开发量居世界首位,根据2022年复查统计结果,我国水力资源技术可开发量约6.87亿千瓦,年发电量约3万亿千瓦·时。

我国水电由中华人民共和国成立之初仅36万千瓦装机容量发展成为现在的全球水电建设领先力量,取得了巨大成绩。我国水电早期发展目标是解决电力短缺、以小水电替代农村生活燃料等问题。20世纪90年代中期以后,以三峡为代表的大型水电项目陆续开工,标志着我国水电建设水平步入世界前列。2004年公伯峡水电站投产,我国水电装机容量突破1亿千瓦，投产水电装机容量世界第一。"十一五"至"十三五"时期，我国水电发展以做好生态保护和移民安置为前提，水电建设进入生态环境和谐发展阶段。"十四五"时期，在国家"双碳"目标的引领下，我国水电发展再度进入上升通道。截至2022年底，我国水电装机容量达到4.1350亿千瓦（图2-67），其中常规水电已建成装机容量为3.6831亿千瓦，常规水电新增装机容量达0.1378亿千瓦。

图 2-67　2006—2022 年全国水电装机容量增长情况

2）水电发电及利用情况

在我国电力供应中，水电一直发挥着强有力的支撑作用。2006—2021年，我国水电发电量从4148亿千瓦·时提高至13 401亿千瓦·时，年均增长617亿千瓦·时，年均水电发电量占比达到17.0%。从2014年起，我国水电设备利用小时数达到3600小时以上，2020年利用小时数达到3827小时，首次突破3800小时。2021年、2022年均为水电偏枯年份，其中2022年利用小时数为3412小时，同比减少210小时（图2-68）。

3）我国水电发展特点

（1）资源分布不均，东中部开发基本完成。我国水资源主要分布于西南地区，云南、贵州、四川、重庆、西藏5个省区市水资源量就占全国水资源总量的2/3。目前我国已建常规水电主要分布在西南、华中、华南等地区，水电资源开发总体完成超过50%，其中东部地区（北京、天津、河北、山东、上海、江苏、浙江、广东等）水电资源基本开发完毕，中部地区（安徽、江西、湖南、湖北等）开发程度达到90%以上，西南地区重庆、贵州两省市基本开发完毕，仅四川、云南、西藏还有较大开发潜力。

图 2-68　2006—2022 年全国水电发电量及利用小时数情况

（2）调节库容稀缺，消纳依赖外送。我国大部分地区冬春少雨、夏秋多雨，主要流域年内径流存在较大差异，而具有联合调度、调节能力的大型水库有限，对自然来水丰枯调蓄的作用不足。我国水电资源分布与经济发展严重不均衡，水电消纳依赖于"西电东送"，由于外送线路建设滞后及网架结构薄弱等，水电资源不能在全国范围内进行有效配置，存在弃水情况。

（3）环保、移民压力加大，经济性逐渐下降。我国待开发水电资源集中在西南地区大江大河上游，水电站多处于深山峡谷地区，自然地理环境特殊，水土生态脆弱，涉及的生态保护、珍稀物种保护等敏感因素相对较多，经济社会发展相对滞后，移民安置难度较大。同时，上游河段水电资源条件及开发条件较差，区域构造背景复杂，交通条件较差，开发成本高，项目经济性面临挑战。

2. 水电行业（常规水电）近中期发展趋势

1）"十四五"时期水电发展趋势

根据《"十四五"可再生能源发展规划》，"十四五"时期将科学有序推进大型水电基地建设：推进前期工作，实施雅鲁藏布江下游水电开发；做好金沙江中上游等主要河流战略性工程和控制性水库的勘测设计工作；积极推动金沙江岗托、奔子栏、龙盘，雅砻江牙根二级，大渡河丹巴等电站前期工作；重点开工建设金沙江旭龙、雅砻江孟底沟、黄河羊曲等水电站。

"十四五"时期，我国将对已建、在建水电机组进行增容改造，进一步提升水电灵活调节能力，科学推进金沙江、雅砻江、大渡河、乌江、红水河、黄河上游等主要水电基地扩机。同时，落实网源衔接，推进白鹤滩送电江苏、浙江输电通道建成投产，推进金沙江上游送电湖北等水电基地外送输电通道开工建设。统筹推进西南地区水风光综合基地一体化开发，进一步促进可再生能源大规模阶跃式发展。

根据我国西南地区优质水电站址资源的开发建设时序（表2-5），预计2025年我国常规水电装机容量将达到3.9亿千瓦，发电量将达到1.4万亿千瓦·时以上。

表2-5　我国主要流域水电开发基本情况　（单位：万千瓦）

序号	河流名称	技术可开发量	已建规模	在建规模
1	金沙江	8 167	4 312	2 258
2	长江上游	3 128	2 522	—
3	雅砻江	2 881	1 620	642
4	黄河上游	2 665	1 508	380
5	大渡河	2 496	1 737	464
6	红水河	1 508	1 208	160
7	乌江	1 158	1 110	48
8	西南诸河	15 504	2 288	140
合计		37 507	16 305	4 092

资料来源：中国可再生能源发展报告2021

2）"十五五""十六五"时期水电发展趋势

根据我国各大流域水电规划，到2030年，我国西部地区水电总开发程度达到70%左右，四川、青海的水电开发基本结束，未来水电开发的主战场将集中在藏东南水电基地，即雅鲁藏布江干流下游和"三江"（怒江、澜沧江、金沙江）流域。

锚定碳中和远景目标，到2035年我国将基本实现社会主义现代化，水电项目建设水平进一步提升，"十五五""十六五"时期西南及西藏地区水电进入加速开发阶段。预计到2035年，我国常规水电装机容量达到4.9亿千瓦左右，其中水电机组滚动增容改造约3000万千瓦；水电增容改造总体上对发电量影响较小，仅增加装机容量，至2035年我国水电发电量将达到约1.8万亿千瓦·时。

（六）核电行业发展趋势

1. 核电行业发展现状

我国的核能开发和利用起步于20世纪80年代，迄今主要经历了以下4个阶段。①起步期：1985年我国自主设计建造的第一座30万千瓦压水堆秦山核电站开工建设，1991年12月成功并网发电；1994年引进国外技术、利用外资建设的大亚湾核电站并网发电，为我国核电发展积累了宝贵经验。②适度发展期：20世纪90年代中后期，陆续推进浙江秦山二期、广东岭澳一期、浙江秦山三期和江苏田湾一期共8台核电机组建设，我国核电迈上小批量建设的新台阶。③积极发展期："十一五"时期，我国在继续建设二代改进型核电机组的同时，开始引进世界先进第三代核电技术，并开启了第三代核电技术自主化进程，2005—2010年新开工核电机组累计达到30台。④安全高效发展期：2011年日本福岛核事故给刚刚复苏的世界核电造成巨大冲击，我国加强对于核电选址、设计、制造、建设、运行各环节的管理，并将核电发展目标调整为：到2020年，运行核电装机容量达到5800万千瓦，在建核电装机容量达到3000万千瓦左右。2021年，"华龙一号"在国内外成功建设并网，标志着我国第三代核电技术走向成熟。2021年底全球首座采用第四代核电技术的石岛湾高温气冷堆核电站并网成功，中国第四代核电技术已迈入发展的快车道。

通过30多年的发展，我国核电产业已经初具规模，建立了世界上少数国家拥有的、完整的核科技工业体系。"十三五"时期以来，我国核电建设和运行规模大幅增长且始终保持世界一流安全业绩，核能综合利用（如供热、供气等）初步得以应用示范和逐步推广；同时，我国自主第三代核电品牌开发不断取得突破、先进核能系统创新稳步持续推进，核能对我国能源清洁低碳转型和整体创新发展的战略支撑作用已充分体现。

核电装机容量稳步增长。2012—2022年，全国核电新增装机容量为4000万千瓦以上，年均增速为16%。截至2022年底，全国在运核电机组54台（不含台湾省），装机容量为5553万千瓦，约占总发电设备装机容量的2.2%，核能发电量为4178亿千瓦·时，占全国发电量的4.8%。同时，我国已经核准在建核电机组23台。

核电机组运行安全稳定。我国已建成或在建秦山、大亚湾等18个核电基地，多年来核电机组运行安全水平始终保持国际先进水平，未发生国际核事件分级（International Nuclear Event Scale，INES）2级及以上运行事件或事故。新建核电机组设计指标均至少满足三代核电安全标准，具备完善的严重事故预防和缓解措施。

核电技术研发取得重大突破。在国家相关部门的大力推动和相关企业的积极实施下，我国现已建成投运了全球首座AP1000三代核电机组、全球首座"华龙一号"自主第三代核电机组，其中"华龙一号"核电机组在巴基斯坦卡拉奇核电项目（K2、K3机组）也已全面建成并网，成功实现"走出去"，标志着我国打破国外核电技术垄断，正式进入全球第三代核电技术先进国家行列。与此同时，以高温气冷堆和快堆为代表的我国自主第四代先进核电技术也取得了重大突破，200兆瓦高温气冷堆核电示范工程已成功实现并网发电，600兆瓦商业化示范快堆正在有序建造，"十四五"时期有望建成投产，为未来我国第四代先进核电技术发展打下坚实基础。

核电工业体系成熟完善。目前中国核能行业已基本建立可持续发展的整体工业体系，配套产业基础、自主技术能力和工程建造水平等均具备国际竞争力，不仅可以提供核电设计、工程建造、设备制造和运行维护等一条龙服务，而且具备核燃料供应、核燃料循环、废物处理等一系列技术和装备能力。我国核电行业已形成每年核准6～8台或千万千瓦级装机容量的整体供货能力，同时具备建造30台核电机组的施工建设能力。

核能综合利用项目初步示范。我国核能行业通过一批核能供热、供气等工程示范项目的建设，实现了核能从发电向综合利用的转化，进一步凸显了核能的环境效益。2019年11月，海阳核电站实现向海阳市用户供热；2022年4月，我国南方首个核能供热示范项目（秦山核能供热项目）首个供暖季顺利结束。2021年7月，全球首个多用途模块式小型堆示范工程"玲龙一号"开工建设；2022年5月，我国首个工业用途核能供汽项目（田湾核电蒸汽功能项目）在连云港正式开始建设。

2. 核电行业近中期发展趋势

我国核电发展具备足够的厂址资源支撑，经过多年选址工作的积累，我国已经储备相当规模的核电厂址资源，经工程初步可行性研究确定的现有核电厂址共计75个，其中滨海厂址38个，可支撑装机容量约2.3亿千瓦；内陆厂址37个，可支撑装机容量约1.7亿千瓦。此外，国内企业仍在积极推进核电项目选址工作，仍可能再增加超过1亿千瓦的核电厂址装机容量。单从厂址资源来看，可以支撑超过5.0亿千瓦的核电装机容量。此外，为推进核能多用途利用发展，我国正在三北地区开展低温供热堆等小型堆厂址普选，为今后核电的批量化、规模化发展及核能综合利用提供厂址资源保障。

核电装机容量持续增长。预计"十四五"时期，全国新增核电装机容量为2000万千瓦左右，到2025年全国核电装机容量达到约7000万千瓦，装机容量占比为2%，发电量占比为5%。到2030年，全国核电装机容量增长至9000万千瓦以上，装机容量占比维持在

2%左右，发电量占比略有提升。到2035年，核电装机容量进一步增至约1.3亿千瓦。

增量核电集中布局于东南沿海。2023—2025年，按省级电源规划和项目建设进度，预计全国将有9台核电机组投产并网，主要包括当前在建的三澳核电#1、漳州核电#1-2、石岛湾核电、太平岭核电#1-2、防城港核电#3-4等。"十五五""十六五"时期，新增投产核电全部为沿海核电，主要分布在浙江、广东、辽宁、福建、山东、江苏、广西、海南。

核电综合利用实现规模化。随着核电技术的发展，特别是第四代核电技术的逐渐成熟，核能将不仅仅扮演提供电力的角色，核电将在制氢、区域供热、海水淡化等多种非电综合利用领域发挥作用，结合区域用能需求，拓展多元化能源供应体系。预计到2025年，核能热电联产供暖面积达到1000万平方米，核能高温工艺热示范项目启动；到2035年，核能热电联产供暖面积达到2亿平方米，核能高温工艺热示范项目投入运行。

核能发电经济性有望进一步提升。批量化建设的三代核电每千瓦造价为15 000元以下，核电上网标杆电价在0.40元/（千瓦·时）左右。到2035年，核电在运装机容量达到1.3亿千瓦左右，在建装机容量达到5000万千瓦左右，投资成本、燃料成本和运维成本得到进一步有效控制，核电上网电价具有更强竞争力。

总体来看，到2035年我国将基本建成具有全球竞争力的先进核能产业体系，国家核能科技创新体系进一步完善，核电关键设备全面实现国产化，自主化第三代核电技术的竞争优势基本形成，部分新型先进核电技术示范工程建成投产，核燃料加工与供应自主化能力显著提升，核能法律法规和标准进一步完善。

（七）储能行业发展趋势

1. 储能行业发展现状

国家政策引导储能进入快速增长阶段。储能是智能电网、可再生能源高占比能源系统、能源互联网的重要组成部分和关键支撑技术。近年来，我国储能行业发展迅速，储能项目累计装机容量持续扩大，由2015年的2320万千瓦增长至2021年的4610万千瓦（图2-69），占全球储能市场规模的22%，实现翻倍增长。2016—2017年，国家发展改革委、国家能源局等部门联合印发《能源技术革命创新行动计划（2016—2030年）》《关于促进储能技术与产业发展的指导意见》，鼓励先进储能技术创新和应用示范发展，促使储能装机容量实现同比19%的快速增长。随着2020年"双碳"目标的提出，具有高随机波动性、间歇性的可再生能源发电快速发展，带动储能装机容量迈上新台阶，实现同比增长30%的跨越式发展。2022年，国家发展改革委、国家能源局联合印发了《"十四五"现代能源体系规划》《"十四五"新型储能发展实施方案》，进一步推动新型储能规模化、产业化、市场化发展。

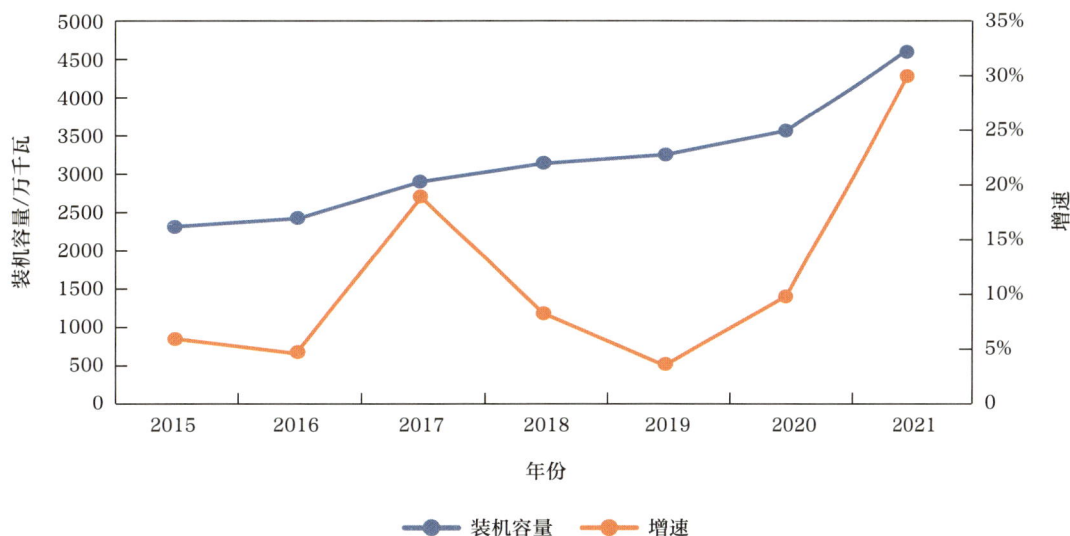

图 2-69　2015—2021 年中国储能项目累计装机容量及增速

资料来源：储能产业研究白皮书

储能技术多元化发展。截至2021年，我国储能呈现多元发展的良好态势，其中抽水蓄能的累计装机容量占比最大，达到86.29%，较2020年下降3个百分点；新型储能的累计装机容量占比达到13.71%，累计装机容量达到632万千瓦，迅速成为储能规模化发展的主要热点（图2-70）。多样化的储能技术可在不同时间尺度上控制功率和能量的输入、

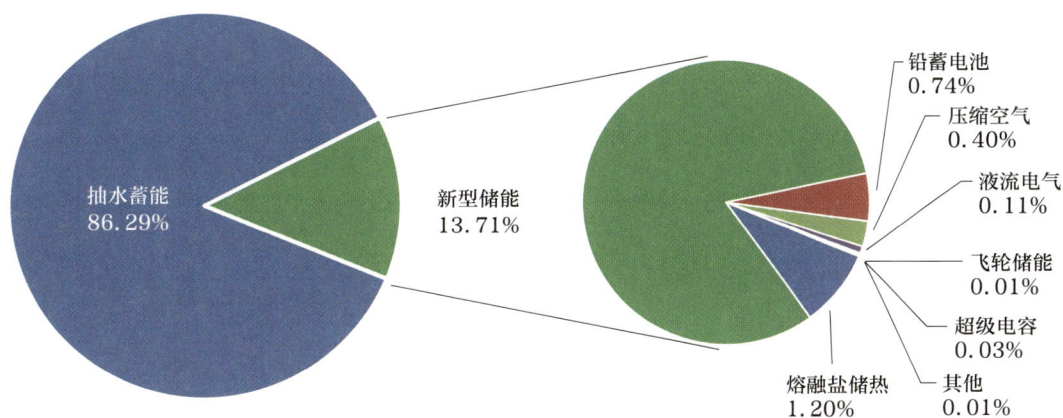

图 2-70　2000—2021 年中国电力储能市场累计装机容量

资料来源：储能产业研究白皮书

输出，有望改善电力系统的稳定性和运行特性。在新能源开发规模快速增加、负荷峰谷差持续拉大的背景下，发展"高安全、低成本、强灵活、可持续"的储能技术，是提升电力系统调节能力、保障电力系统安全运行的必然需求。

现阶段，储能在我国还属于政策性产业，无论技术创新、市场机制，还是商业模式培育，都需要政府给予配套政策支持。尽管我国储能产业呈现多元、快速发展的良好态势，但在大规模产业化的进程中仍面临诸多挑战。第一，储能缺乏长效机制，收益存在较大的不确定性。第二，储能技术成本过高，尚不具备大规模应用条件。第三，储能标准体系尚未完善，安全事故时有发生。第四，储能产品的资源可持续利用能力有待加强。

2. 储能行业近中期发展趋势

随着社会主义现代化建设持续推进，用电侧电气化程度持续提升，负荷峰谷差将增大电力系统调节需求；发电侧新能源占比逐步提高，新能源大规模并网对系统调节能力提出了更高的要求。加强储能的政策引导与扶持力度，建立完善适合储能参与的市场机制，积极推动新型储能与新能源、常规电源协同优化运行，充分挖掘抽水蓄能等常规电源储能增长潜力，提高电力系统调节能力和容量支撑能力将是储能行业近中期发展的重点方向。

储能规模持续增长，支持非化石能源电源并网。根据CESFOM可计算得到2022—2035年储能装机容量及非化石能源装机容量预测结果（图2-71）。未来随着能源供给结

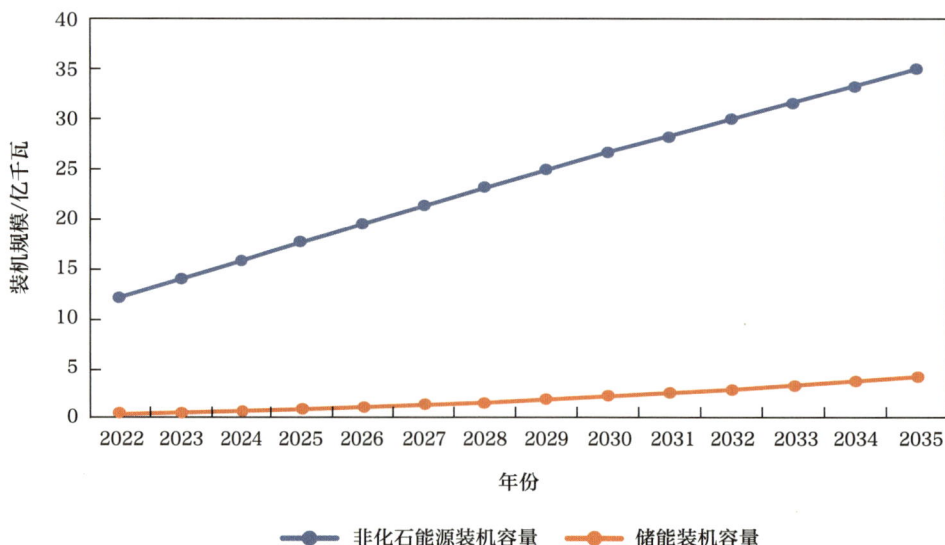

图 2-71 2022—2035 年中国储能项目累计装机容量及非化石能源装机容量

构低碳转型不断推进，非化石能源装机容量持续增加，仅靠发电电源难以保障电力供应安全有效，推进"新能源+储能"协同发展将是近中期能源体系发展的必然趋势。预计到2025年，储能装机容量将达到1亿千瓦，风光总体配储比例为8%左右；2030年储能装机容量将达到2.3亿千瓦，风光总体配储比例提高至11%左右；2035年储能装机容量进一步增长至4.2亿千瓦，风光总体配储比例进一步增长至15%以上，更有力地支撑高比例新能源并网消纳和电力系统安全稳定运行。

多种储能齐头并进，新型储能占比提升。抽水蓄能受地理环境影响较大，且能量密度低、电站的投产成本高、回报周期长，将限制抽水蓄能机组装机容量的大规模增长，预计2025年将占储能装机容量的78%左右，2030年降至70%左右，2035年降至62%左右。随着电力系统对调节能力需求提升、新能源开发消纳规模不断加大，尤其是在大型风电光伏基地项目集中建设的背景下，具有建设周期短、环境影响小、选址要求低等优势的新型储能与新能源开发消纳的匹配性更好，优势逐渐凸显，将成为未来储能装机容量发展的主要增长点。《国家发展改革委 国家能源局关于加快推动新型储能发展的指导意见》提出，到2025年实现新型储能从商业化初期向规模化发展转变，到2030年实现全面市场化发展，届时基本满足构建新型电力系统需求。预计2025年、2030年、2035年，电化学储能装机容量分别达到1800万千瓦、5800万千瓦、13000万千瓦左右，占全部储能装机容量的18%、25%、31%左右（图2-72）。

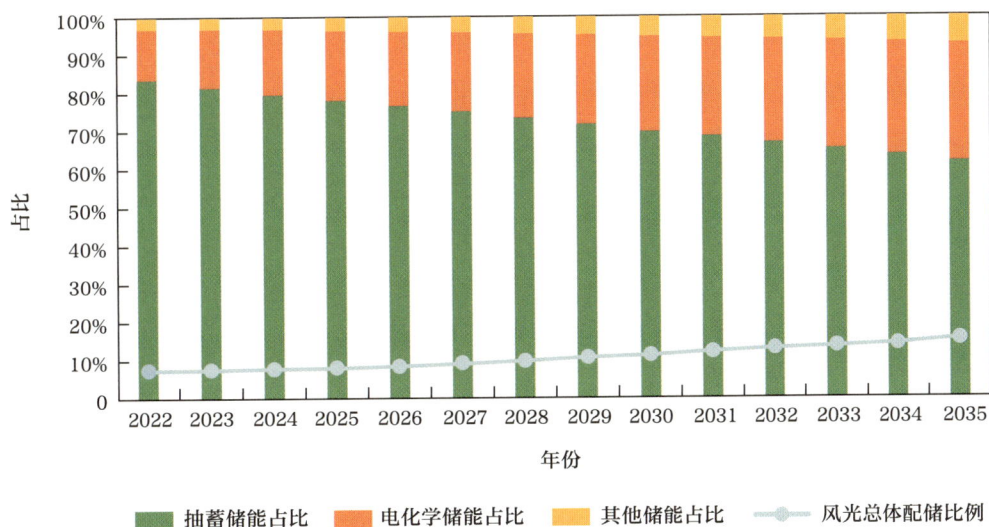

图 2-72 2022—2035 年中国各类型储能项目占比

十、氢能行业发展趋势

（一）氢能行业发展现状

自2015年《巴黎协定》签署以来，全球节能减排的压力越发严峻，减少对化石能源的依赖并大力发展清洁能源的诉求更加高涨。随着"双碳"目标的提出，在全社会应对气候变化的大背景下，氢能成为关注焦点。与以往伴随石油价格高涨而形成氢能研究热潮不同，新一轮氢能产业的快速发展有3个全新的动力：氢能产业的相关技术已进入成熟期、新能源高速发展为绿氢来源提供保障、氢能成为难以脱碳行业实现碳中和的可选路径。

1. 氢能产业政策

（1）发布氢能国家顶层设计文件，各地政府陆续出台氢能发展规划。在"双碳"目标下，《氢能产业发展中长期规划（2021—2035年）》作为国家顶层设计已经出台，我国30个省区市（西藏、港澳台除外）均制定了明确的氢能发展规划。截至2022年底，各地方政府已出台18个省级氢能专项规划，对促进氢能产业的发展有一定的积极性；此外，超过1/3的中央企业已着手布局制氢、储氢、加氢、用氢等产业链。由此可见，氢能的发展形成高度共识，产业化节奏正在提速。

（2）开启燃料电池汽车"以奖代补"政策，五大示范城市群加速布局氢能产业。2020年发布的《关于开展燃料电池汽车示范应用的通知》正式开启燃料电池汽车"以奖代补"政策，在支持方式、积分考核、应用场景、技术创新等多个方面出台具体的支持政策和考核要求，更新了燃料电池汽车的各项技术要求，促进行业技术进步。2021年8月和12月共批准上海、北京、广东、河北、河南五大示范城市群。"以奖代补"政策以各示范城市群实际推广燃料电池汽车的实际绩效为原则，对各城市群进行综合评分，根据评分结果按规则进行奖励。

2. 产业发展格局

中国各级政府对支持氢能发展显示出极大的热情。从空间布局来看，我国已经形成长三角、珠三角、环渤海、川渝鄂4个氢能产业集聚区，启动了山东"氢进万家"科技示范工程，建立了以北京、上海、广东、河北、河南为代表的五大燃料电池汽车示范城市群，这些都将极大地促进氢能及氢燃料电池的推广，促进重点地区氢能产业链的完善。

3. 氢能消费总量

从消费端看，作为化工原料，合成氨、合成甲醇、石油炼化是氢气前三大用途，煤制天然气、煤制油、煤制乙二醇、煤制乙醇也消耗原料氢气；作为燃料，主要是炼焦过程产生的焦炉煤气，部分为焦炉自身加热提供热能。此外，作为反应气、还原气或保护气的高纯氢应用于电子工业、浮法玻璃、冶金工业等领域；液氢为航空航天工业提供燃料，高压氢为氢燃料电池汽车提供燃料。由此可见，在氢能供应方面，中国是世界第一大制氢国，2021年，氢气作为化工原料和燃料在传统行业的应用规模达到3790万吨，如表2-6所示。

表2-6　氢气作为化工原料和燃料在传统行业的应用规模

项目	2021年产量/加工量	理论耗氢量	氢气消耗量 /万吨
合成氨	5 909万吨	0.176千克H_2/千克产品	1 043
合成甲醇	7 816万吨	0.125千克H_2/千克产品	977
石油炼化	7.036亿吨	0.014 6千克H_2/千克产品	1 027
煤制油	823万吨	0.125千克H_2/千克产品	103
煤制天然气	44.53亿米^3	—	119
煤制乙二醇	323万吨	0.129千克H_2/千克产品	42
炼焦	46 446万吨	420米^3/吨焦炉煤气按50%的回炉率，氢含量为55%	479
合计			3 790

4. 加氢站及氢燃料电池汽车

截至2022年底，我国在运加氢站为295座，约占全球数量的40%，加氢站数量位居世界第一；氢燃料电池汽车保有量为12 714辆（图2-73），成为全球最大的燃料电池商用车市场，带动了制氢、储氢、运氢、加氢等氢能基础设施的发展，逐步建立起了较完整的产业链，具备了规模化发展的基础，氢能产业将进入可持续健康发展通道。

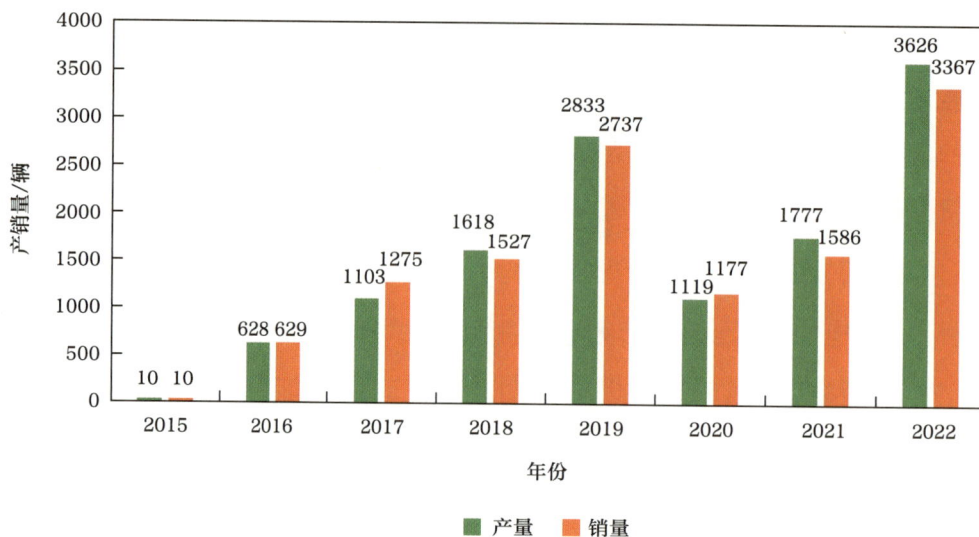

图 2-73   中国燃料电池汽车产销量

（二）氢能应用场景分析

氢能行业发展的底层逻辑就是氢能将成为难以脱碳行业实现碳中和的重要解决方案之一。由于氢气既是一种燃料，也是一种原料，氢能应用场景十分广泛，按照终端能源消费形式，工业、建筑、交通和电力领域都有氢能的应用场景（图2-74）。目前来看，交通领域是氢能和燃料电池下游应用市场发展的突破口，随着碳中和的深入实施，氢能产业正快速向工业、建筑和电力领域拓展。

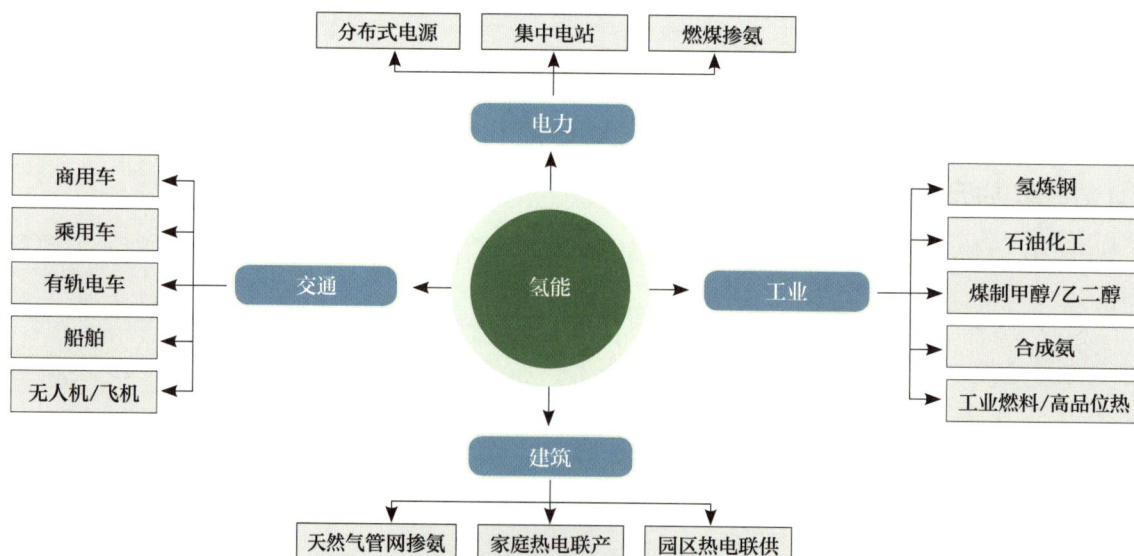

图 2-74   氢能在终端能源消费中的主要应用方向

1. 氢能是交通领域多元发展的动力源

氢能应用到交通领域的核心设备是氢燃料电池，氢燃料电池将氢气的化学能转化成电能。受益于各国政策的支持，氢燃料电池汽车技术上取得较大突破，以丰田、现代等为代表的氢燃料电池乘用车在全世界销售，氢燃料电池商用车在我国发展得更是如火如荼。

氢燃料电池汽车的主要竞争对手是燃油车和电动车。氢燃料电池乘用车普及所遇到的困难主要是氢基础设施有限导致使用率仍较低，而氢气售价相对较高；电动乘用车技术发展较快及充电桩部署已趋规模化，使得氢燃料电池乘用车的竞争力相对处于弱势。氢燃料电池汽车完全依靠自身力量来取得优势是十分困难的，需要借助不同的场景进行差异化布局。例如，以公交、重卡等商用车为切入口，率先示范，不断进行技术迭代，规模化成本降低后，再在整个交通领域（包括船舶和飞机等）进行商业化推广。

2. 氢能是工业领域零碳发展的原料仓

氢能可以促进传统化石能源的转型升级，使其由燃料向原料转变。

（1）绿氢耦合煤化工。煤化工产业用一氧化碳变换反应制取氢气，来调整化工合成需要的氢碳比，故而产生大量的二氧化碳。绿氢与煤化工实现耦合最大的优势在于：在电解水制氢的同时，还能产生氧气，省去合成气变换装置，也可以省去空气分离装置，这两个装置正是煤化工企业高耗能高排放的最主要的单元。

（2）绿氢耦合石油炼化。石油炼制过程是一个加氢精制过程，通常炼厂副产氢可以满足原油精制过程大部分氢气需求，但还需要额外氢源来满足整个炼厂油品和化学品的加氢需求。目前国内炼厂氢气主要采用煤制氢和天然气制氢来满足氢气需求缺口，但煤制氢或天然气制氢是高碳排放环节。同时由于电动车的替代，汽油、柴油的发展空间受限，使得传统炼厂朝着"减油增化"的方向转型，化工品的比例越来越高，氢气需求更大。

（3）氢炼钢。我国钢铁行业是工业领域排放第一大户，需求减少、能效提升、废钢再利用，以及CCUS、氢气直接还原炼钢等低碳技术的不断进步是中国钢铁行业碳中和的重要抓手。氢能应用于钢铁冶金的研发热点主要有富氢还原高炉炼铁和氢气气基竖炉直接还原，随着可再生能源制氢技术发展和成本下降，氢冶金将具备经济性潜力。

3. 氢能是电力领域新能源高比例发展的调制解调器

氢能作为能源媒介，可实现大规模储能，促进新能源在电源结构中更高比例的发展；在未来燃煤火电机组作为备用容量难以满足电网调峰需求时，响应速度快、功率负荷调节范围宽的燃氢电厂将成为优质电源点，增强电力系统灵活性。

（1）氢储能-燃氢电站。氢储能-燃氢电站利用可再生能源制取绿氢，电力转化为氢气储存，再用于燃料电池发电或氢燃气轮机发电，以满足电力调节需求。与其他形式的储能相比，氢储能能够满足大规模、长周期的储能需求；在未来的新型电力系统中，储氢技术是其他储能形式的有益补充。

（2）燃煤掺氨电站。氨作为零碳燃料和氢能载体，有望在构筑脱碳社会中发挥重要作用。氨直接作为燃料，燃烧设备的改造不需要大量成本，燃烧过程不排放二氧化碳，且运输和储存相对容易，将减少氢能引入的技术和经济障碍。结合我国大量燃煤电厂资产实际情况，燃煤掺氨发电这一最为重要的氨直接燃烧利用方式将成为燃煤电厂脱碳的可选路径之一。

4. 氢燃料电池热电联供是建筑领域的有效模式

燃料电池热电联供是指利用燃料电池发电技术实现向用户供给电能和热能的一种能源供给技术，其能源综合利用效率可达80%以上。目前全球范围应用在热电联供领域的技术以质子交换膜燃料电池（proton exchange membrane fuel cell，PEMFC）、固体氧化物燃料电池（solid oxide fuel cell，SOFC）为主，其中，日本、美国、韩国和欧洲在燃料电池热电联供领域的技术和应用方面处于世界领先地位。我国燃料电池技术（尤其是SOFC技术）与国外差距相对较大；在国家政策支持和相关企业的积极推动下，燃料电池热电联供已实现了小规模示范应用。

（三）氢能行业近中期发展趋势

1. 氢能应用于交通领域热度持续

（1）加氢站数量不断上升，以油氢合建等综合服务站为主。通过梳理省级"十四五"规划对于氢能产业的指导意见，具体提出到2025年加氢站建设目标的省区市为18个，加氢站数量合计达到951座（图2-75）。综合一些重点省区市并未提出具体目标的情况，预测到2025年基本能够实现1000座加氢站的整体目标。

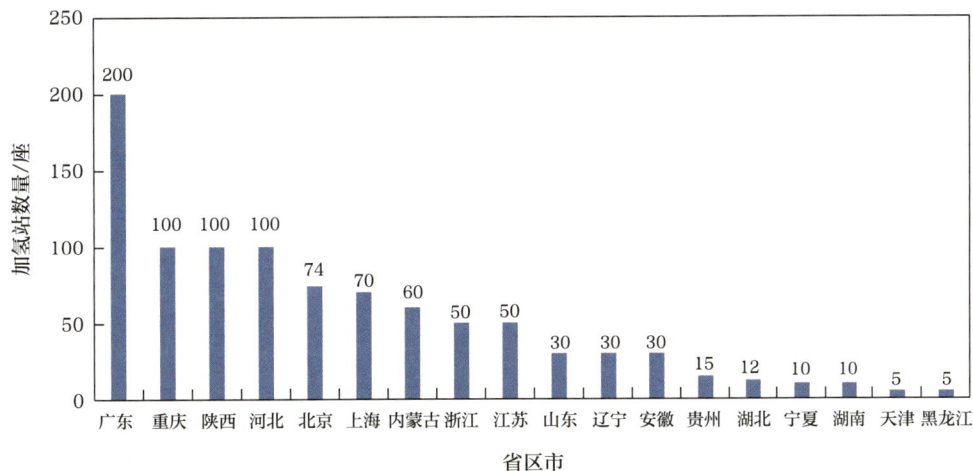

图 2-75　部分省区市到 2025 年累计建设加氢站的发展目标

（2）氢燃料电池汽车由导入期进入成长期，聚焦在客车及货车领域，乘用车较少。燃料电池技术的发展进步将使氢能可以广泛应用于道路交通、船舶、铁路、航空等各种交通领域。目前国内氢燃料电池汽车仍以示范城市群项目为主，处于导入期。展望"十四五"时期，国内氢燃料电池汽车有望进入量产阶段，结合各地方政府的氢能规划，提出具体推广应用氢燃料电池汽车目标的有15个省区市，合计达到7.38万辆（图2-76）。综合研判，基本能够实现《氢能产业发展中长期规划（2021—2035年）》提出的2025年全国燃料电池汽车总保有量为5万辆的目标，预计这些车辆每年消耗氢气量在20万吨的量级。2025年之后有望开启商业化应用阶段，氢燃料电池汽车进入成长期，在2030年有望达到20万辆的规模。

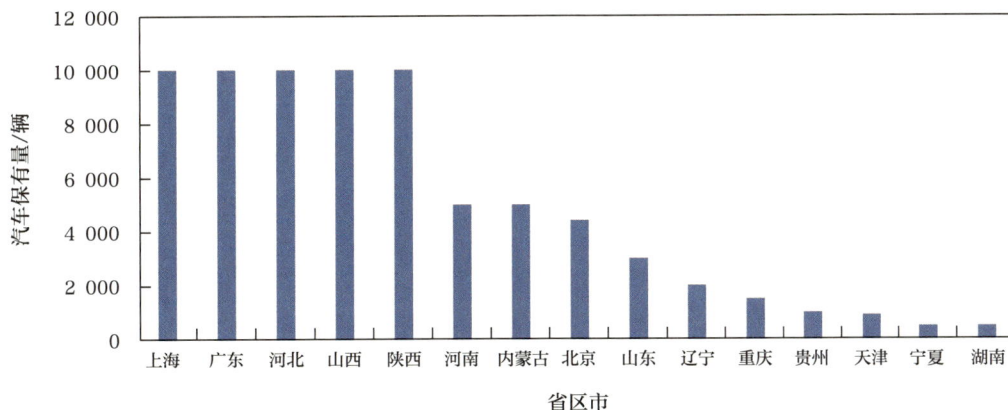

图 2-76　部分省区市到 2025 年氢燃料电池汽车保有量的发展目标

2. 绿氢将逐步助力重点工业行业碳减排

合成氨是绿氢下游应用的重点方向。在碳减排和新能源消纳双重压力下，结合氨运输的便捷性和应用的广泛性，绿氢合成氨（绿氨）将给煤制合成氨（灰氨）带来挑战，不仅助力合成氨工业碳减排，而且以绿氨作为载氢体，将拓展氨作为化工原料的传统下游市场，带来新的增量。故"十四五"时期，合成氨是绿氢下游应用的重点突围行业，在风光资源丰富的内蒙古、河北、吉林等地区已经有多个绿氨项目在规划实施。

绿氢耦合煤化工和炼化试点示范为主。"绿电—绿氢—煤化工"和"绿电—绿氢—炼化"一体化，绿电替代化石能源发电、中低位热能供热，绿氢替代化石能源制氢、作为燃料用于高位热能供热，都将助力于石化行业全面实现低碳化发展和绿色转型升级。但新能源制氢成本高，且煤化工和炼化项目耗氢量极大，绿氢项目难以与之完全匹配。故"十四五"时期，绿电、绿氢在石化领域的应用将是以相对小规模项目的试点示范为主，重点任务是打通以绿电、绿氢为主的工艺流程。

氢能炼钢技术有待持续突破。炼钢是基于铁矿石还原得到生铁，氢气和一氧化碳都具有还原性，但氢气不产生二氧化碳，在碳中和目标下，氢能炼钢应运而生；但不同于一氧化碳还原放热，氢还原铁是吸热反应，所以无论反应原理还是工艺流程，都需要再造，技术有待持续突破。目前在全球范围内，该技术都处于中试等研究状态。故"十四五"时期，基于自产焦炉煤气的"蓝氢"，氢能炼钢将处于技术突破和示范阶段。

3. 氢能供给中绿氢成本有望实现平价

随着新能源发电成本的逐步下降，电解水制氢技术和商业模式的逐步成熟，考虑化石能源CCUS的成本，预计2030年前后，新能源电解水制氢成本或开始与化石能源制氢相匹敌，绿氢成本有望实现平价。再综合上述应用场景需求，氢能的增量将主要由新能源制绿氢提供，且规模不断增大，产量显著增长。氢能产业由导入期进入成长期，到2035年，我国将构建起涵盖交通、工业、电力等领域的多元氢能应用生态。

4. 氢能产业近中期发展规模预测

本书在研究氢能产业发展的过程中，从整体系统的视角考虑以下两个方面：一是通过运用能源系统量化模型，从碳中和视角，推演出氢能产业中长期的发展趋势及在整个能源系统中的地位；二是通过电力电量平衡分析，论证氢能产业在中远期大规模发展的可行性。在预测过程中，为了测算氢能在应用端的数量关系，本书依据当前行业整体情况及发展趋势，对氢能在不同应用领域的用氢量进行了对标分析。随着新能源电力成本下降和氢能技术体系成熟，绿氢消费领域和规模在交通领域不断扩大；逐步推进化工和冶金等传统工业领域通过绿氢替代实现低碳转型。

　　预测结果显示，到2025年绿氢消费量将超过40万吨，在终端能源消费中占比尚不足0.1%；到2030年绿氢消费量将超过300万吨，在终端能源消费中占比将达到0.3%左右；到2035年绿氢消费量将达到1150万吨左右，在终端能源消费中占比将超过1%（图2-77）。绿氢终端消费的产业分布方面，2035年前，燃料加工与化工、交通运输仓储邮政两大行业合计占据绿氢消费量的2/3左右，是绿氢消费的主要增长极。

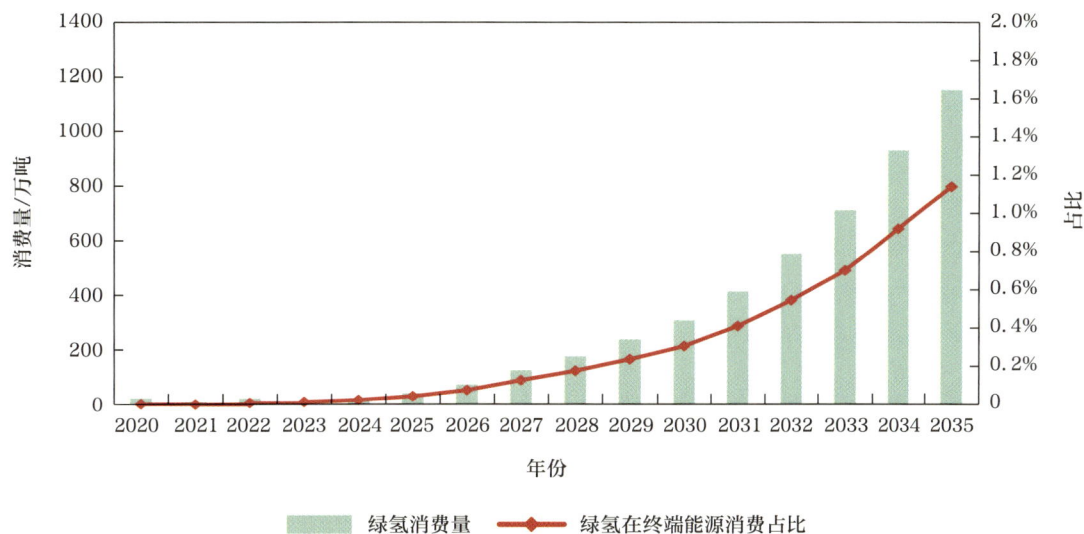

图 2-77　氢能在终端能源消费占比预测

第三篇

2050年与2060年中国能源发展展望

2035年后，我国能源领域在实现碳排放达峰后稳中有降的基础上，全面进入碳中和阶段，其间全面建成新型能源体系，全面建设能源强国等目标逐步实现，能源技术取得重大突破，能源发展多元化路径将得到验证，能源发展形态加速重塑，能源生产和供应方式取得根本性变革。本篇在2035年前能源发展预测（基准情景）基础上，将延续开展2060年能源发展基准情景展望，并围绕长时低成本储能技术、安全低成本CCUS技术分别取得重大突破并大规模广泛应用，开展了能源系统高配比储能、高配比CCUS两种拓展情景展望，以期为我国能源系统中长期不同路径选择提供参考。最后，分析了未来十大能源技术及其潜在影响，任何一项颠覆性技术的重大突破和大规模应用，都将对能源系统带来极大的推动作用，进而重塑未来能源。

十一、基准情景下我国能源中长期发展展望

（一）我国能源消费中长期展望

1. 终端能源消费

2035年以后，我国终端能源消费持续降低，预计2060年将降至30亿吨标准煤左右。2035年以后，我国进入第二个百年奋斗目标的第二阶段，社会主义现代化国家基本建成，经济社会发展全面绿色转型取得显著成效，产业结构更为优化，清洁低碳安全高效的能源体系初步建立，全社会能源效率进一步提高。我国终端能源需求总量在达峰后，整体将呈现逐步下降的趋势，单位GDP能耗不断下降。其中，燃料加工和化工、交通运输仓储邮政、居民生活等三个行业终端能源消费呈现持续上升到各自的峰值点、随后逐步下降的趋势；钢铁、建材、有色金属等高耗能行业用能总体呈现稳步降低趋势。预计我国终端能源消费总量在2040年将降至40亿吨标准煤左右，2045年、2050年、2060年终端能源消费总量进一步分别降至39亿吨标准煤、36亿吨标准煤、30亿吨标准煤左右，如图3-1所示。

终端能源消费结构加速向电气化、低碳化和清洁化方向发展。预计终端能源电氢化率（电力和氢能在终端能源消费总量中的占比）在2040年、2045年、2050年、2060年将分别达到46%、51%、56%、68%，总体呈现出每年平均增长1个百分点的态势，其中绿氢占比分别为2.4%、3.8%、6%、11%，如图3-2所示。

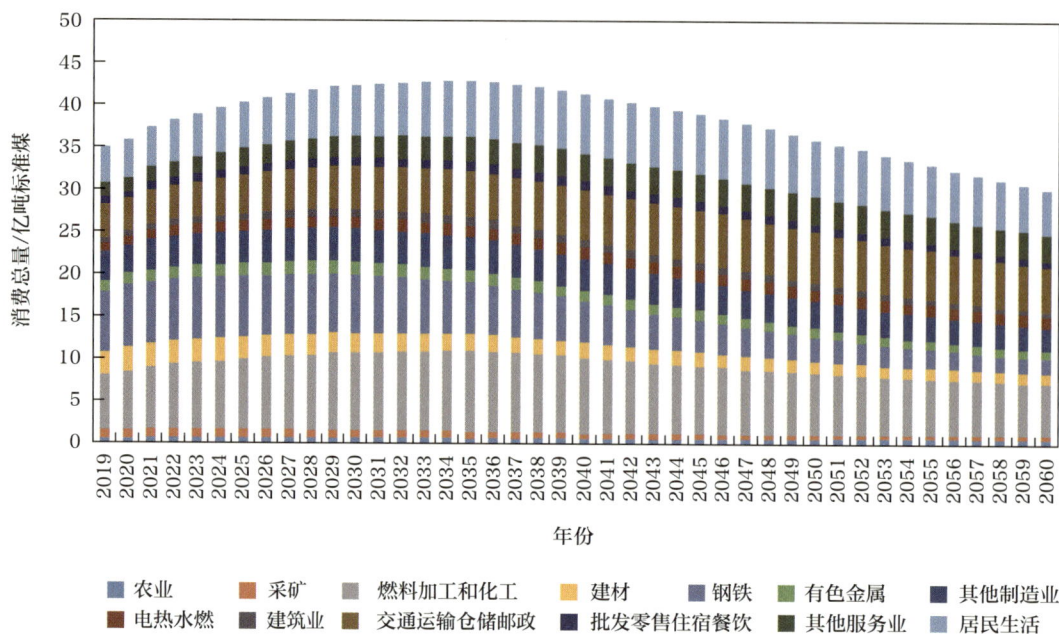

图 3-1　基准情景下终端能源消费总量及行业分布情况

图例：农业　采矿　燃料加工和化工　建材　钢铁　有色金属　其他制造业　电热水燃　建筑业　交通运输仓储邮政　批发零售住宿餐饮　其他服务业　居民生活

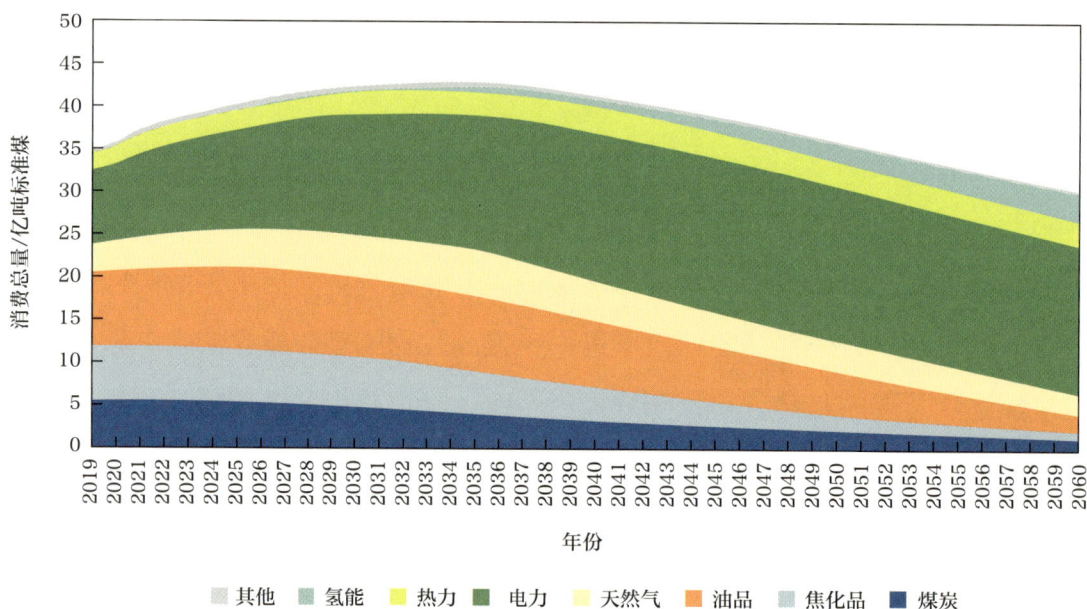

图例：其他　氢能　热力　电力　天然气　油品　焦化品　煤炭

图 3-2　基准情景下终端能源消费总量及品种结构

2. 一次能源消费总量及结构

如前所述，考虑到2035年以后非化石电源发电量将占到总发电量的一半以上，一次能源消费总量表征主要采用电热当量法展示，涉及当前设定的规划目标等也采用发电煤耗法进行了描述。

1）一次能源消费总量

如图3-3所示，按照电热当量法计算，2035年以后我国能源消费总量持续下降，2060年约为32亿吨标准煤。预计我国一次能源消费总量在2035年前后达峰（55亿吨标准煤左右），随后进入逐步下降阶段，到2040年、2045年、2050年、2060年将分别降至53亿吨标准煤、49亿吨标准煤、43亿吨标准煤、32亿吨标准煤左右。一次能源消费总量经历达峰后开始持续下降，2045—2050年降至2020年规模水平，2060年一次能源消费总量进一步降至峰值水平的60%以下。

如图3-3所示，按照发电煤耗法折算，我国一次能源消费总量在2040年前达峰，随后呈现持续下降但降幅有限态势。由于未来我国非化石能源发电规模和占比将持续大幅提高，相比电热当量法，一次能源消费总量将显著提高，达峰年份显著推迟，预计一次能源消费到2040年前后达峰，峰值为65亿～66亿吨标准煤。随后，虽然全社会终端消费能量持续下降，但由于终端电气化率大幅提高及电力绝大部分来自非化石能源，一次能源消费总量至2050年略降至62亿～63亿吨标准煤；到2060年仍需57亿～58亿吨标准煤，降至峰值水平的88%左右，高于2022年54.1亿吨标准煤规模。但由于届时燃煤发电量占比已经较大幅降低（2040年约为38%，2050年约为22%，2060年约为4%），使用发电煤耗法进行折算已经失去了代表意义。

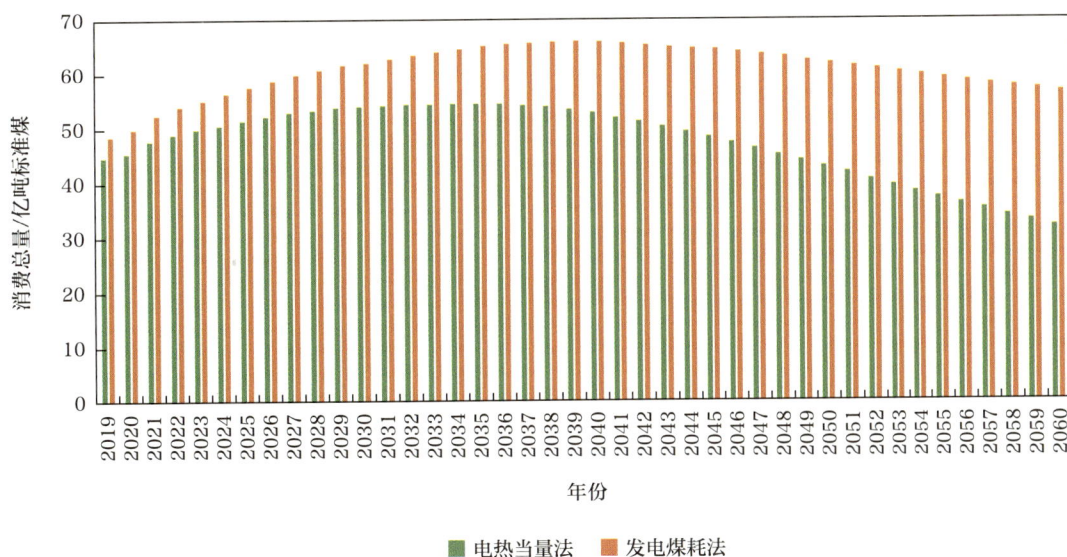

图 3-3　基准情景下我国一次能源消费总量

125

2）一次能源消费结构

2035年以后非化石能源对化石能源替代呈现逐步加速态势，2060年非化石能源消费占比将达到80%。对照党中央"双碳"文件中关于非化石能源消费占比到2060年达到80%的远期目标，按照发电煤耗法计算，预计到2040年，煤炭、石油、天然气、一次电力及其他能源在我国能源消费中的占比分别为41.2%、12.3%、10.6%、35.9%；到2045年，煤炭、石油、天然气、一次电力及其他能源在我国能源消费中的占比分别为34.5%、10.4%、10.0%、45.1%；到2050年，煤炭、石油、天然气、一次电力及其他能源在我国能源消费中的占比分别为26.9%、8.3%、9.2%、55.6%；到2060年，煤炭、石油、天然气、一次电力及其他能源在我国能源消费中的占比分别为10%、3.5%、6.5%、80%。其中，2030—2040年，非化石能源消费占比提高了近12个百分点；2040—2050年，非化石能源消费占比提高了近20个百分点；而2050年以后，进入了碳中和攻坚10年，预计到2060年，非化石能源消费占比将进一步提高25个百分点，非化石能源实现对传统化石能源的全面替代，如图3-4（a）所示。

2060年我国能源消费总量（按电热当量法计算）的64%左右由非化石能源提供。按照电热当量法计算，预计到2040年，煤炭、石油、天然气、一次电力及其他能源在我国能源消费中的占比分别为51.3%、15.3%、13.2%、20.2%；到2045年，煤炭、石油、天然气、一次电力及其他能源在我国能源消费中的占比分别为45.9%、13.8%、13.2%、27.1%；到2050年，煤炭、石油、天然气、一次电力及其他能源在我国能源消费中的占比分别为38.7%、12.0%、13.2%、36.1%；到2060年，煤炭、石油、天然气、一次电力及其他能源在我国能源消费中的占比分别为17.7%、6.5%、11.9%、63.9%，如图3-4（b）所示。

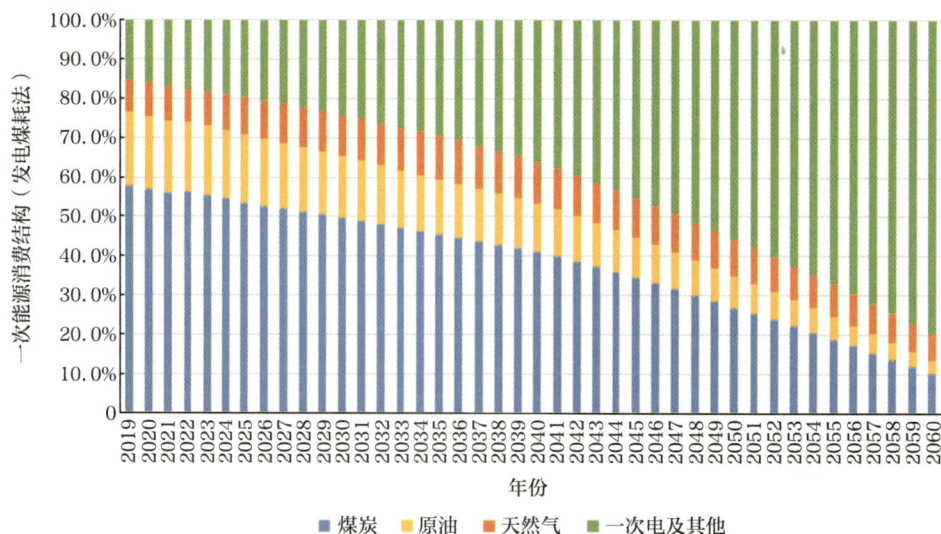

（a）发电煤耗法

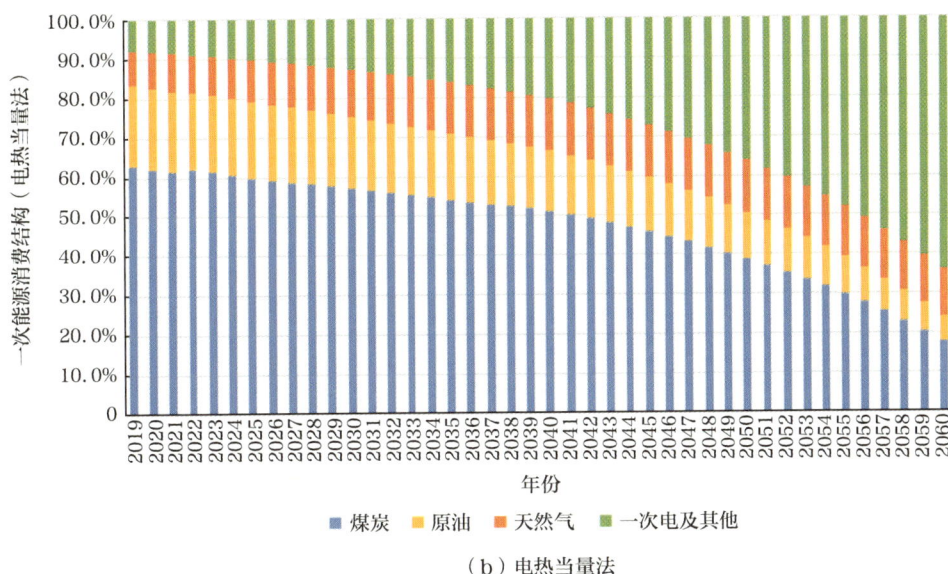

（b）电热当量法

图 3-4 基准情景下我国一次能源消费量及结构

3. 分品种一次能源消费

2035年以后煤炭消费呈现持续快速下降态势，随着我国非化石能源规模化发展，煤炭消费量将快速下降，预计到2040年降至38.5亿吨商品煤左右（27亿吨标准煤左右），到2045年降至31亿吨商品煤左右（22亿吨标准煤左右），到2050年降至23亿吨商品煤左右（16.5亿吨标准煤左右），到2060年降至8亿~10亿吨商品煤（6亿吨标准煤左右）。其中，发电用煤、供热用煤至2040年总体需求较为平稳，稳定在20亿吨标准煤左右，其后受燃煤发电和燃煤供热需求下降的影响呈现加速下降态势，到2045年、2050年、2060年分别下降到16.6亿吨标准煤、12.5亿吨标准煤、3.5亿吨标准煤左右；炼焦制油制气等能源转化用煤随着焦炭、油品等产品需求下降，从2035年后总体呈现持续下降态势，到2040年、2045年、2050年、2060年分别下降到4.4亿吨标准煤、3.1亿吨标准煤、2.0亿吨标准煤、0.8亿吨标准煤左右；终端消费用煤随着终端能源的电氢化清洁替代，呈现稳步下降趋势，到2040年、2045年、2050年、2060年分别下降到3.3亿吨标准煤、2.7亿吨标准煤、2.3亿吨标准煤、1.3亿吨标准煤左右，如图3-5所示。

2035年以后，石油保持平均1800万吨/年消费递减，2060年石油消费需求降至1.5亿吨左右。2035年以后，随着交通领域清洁交通工具的规模化替代及非化石能源规模化发展，石油消费量快速下降，预计到2040年降至5.5亿吨左右，到2045年降至4.7亿吨左右，到2050年降至3.6亿吨左右，预计到2060年石油消费降至1.5亿吨左右，如图3-6（a）所示。

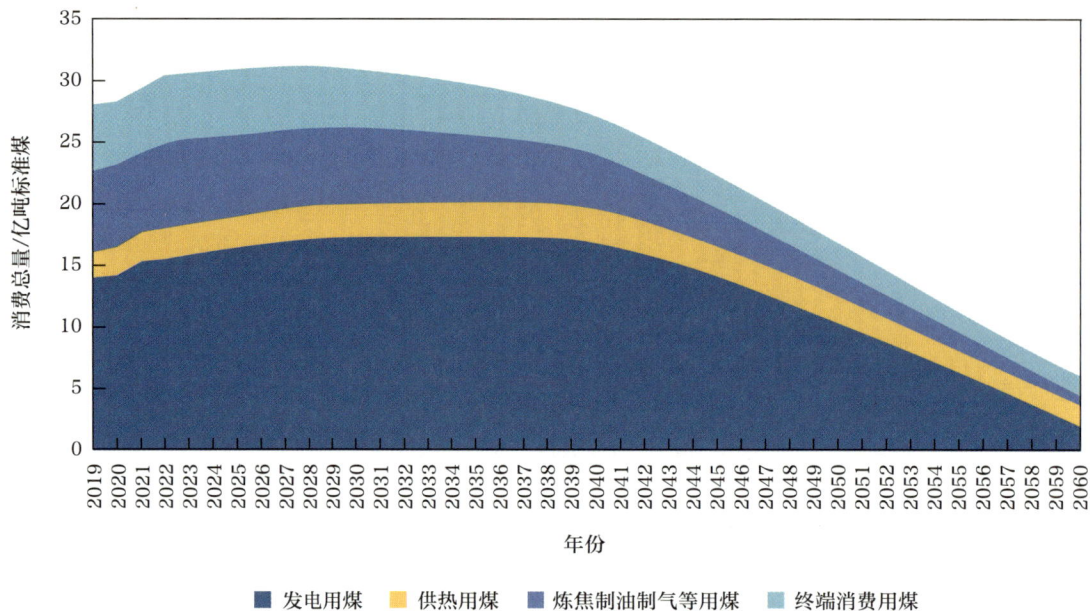

图 3-5 基准情景下我国煤炭消费总量及结构

2035年以后，天然气消费转增为降，除供热需求外的发电和其他终端用气规模逐步减少，2060年天然气消费需求降至3000亿立方米左右。2035年以后，随着非化石能源规模化发展，天然气将逐步退出过渡性支撑能源角色，作为燃料使用的气量将逐渐被电力或绿氢替代，总体消费量将逐步下降，预计到2040年降至5500亿立方米左右，到2050年降至4500亿立方米左右，到2060年降至3000亿立方米左右，如图3-6（b）所示。

非化石能源发电占比在2035年达到50%左右后呈现加速增长态势，2060年非化石能源占总发电量的95%左右。2035年以后，风、光、水、核、生物质等非化石能源的发展速度将进一步加快，并最终在能源系统中占据绝对主体地位。预计一次电力及其他能源（非化石能源）的发电量到2040年将达到8.5万亿千瓦·时左右（占总发电量的55%左右），到2045年将达到10.5万亿千瓦·时左右（占总发电量的64%左右），到2050年将达到12.6万亿千瓦·时左右（占总发电量的74%左右），到2060年将达到16.7万亿千瓦·时左右（占总发电量的95%左右）。

4. 碳中和目标

2035年以后，随着非化石能源对煤炭、石油、天然气等的加速替代，预计我国能源活动碳排放量将进入快速下降阶段。

（a）石油

（b）天然气

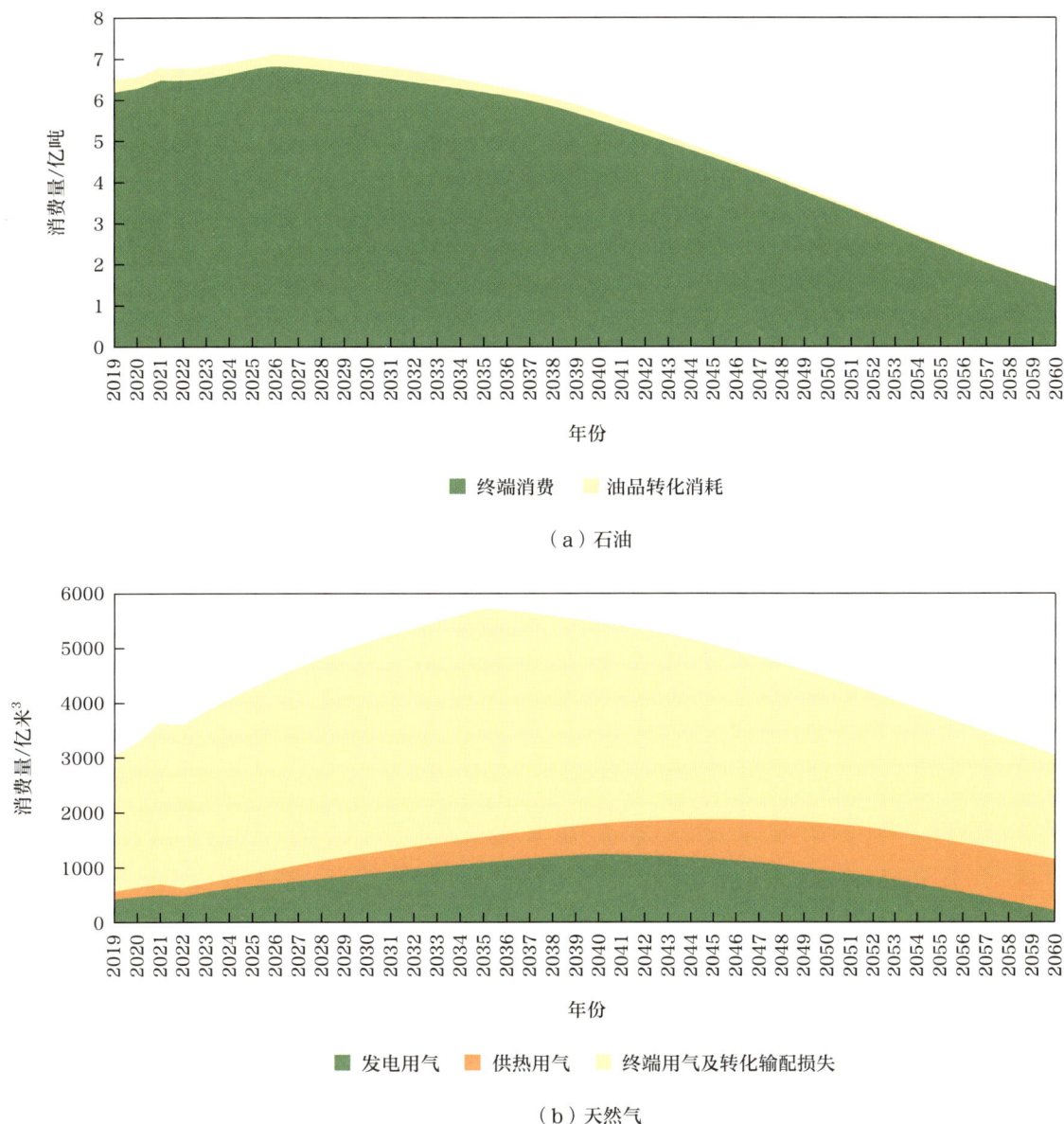

图 3-6　基准情景下石油和天然气的消费量及构成

　　不考虑负碳技术时，预计能源活动碳排放量在2029年前后达到110亿吨左右的峰值后，进入稳步减量期；能源活动碳排放量预计到2040年、2045年、2050年将分别降至约95亿吨、80亿吨、62亿吨；2050年以后，随着非化石能源的加速替代，能源活动碳排放量进一步降至2060年的约22亿吨，其中火电（含供热）行业排放占总排放的53%左右；随着钢铁行业、建材行业、燃料加工和化工业等低碳技术和低碳流程再造，其碳排放量大幅减少，三者占比仅18%左右；其他行业碳排放占比约为29%，主要集中在农林牧渔业、采矿业、其他制造业、居民生活等行业中取暖、供热、炊事等难以规模化替代的领域，如图3-7所示。

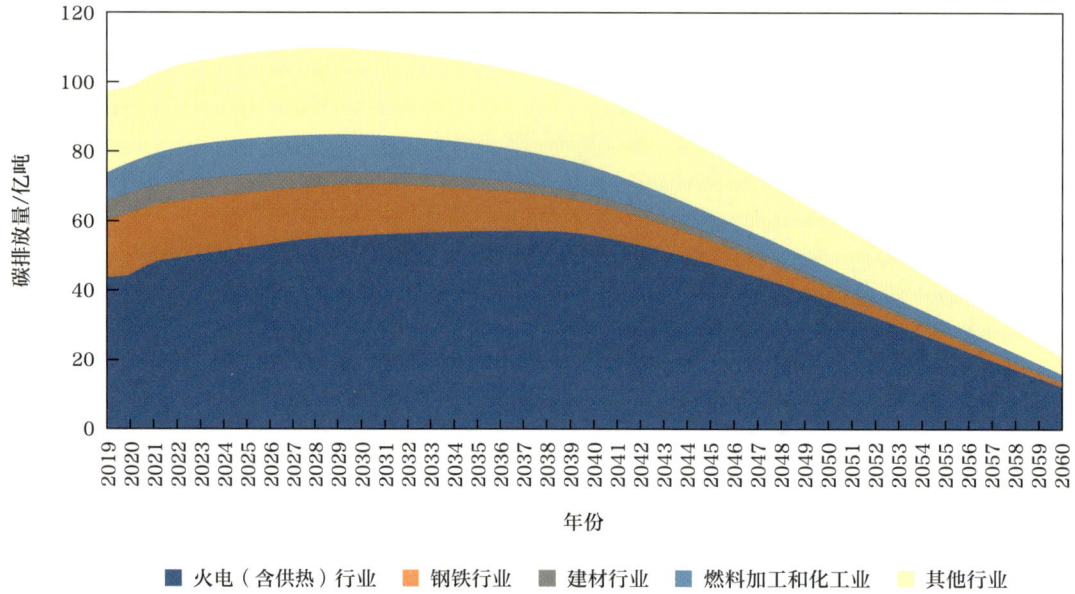

图 3-7　基准情景下各行业不考虑 CCUS 时的碳排放

　　若考虑CCUS的兜底脱碳保障在2035年以后进入规模化布局（重点聚焦煤电、石油化工、煤化工、冶金、工业燃煤等领域），如图3-8所示，预计到2040年、2045年、2050年、2060年CCUS分别可实现碳减排0.8亿吨、1.6亿吨、3.1亿吨、12.2亿吨左右。综合抵消后，到2060年能源活动的二氧化碳净排放量降至10亿吨左右（图3-8）。根据国内林业领域研究结果，预计2060年我国陆上林地每年的碳汇能力可达15亿～20亿吨，可顺利将能源活动二氧化碳的净排放进行中和，并为经济社会其他领域碳排放预留一定的中和空间。

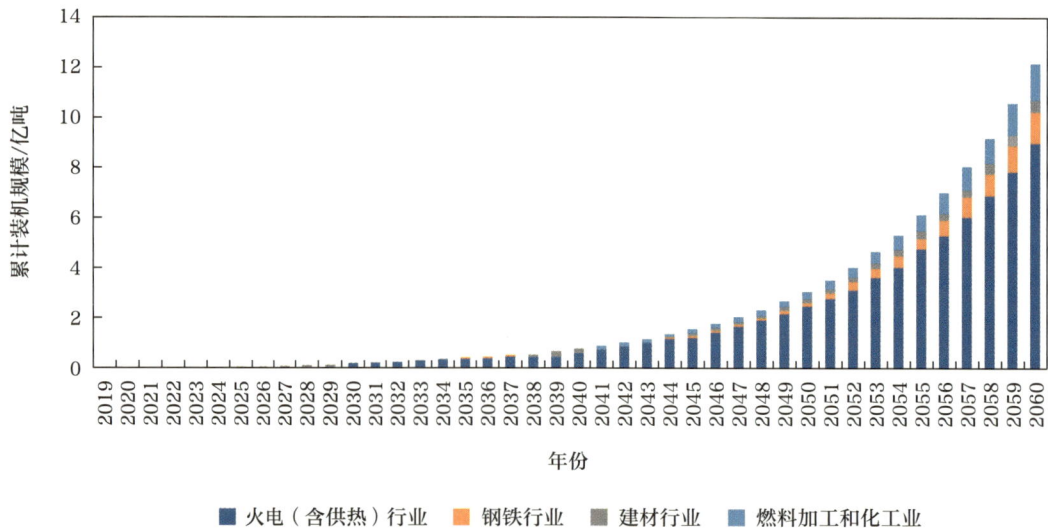

（a）累计装机规模

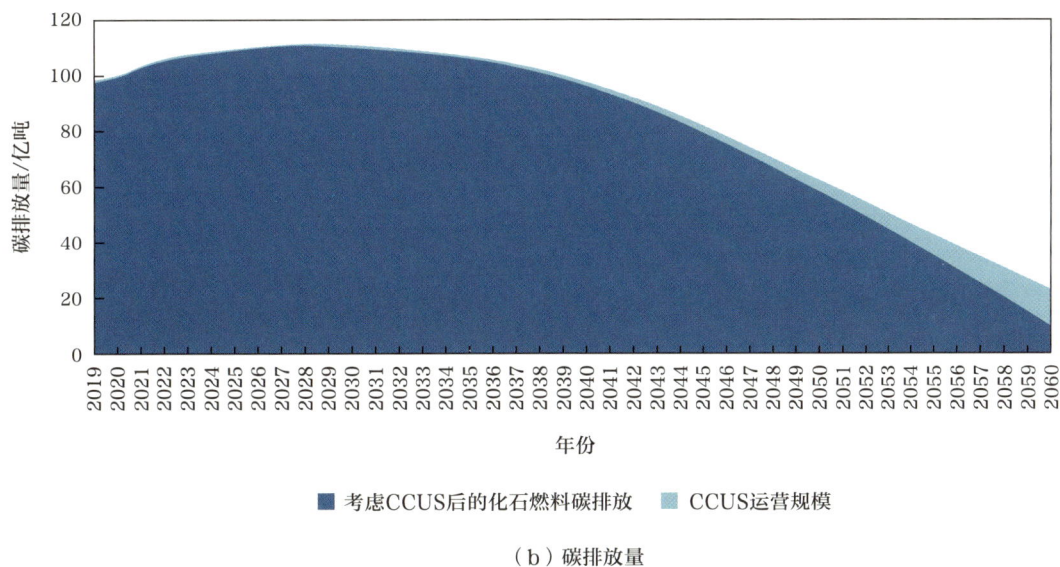

（b）碳排放量

图 3-8　基准情景下各行业 CCUS 的累计装机容量和考虑 CCUS 后的能源活动碳排放量

5. 电力电量需求

1）全社会用电量

2050年全社会用电进入峰值平台期17.1万亿～17.5万亿千瓦·时，2060年终端电氢化率达到68%左右。2035年以后，能源消费总量（按电热当量法计算）虽然逐步降低，但在碳中和目标引导下，终端用能清洁化水平逐步提高，终端用能电氢化率不断提高，预计2040年终端用能电氢化率将达到46%左右，到2045年将达到51%左右，到2050年将达到56%左右，到2060年将达到68%左右。相应地，全社会用电需求在经济社会发展自然牵引和终端能源电氢替代的双重驱动下，将保持长期增长趋势。预计我国全社会用电量到2040年将达到15.5万亿千瓦·时左右，到2045年将达到16.6万亿千瓦·时左右，到2050年将达到17.1万亿千瓦·时左右；到2060年将达到17.5万亿千瓦·时左右，人均用电量1.3万千瓦·时左右，与美国当前人均用电水平相当（美国当前的终端用能电气化率不足30%），如图3-9（a）所示。

2）全社会最大用电负荷

全社会用电负荷波动性进一步加大，最大用电负荷增速总体略高于用电量增速，电力电量平衡面临更大的挑战。2035年以后，随着我国基本实现社会主义现代化，经济结构调整将进一步深化，第三产业和居民生活用电量占比继续提高，如图3-9（b）所示，相对应的，全社会用电负荷的波动性也将不断升高，负荷尖峰效应更加明显。总体判断，2060年以前，我国全社会最大用电负荷的增速仍将保持略高于全社会用电量增速的趋势。预计我国全社会最大用电负荷到2040年将达到23亿千瓦左右，到2045年将接近26亿千瓦，到2050

年将超过27亿千瓦，到2060年将达到28.5亿千瓦左右。2020—2035年，全社会最大用电负荷新增达到10亿千瓦，累计增长约95%，高于同期电量76%的累计增长；2035—2050年，全社会最大用电负荷新增约6.5亿千瓦，累计增长32%，高于同期电量25%的累计增长。

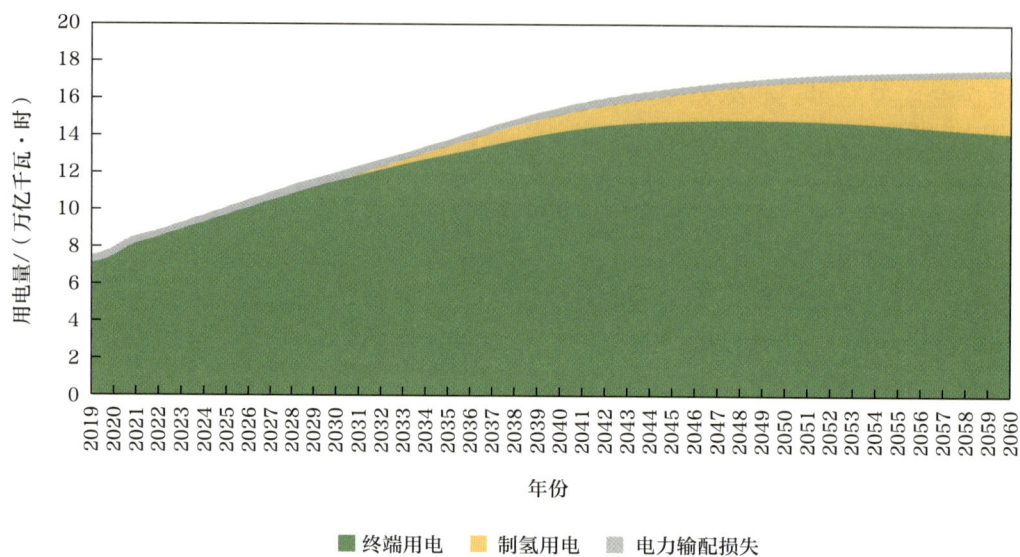

（a）用途

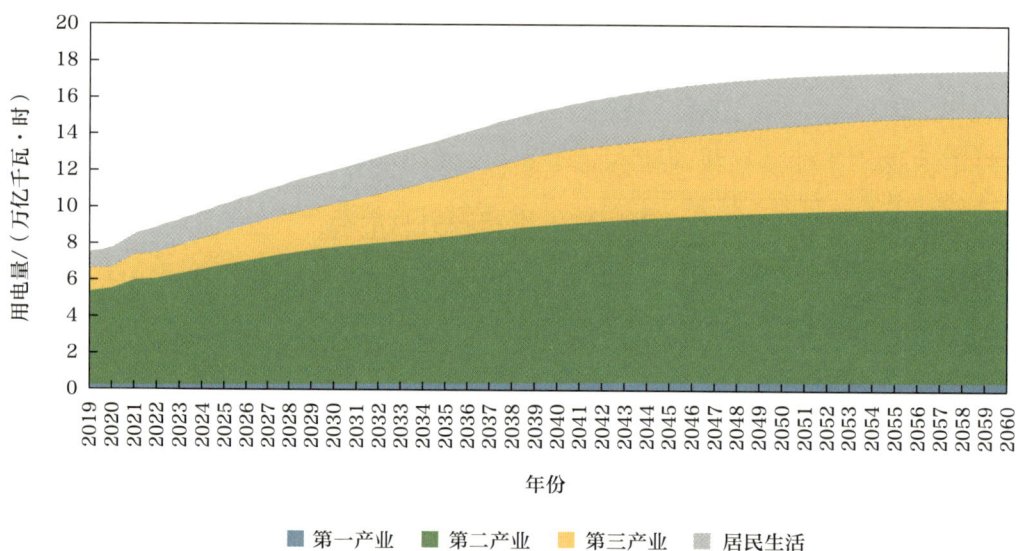

（b）产业

图 3-9 基准情景下全社会用电量、用途构成及产业构成

（二）我国能源供给中长期展望

1. 能源总体供给

与一次能源消费总量相一致，考虑到2035年以后非化石电源发电量将占到总发电量

一半以上，一次能源供给总量及结构等指标表征主要采用电热当量法展示，涉及当前设定的规划目标等也采用发电煤耗法进行了描述。

在供给总量方面，受能源消费总量（按电热当量法计算）达峰后下降态势的牵引，2035年后我国一次能源供给总量（按电热当量法计算）也将逐渐下降，预计到2040年降至52亿吨标准煤左右，到2045年降至49亿吨标准煤左右，到2050年降至43亿吨标准煤左右，到2060年降至32亿吨标准煤左右，如图3-10所示。

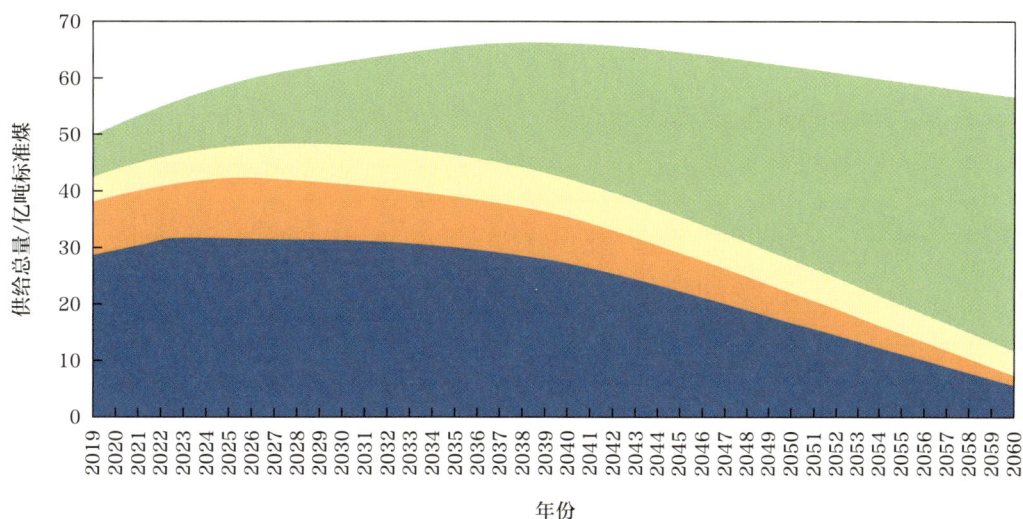

（a）发电煤耗法

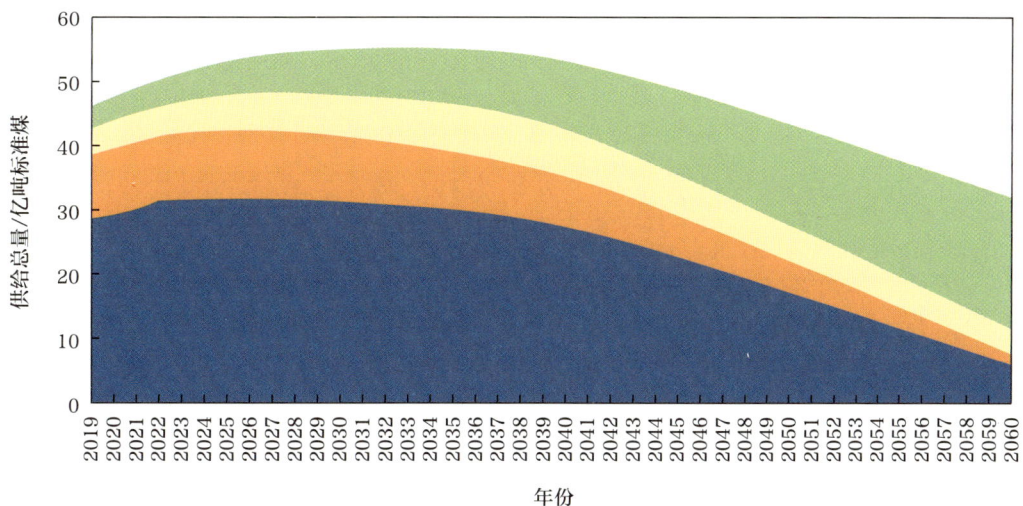

（b）电热当量法

■ 煤炭　■ 石油　■ 天然气　■ 一次电力及其他

图 3-10　基准情景下一次能源供给总量及结构变化情况

在供给结构方面，随着化石能源消费达峰后的减量替代，预计2035年后煤炭、石油、天然气对一次能源供给的贡献率将逐渐下降，一次电力及其他能源（非化石能源）的贡献率将持续上升，到2040年煤炭、石油、天然气、一次电力及其他能源对我国能源供给的贡献分别为50.9%、15.3%、13.4%、20.4%；到2045年分别为45.6%、14.0%、13.3%、27.1%；到2050年分别为38.9%、12.1%、13.2%、35.8%；到2060年分别为17.9%、6.6%、11.8%、63.7%。需要特别说明的是，若按发电煤耗法计算，到2060年煤炭、石油、天然气、一次电力及其他能源对我国能源供给的贡献分别为10%、3.5%、6.5%、80%。

在供给来源地方面，2035年以后，我国一次能源的安全保障能力将不断提高，能源总体自给率（按电热当量法计算）将呈现不断升高的态势，预计到2040年升高至81%左右（2025年为78%左右），其中煤炭、石油、天然气、一次电力及其他能源的自给率分别为95.0%、34.4%、54.3%、100.0%；到2045年升高至84%左右，其中煤炭、石油、天然气、一次电力及其他能源的自给率分别为95.4%、40.9%、58.6%、100.0%；到2050年升高至88%左右，其中煤炭、石油、天然气、一次电力及其他能源的自给率分别为95.8%、50.6%、65.2%、100.0%；到2060年超过96%，其中煤炭、石油、天然气、一次电力及其他能源的自给率分别为96.4%、80.5%、84.7%、100.0%，如图3-11所示。

2. 煤炭供给

煤炭供应呈逐步下降态势，预计到2060年国内产量降至8亿～9亿吨，净进口量为3000万～4000万吨。2035年以后，我国煤炭需求仍将主要由国内生产来供给，净进口煤会保持一定比例并呈现平稳略降的趋势。预计2040年煤炭的国内生产量（按原煤计，下同）和净进口量（按商品煤计，下同）分别为39亿吨和2.4亿吨左右，净进口煤比例为

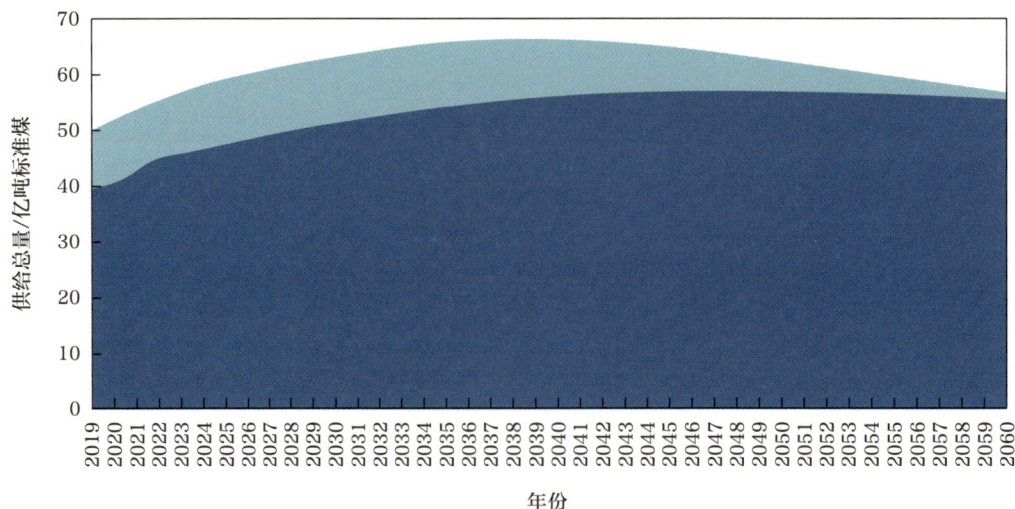

（a）发电煤耗法

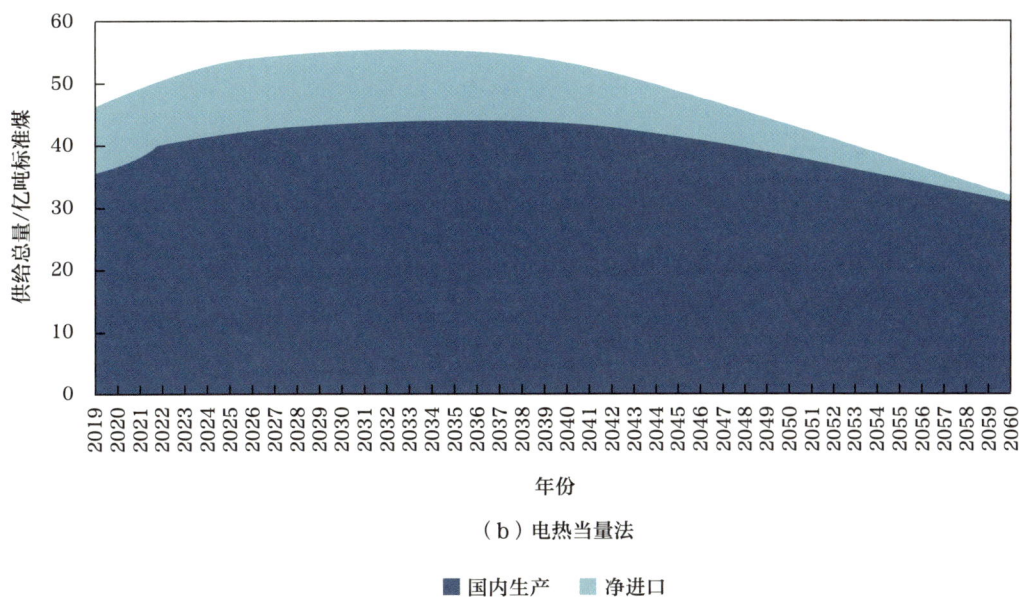

（b）电热当量法

■ 国内生产　　■ 净进口

图 3-11　基准情景下一次能源供给总量及来源地变化情况

5%左右[①]；到2045年煤炭的国内生产量和净进口量分别为32亿吨和1.8亿吨左右，净进口煤比例为5%左右；到2050年国内生产量和净进口量分别为24亿吨和1.3亿吨左右，净进口煤比例为4.6%左右；到2060年煤炭的国内生产量和净进口量分别为8亿~9亿吨和0.3亿~0.4亿吨，进口煤比例下降到4%左右，如图3-12所示。

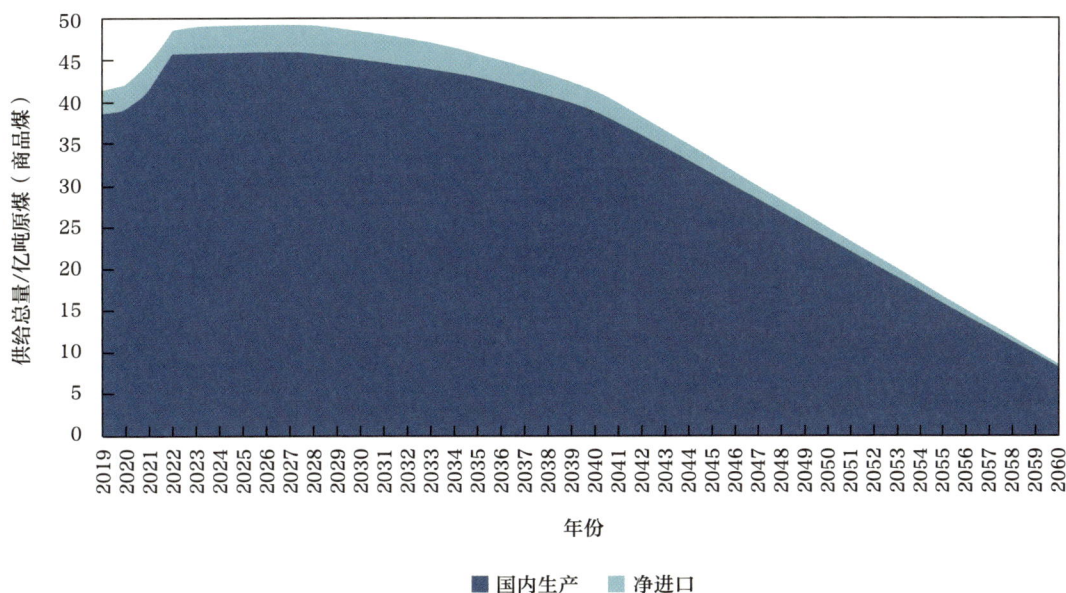

■ 国内生产　　■ 净进口

图 3-12　基准情景下我国煤炭供给总量及结构预测

①　由于进口煤的热值较低，在计算比例时折算为标准煤，所以进口煤的占比数值看起来低一些

2035年以前需新开工建设煤矿产能9亿吨，确保2030—2050年煤炭需求缺口，但在2050年以后煤炭产能将出现产能过剩情况。按照全国现有煤炭产能剩余服务年限，煤炭产量在2030年以后将出现快速衰减，通过梳理分析摸清我国煤炭产能家底（覆盖了全国4298处生产在建矿、468处规划矿），分析认为2030年以后衰减较快，将出现较大缺口，难以满足我国在2040年以前煤炭峰值平台期的煤炭需求。综合研判认为，在2035年以前我国需要提前在晋陕蒙新等重点区域新开工建设9亿吨/年的煤炭产能，保持"十四五"时期3.5亿吨、"十五五"时期3亿吨、"十六五"时期2.5亿吨的开工节奏，以满足煤炭保供需求，并配合适当煤炭进口共同保证2030—2050年煤炭的充足供给；预计到2050年以后由于煤炭消费快速下降将出现阶段性的煤炭产能过剩，煤炭产业可通过产业转移、企业转型、煤炭清洁转化利用、生态经济等手段转型发展。

3. 油气供给

我国石油产量将在相当长的时期保持在1.9亿~2.0亿吨水平，预计2060年以后显著下降，其间对外依存度呈总体下降态势。2035年后，我国国内的石油供给仍将保持平稳略降的趋势，对外依存度随着石油消费量的减少而不断下降，预计到2040年、2045年、2050年、2060年，石油产量分别为2.0亿吨、2.0亿吨、1.9亿吨、1.2亿吨，对外依存度分别为65.5%、57.8%、47.8%、17%，如图3-13（a）所示。

我国天然气产量持续上升，在2035年以后进入3000亿立方米左右产量平台期，天然气自主保障能力持续提升。预计到2035年以后，我国国内的天然气供给总体将保持平稳趋势，对外依存度随着天然气消费量的减少而不断下降，预计到2040年、2045年、2050年、2060年，天然气产量分别为3000亿立方米、3000亿立方米、2900亿立方米、2500亿立方米左右，对外依存度分别为45.7%、41.4%、34.8%、15.3%，如图3-13（b）所示。

4. 电力电量供给

全社会发电量持续提升至2050—2060年的17.1万亿~17.5万亿千瓦·时水平，非化石能源发电在2060年成为绝对主体，占比将达到95%左右。2035年以后，预计我国全社会发电量在2040年、2045年、2050年、2060年将分别达到15.5万亿千瓦·时、16.6万亿千瓦·时、17.1万亿千瓦·时、17.5万亿千瓦·时左右，基本与全社会用电量保持一致。2035年以后，我国新型能源体系和新型电力系统建设不断加速，到2050年前后新型电力系统将全面建成。清洁能源发电始终是我国低碳能源转型、降低高碳能源比例、有效减少碳排放的主要动力，非化石电源发电占比将逐渐提高。预计2040年、2045年、

（a）石油

（b）天然气

■ 国内生产　　□ 净进口

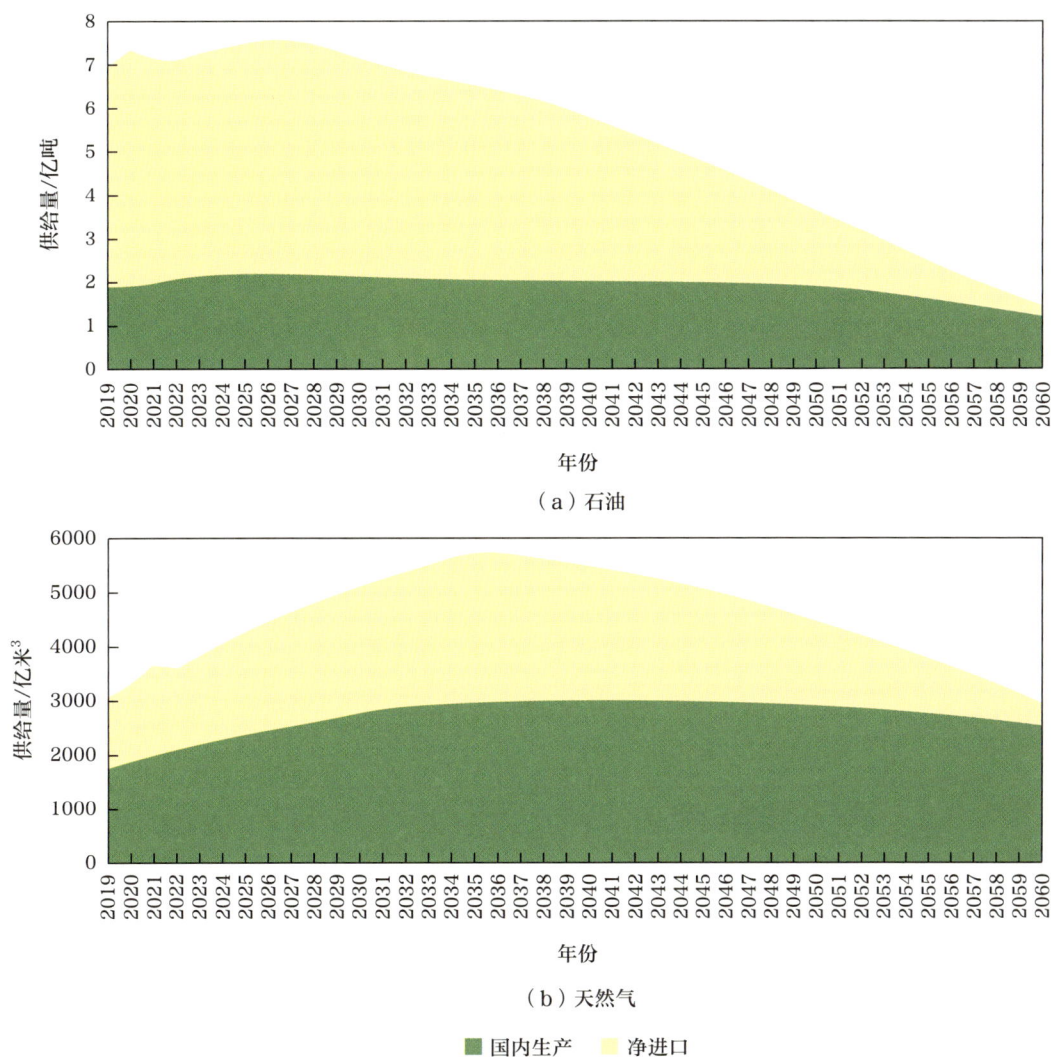

图 3-13　基准情景下石油和天然气供给量及结构

2050年、2060年非化石电源发电量占全国总发电量的比例将分别提高到55%、64%、74%、95%，风电和太阳能发电是增量的绝对主体；煤电发电量占比将呈快速下降趋势，到2040年、2045年、2050年、2060年将逐渐下降到38%、30%、22%、4%左右；气电发电量占比也将呈下降趋势，到2040年、2045年、2050年、2060年将逐渐下降到4.9%、4.4%、3.5%、0.8%左右。到2060年化石能源发电主要发挥应急备用和调峰功能，让渡了绝大多数的电量空间，如图3-14（a）所示。

新能源大规模发展驱动电力装机容量快速提升，2060年装机容量将达到85亿千瓦左右，其中非化石能源装机容量占比将达到86%，煤电装机容量占比显著高于其发电量占比，应急备用功能突出。2035年后我国电力总装机容量仍将不断攀升，预计到2040年、2050年、2060年我国电力总装机容量将分别达到61亿千瓦、75亿千瓦、85亿千瓦左右。

其中，非化石电源装机容量占比将逐渐提高，预计到2040年非化石电源装机容量占比将达到71%左右，风、光发电合计装机容量将达到35亿千瓦左右（占比57.4%），煤电装机容量降至13.8亿千瓦左右（占比22.6%）；到2050年，非化石电源装机容量占比将达到78%左右，风、光发电合计装机容量将达到49亿千瓦左右（占比65.3%），煤电装机容量降至12.7亿千瓦左右（占比16.9%）；到2060年，非化石电源装机容量占比将达到86%左右，风、光发电合计装机容量将达到62亿千瓦左右（占比72.9%），煤电装机容量降至9亿千瓦左右（占比10.6%），如图3-14（b）所示。

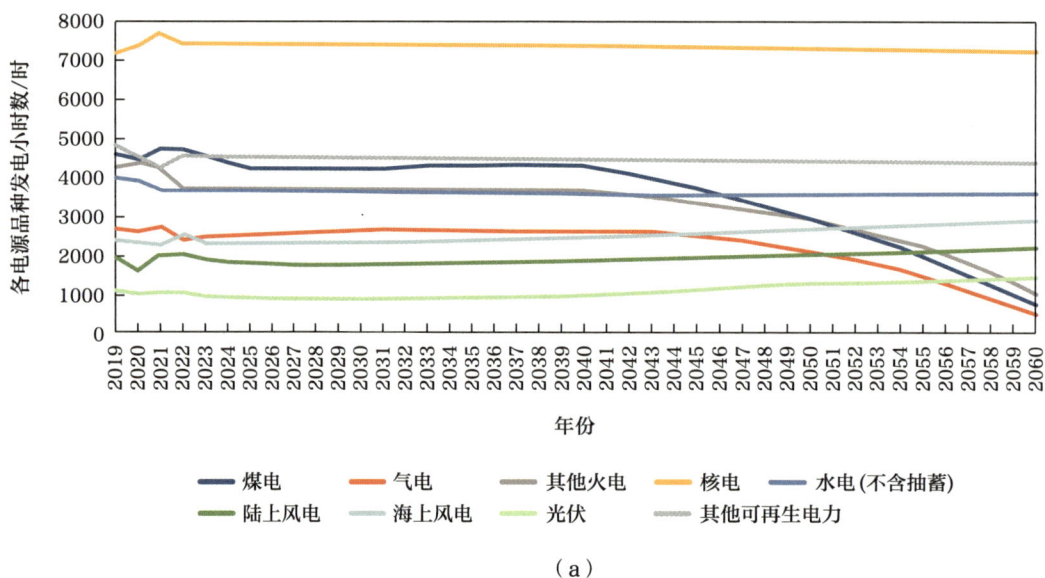

（a）

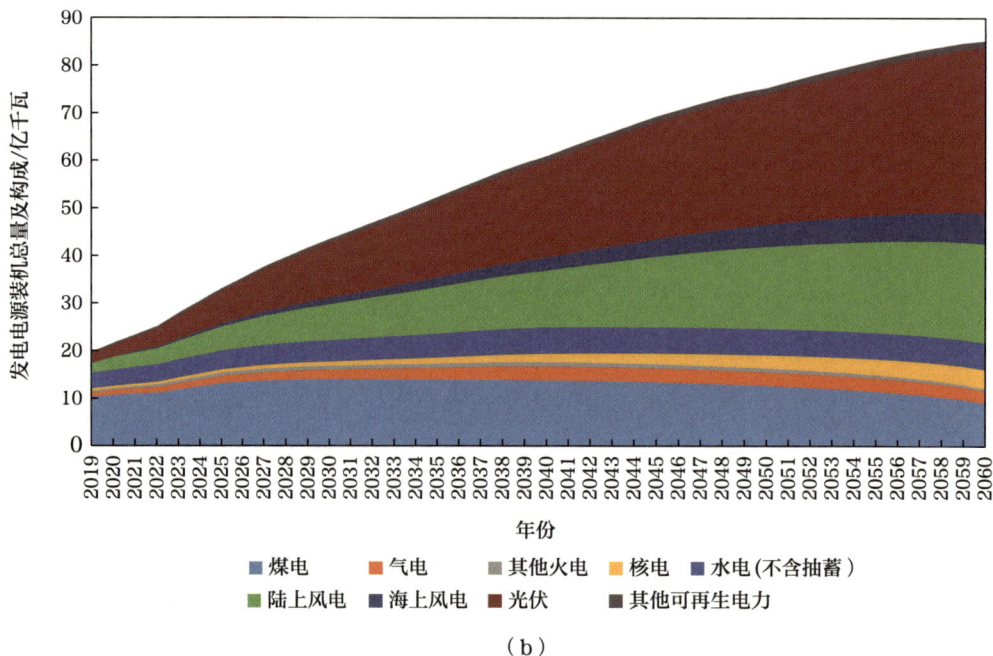

（b）

图3-14　电力总装机容量和装机结构及各电源品种发电小时数变化趋势

储能规模呈快速增长态势，2060年将超过15亿千瓦，有效支撑和保障了全社会最大用电负荷。2035年以后，为满足用电高峰时段的电力供应安全，储能产业需要不断发展壮大，储能的装机容量将保持快速增长。预计到2040年、2050年、2060年我国储能（含抽水蓄能、电化学储能、其他储能）的装机容量将分别达到7亿千瓦、11.2亿千瓦、15.6亿千瓦。根据发电电源和储能的装机情况，并结合不同发电电源种类和不同储能方式在负荷高峰时段各自的出力系数，仿真预测到2040年、2045年、2050年、2060年我国各类发电电源和储能最大出力合计分别达到27亿千瓦、29亿千瓦、31亿千瓦、32亿千瓦左右［图3-15（a）］，均超过同期全社会最大用电负荷10%以上［图3-15（b）］，在总体上可以保证用电高峰时段的电力供应安全。

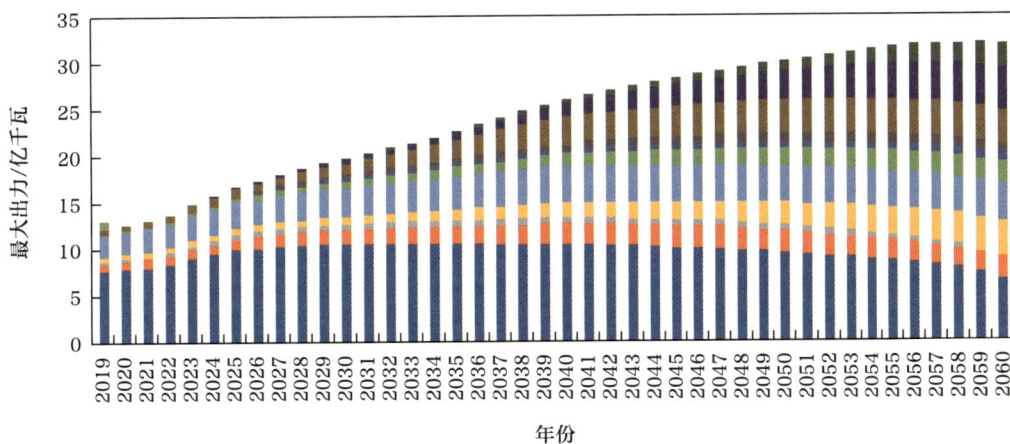

（a）最大出力

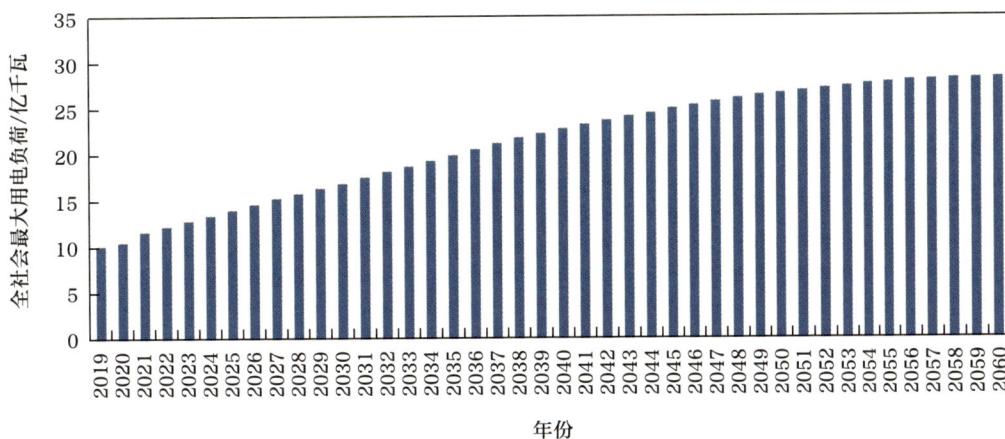

（b）全社会最大用电负荷

图 3-15　基准情景下全社会最大用电负荷及各发电电源和储能最大出力变化趋势

（三）煤炭行业中长期发展展望

1. 煤炭减量过程中生产加速向西集中

在碳中和目标和能源转型驱动下，2035年之后我国煤炭消费将逐渐从峰值平台过渡到降幅逐渐加快的阶段，煤炭产能利用率总体趋降，"以需定产"特征越来越显著。总的来看，2035年以后，我国煤炭生产布局西移步伐将显著加快，同期煤炭消费进一步西移，煤炭运力趋向宽裕，"新疆煤炭主送西北西南、晋蒙煤炭主送华北及沿海、陕西煤炭主送'两湖一江'、蒙东煤炭主送东北三省"的煤炭跨区调运格局将进一步深化和优化。

如图3-16所示，到2040年，煤炭将由我国主体能源过渡为基础能源，占一次能源消费比例在40%左右。预计继2035年前广西、湖北等退出煤炭生产后，江苏、福建、江西等将在2040年以前退出煤炭生产，届时，煤炭生产进一步西移。预计晋陕蒙新煤炭产能占比将由2035年的88%上升到2040年的89.4%，宁甘青保持在3.2%左右，鲁苏皖由2.6%降至2.1%，西南地区由2.9%降至2.5%，东北三省由1.5%降至1.4%，华中四省由1.5%降至1.1%，京津冀保持在0.3%左右，东南沿海将退出煤炭生产。

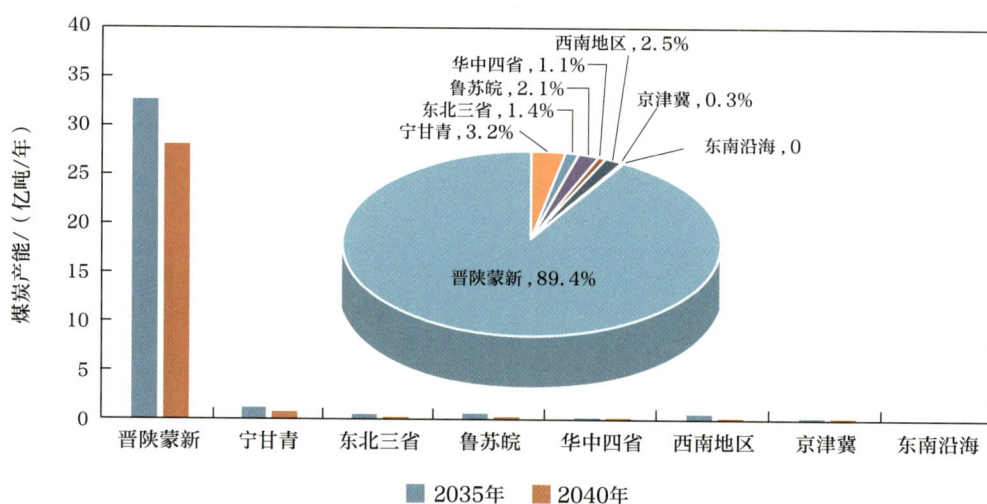

图 3-16 2035 年、2040 年煤炭产能分布及 2040 年区域占比

如图3-17所示，到2050年，我国将全面建成社会主义现代化强国，能源转型步伐加快，煤炭占一次能源消费比例预计将降至30%以下，四川、青海等也将陆续退出煤炭生产。煤炭生产继续西移，预计晋陕蒙新煤炭产能占比将上升到91.6%，宁甘青降至3.1%，鲁苏皖降至1.6%，西南地区降至1.6%，东北三省降至1.2%，华中四省降至

0.7%，京津冀降至0.2%。由于该阶段煤炭需求下降速度快于煤炭产能下降速度，部分经济性较差的煤矿产能利用率将出现大幅下降，煤矿退出和转型存在压力。

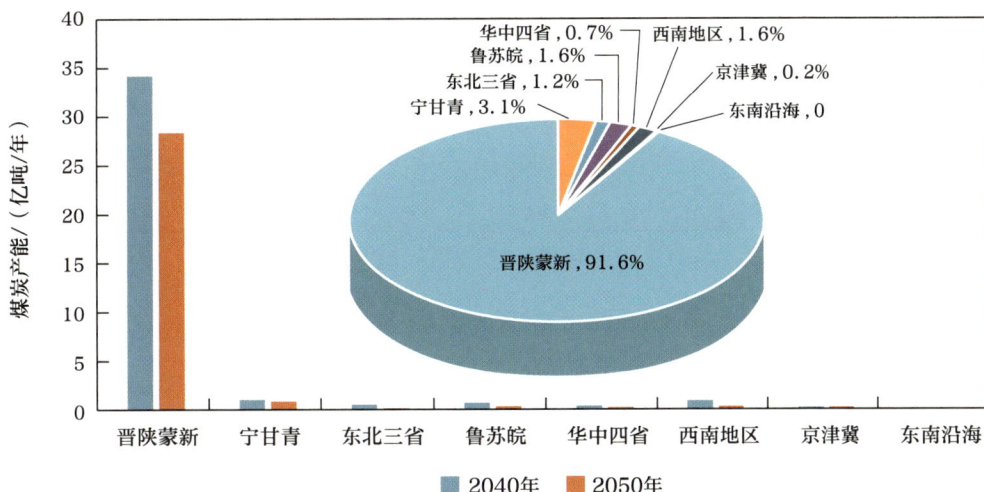

图 3-17　2040 年、2050 年煤炭产能分布及 2050 年区域占比

如图3-18所示，到2060年，我国将实现碳中和，煤炭占一次能源的比例将大幅降低至10%左右，转变为保障能源和调节能源，若煤基能源CCUS能够实现大规模应用、煤炭清洁高效利用空间得到大幅拓展，煤炭消费比例则仍将保持较高水平。届时，煤炭生产加速西移。预计晋陕蒙新煤炭产能占比将上升到93.7%，宁甘青降至2.9%，鲁苏皖降至1.1%，西南地区降至0.8%，东北三省降至0.9%，华中四省降至0.5%，京津冀降至0.1%。由于该阶段煤炭需求下降进一步加快，部分地区煤矿产能利用率进一步下降，煤矿退出的压力加大。2035—2060年煤炭分区域产能变化趋势如图3-19所示。

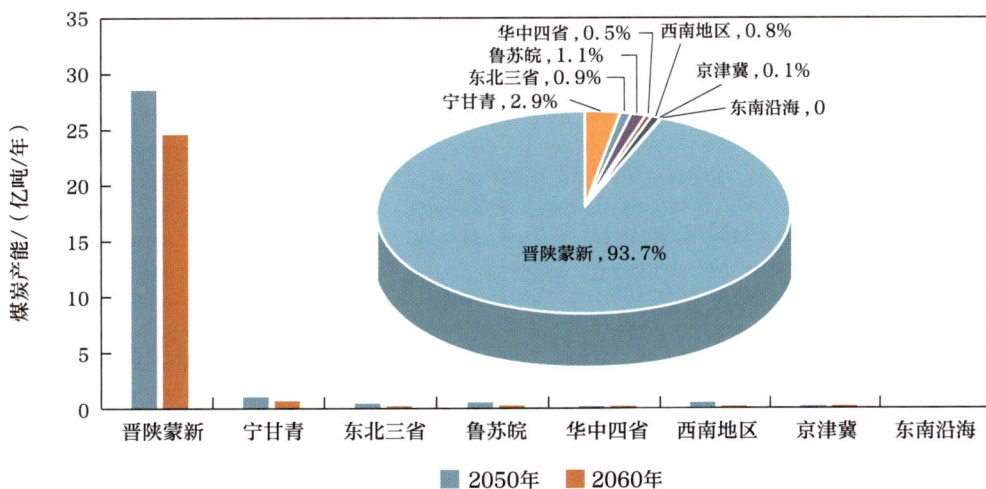

图 3-18　2050 年、2060 年煤炭产能分布及 2060 年区域占比

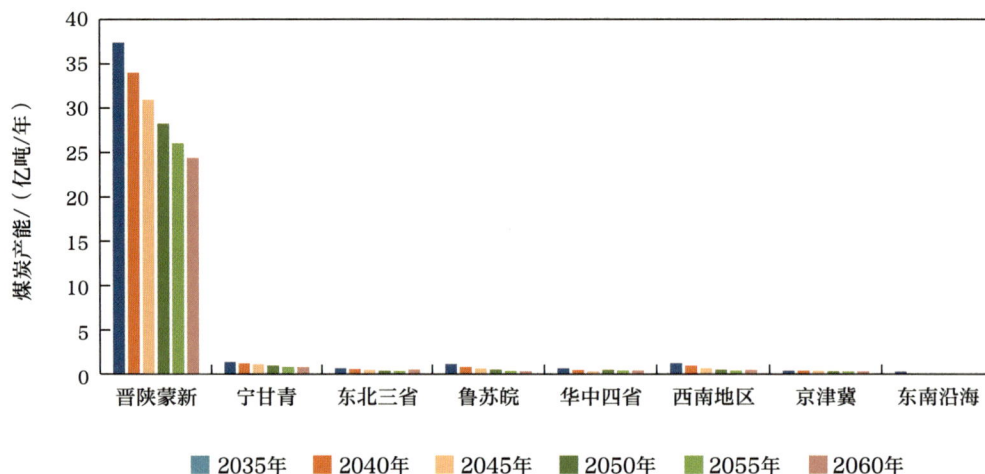

图 3-19　2035—2060 年煤炭分区域产能变化趋势

2. 减碳过程中煤炭产业转型进程逐步加快

从我国中长期煤炭供需趋势看，2050年以后煤炭产能利用率可能出现较明显下降。立足我国国情，统筹安全和低碳，及早谋划煤矿有序退出和产业转型，加快推动煤炭产业清洁低碳发展，将是实现资源型地区可持续发展和我国"双碳"目标的必然途径。在减碳过程中，我国煤炭产业转型进程将逐渐加快，并呈现区域差异化和多模式、多路径特征。一是通过产业转移，实现煤炭企业异地发展。该路径适合现阶段资源已枯竭，产业转型时间不足，煤矿建设、生产和安全管理等方面经验丰富，专业技术人员较多，当地产业结构较为单一的矿区或煤炭企业，如安徽、山东和江苏等地老矿区煤炭企业。二是通过产业转型，实现多产业协调发展新格局。该路径适合资源即将枯竭，有充足的时间布局新产业，且具备一定投资实力和现代企业管理能力的企业，同时要求企业职工年龄和素质适应再就业培训。三是发展生态修复和旅游业，推动老矿区绿色低碳发展。该路径适合现阶段资源已枯竭，产业转型时间不足，有生态修复和黄河流域生态保护需求的地区，当地产业结构较为单一的矿区或煤炭企业。四是拓展煤炭清洁高效利用空间。包括发挥煤炭原料价值，推动煤炭清洁高效利用；实施减碳固碳用碳，塑造煤化工低碳产业链；促进零碳化工发展，引领高碳能源低碳发展。该路径适合现阶段煤基产业链条长，产业转型时间充足，技术条件满足，具有较大碳减排压力的企业，尤其是具备与风能、太阳能等新能源耦合发展条件的地区和企业。

142

（四）油气行业中长期发展展望

1. 石油行业中长期发展趋势

1）我国原油产量将平稳回落

随着我国能源转型和碳中和工作的深入推进，交通领域将加速低碳化电气化，新能源汽车将加快发展，进而不断降低国内对石油作为燃料的需求，但经济社会对石化的需求仍较大，我国石油石化行业将继续推进减油增化，石油总需求将稳步下降。

从长期看，原油开采需要不断突出创新引领，不断创新地质认识，完善非常规、深层、海相等油气地质理论，加快深层–超深层、深水、非常规等领域拓展强度，突出战略接替技术准备，保障国内油气储产量持续增长。特别是突出海相、非常规、山前带、超深层等新领域，全力推进油气勘探大发现大突破。通过加快可开发储量建产，加大限制开发储量和待落实储量评价工作及政策支持，预计2060年前新增探明地质储量有望达到240亿吨。

特别是通过持续加强对理论创新与新技术、新装备的研发，发展油气开发理论与大幅度提高深层–超深层及非常规油气采收率的新技术；发展包括先进的物探、测井、钻井与压裂技术装备等在内的新一代石油工程服务技术与装备；发展先进的海洋与深水油气勘探开发技术与装备，以科技创新与工程技术装备的发展，支撑我国油气勘探开发的长期发展。总体上看，通过加强精细水驱和稠油蒸汽吞吐等深度挖潜，加大化学驱、气驱、稠油SAGD（steam assisted gravity drainage，蒸汽辅助重力泄油）和蒸汽驱、火驱等三次采油实施规模，按照"深化东部、加快西部、拓展海域，稳油增气、常非并举"战略布局，到2045年可实现我国原油稳产2亿吨。随着国内原油需求的逐步下降，国内原油产量预计将稳步回落至2060年的1.2亿吨左右。

2）原油进口量快速下降，对外依存度不断降低

随着原油总需求的不断降低，预计原油进口规模也将同步下降，从高峰期的5.8亿～6亿吨，快速降至2060年的0.3亿吨左右；我国原油对外依存度也将从高峰期的75%左右降至2060年的20%左右。预计我国石油进口量在2050年降至约1.6亿吨（对外依存度约45%），到2060年降至3000万吨左右，届时我国石油需求将主要靠国内生产满足。

从资源潜力和供需趋势分析，中东地区、中亚—俄罗斯和非洲等传统资源国对原油出口的依赖程度较高，出口量占产量的比例均超过50%，因此这些国家和地区石油出口规模相对更大、出口稳定性相对更高，是我国未来石油进口的重点地区。从资源成本

看，中东地区平均盈亏平衡成本最低，仅为20美元/桶左右，其他国家陆上石油资源平均盈亏平衡成本在35美元/桶，海上资源平均成本低于50美元/桶。从主要国家看，俄罗斯、加拿大、挪威、英国和西非产油国石油生产平均盈亏平衡成本均低于45美元/桶。因此，在全球低碳转型大背景下，中东等低成本地区的竞争力更强，石油产量份额有望继续提升，成为全球主要的石油供应地，也将是我国石油进口的主要来源地。

2. 天然气行业中长期发展趋势

2030年以后，为推进我国能源转型和实现碳中和目标，国内天然气需求稳步增长，国产天然气和进口天然气均将持续增加，在2035年前后达到峰值。其中，国产天然气将在2050年以前保持稳产，进口天然气将在达到峰值后稳步下降，我国天然气对外依存度也将在2035年前后达到48%的峰值，之后将逐步下降。

1）我国天然气产量将保持高位水平

2035年以后，我国天然气产量将进入长达15年的峰值稳产期，峰值产量为2900亿～3000亿立方米；2050年以后，我国天然气产量将逐步下降，2060年降至2566亿立方米，如图3-20所示。

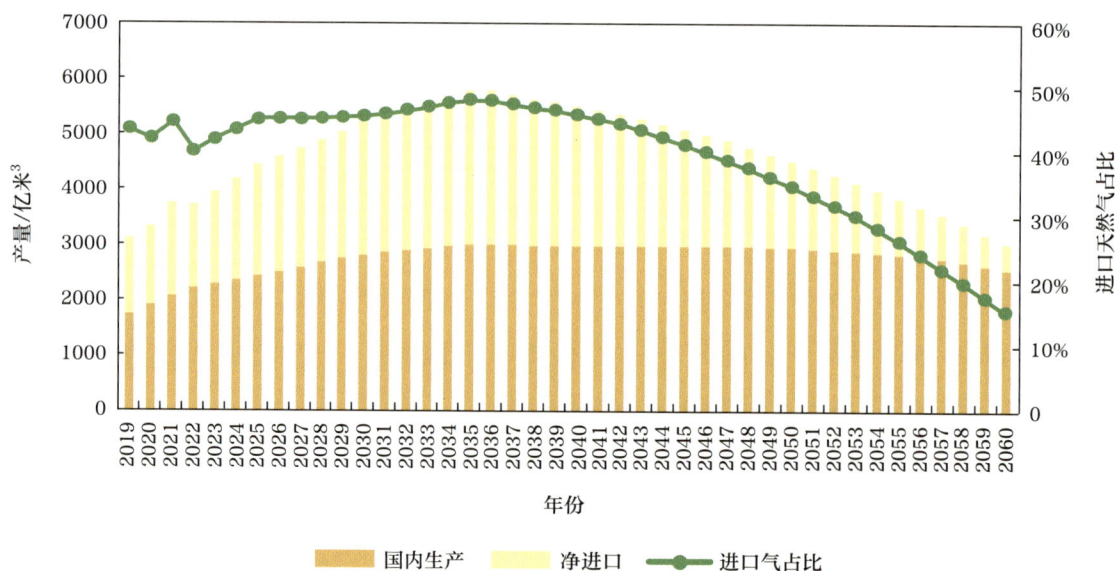

图 3-20　2019—2060 年我国天然气供应结构及对外依存度

2）天然气进口量将逐渐下降，渠道更加多元

管道气方面，按照目前规划，2035年我国管道气进口量将达到1950亿立方米，之后随着进口管道气合约部分到期，2040年、2050年、2060年我国管道气进口量将降至1650

亿立方米、1020亿立方米、500亿立方米。预计2035年、2040年、2050年、2060年我国管道气进口量分别为1400亿立方米、1400亿立方米、900亿立方米、250亿立方米。

进口LNG方面，随着LNG长约逐步到期，我国长协LNG进口量将逐步减少。预计2035年、2040年、2050年、2060年我国LNG进口量分别为1379亿立方米、1124亿立方米、676亿立方米、213亿立方米。

综合预计，我国天然气进口量将由2035年的2780亿立方米分别降至2040年、2050年、2060年的2524亿立方米、1576亿立方米、463亿立方米，对外依存度由48%分别降至46%、35%、15%左右。

（五）电力行业中长期发展展望

2035年以后，为满足我国不断增长的全社会用电需求，我国电力装机总量仍将不断攀升。预计我国电力装机总量到2040年将达到61亿千瓦左右，到2050年将达到75亿千瓦左右，到2060年将达到85亿千瓦左右。

从电源品种来看，火电装机容量占比在碳中和目标引导下将逐步降低，其中煤电装机容量到2040年、2050年、2060年将分别降至13.8亿千瓦、12.7亿千瓦、9亿千瓦左右；非化石电源装机容量将持续实现跨越式发展，在全国总装机容量中占比也将逐步提高，预计到2040年、2050年、2060年将分别达到71%、78%、86%左右，其中，风、光发电是增量主体，预计风、光合计装机容量到2040年、2050年、2060年将分别达到35亿千瓦、49亿千瓦、62亿千瓦左右。

1. 火电行业中长期发展趋势

中长期，火电仍将在我国电力系统中发挥重要支撑作用，稳步有序向非化石能源让渡电量空间，由主力基荷电源向系统调峰和应急备用保障电源转变。基荷和调峰火电低碳化进程加快，以耦合低碳/零碳燃料掺烧或CCUS实现绿色电力生产和系统保障支撑。

1）装机容量稳步下降，有序向非化石能源让渡电量空间

如图3-21所示，2035年以后，全国煤电装机容量在峰值平台（13.8亿～14.0亿千瓦）基础上稳步下降。到2050年，全国煤电装机容量仍保持在12.7亿千瓦左右，装机容量占比约为17%，发电量占比降至22%；到2060年，剩余存续煤电约9亿千瓦，装机容量占比约为10%，煤电发电量降至1万亿千瓦·时以下，电量占比不足4%。

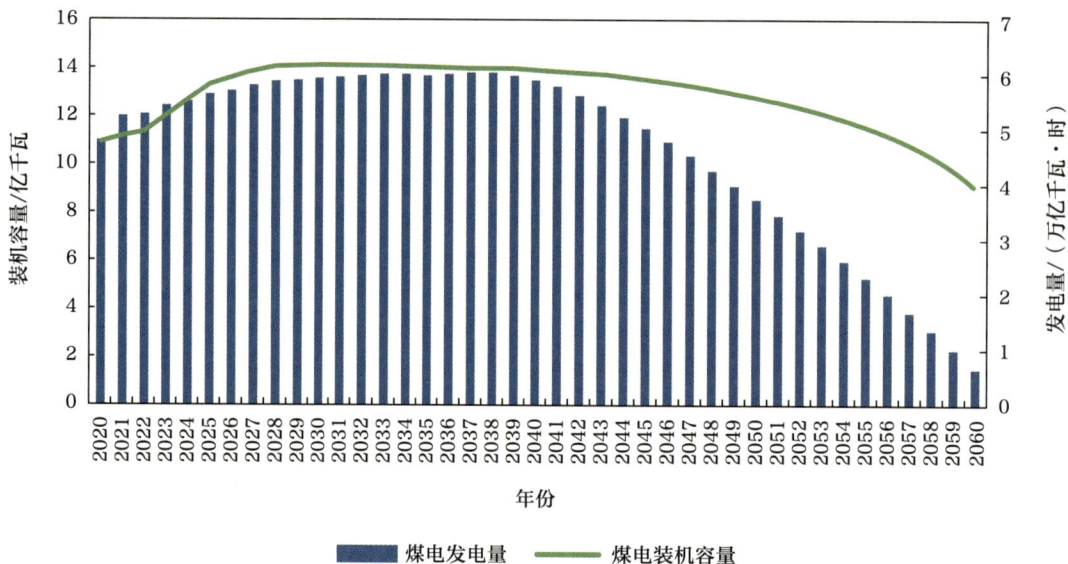

图 3-21 全国煤电装机容量和发电量中长期变化趋势预测

如图3-22所示，全国气电装机容量预计2040年前后达到峰值约2.9亿千瓦，气电发电量同期达峰，达峰后气电装机容量保持、发电量快速下降。到2060年，全国气电装机容量为2.4亿千瓦左右，发电量占比不足1%。

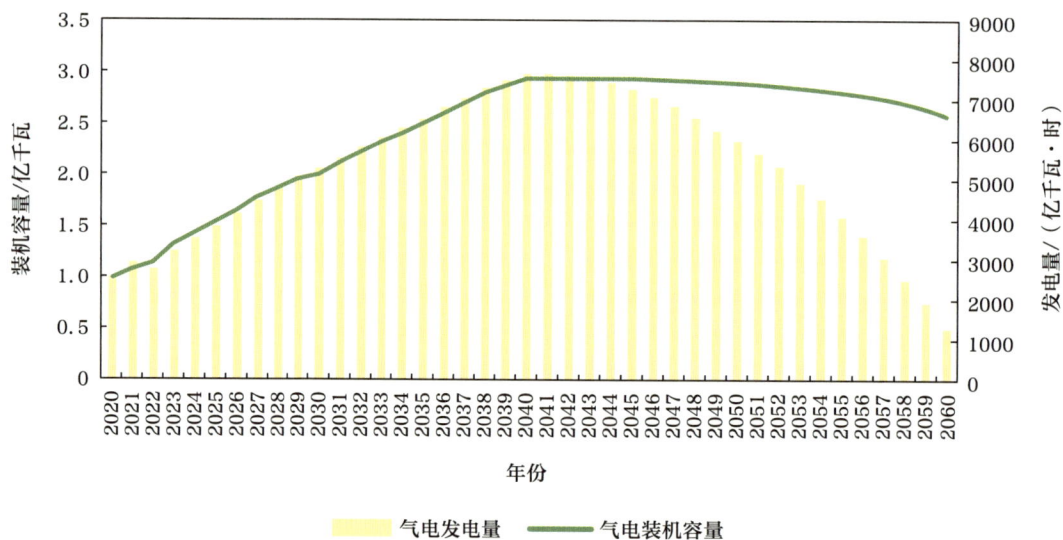

图 3-22 全国气电装机容量和发电量中长期变化趋势预测

2035年以前，火电机组以保障电能量供应、顶尖峰负荷和提供转动惯量为主；中长期看，在高比例新能源和电力电子设备的新型电力系统中，火电将以维持系统转动惯量和调峰调频为主。据国际能源署（International Energy Agency，IEA）研究，到2060年随火电装机容量和比例下降，火电无论在电能量供应还是系统支撑调节等方面的作用都将有所下降，如图3-23所示。

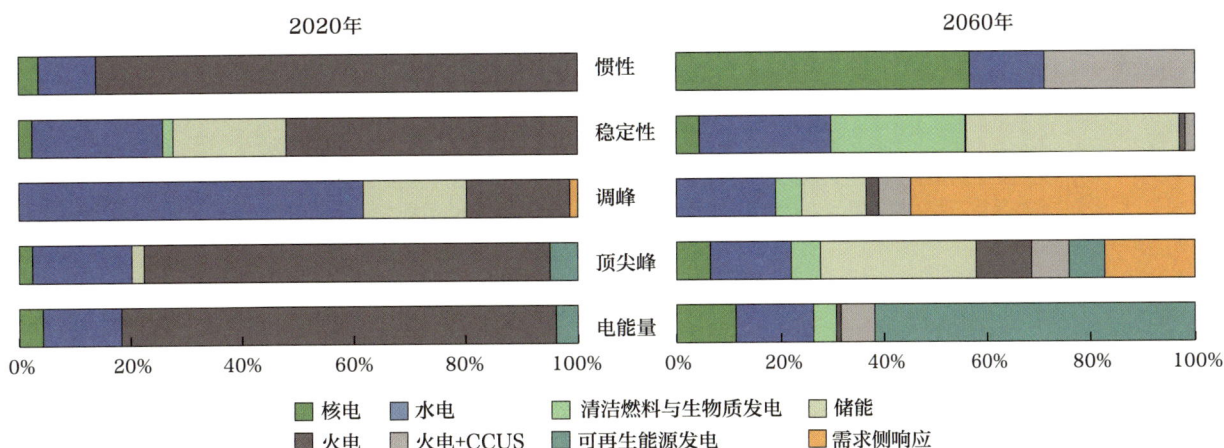

图 3-23　我国电力系统灵活性资源结构预测

2）机组功能转型提速，调峰和应急备用作用凸显

随着新能源渗透率进一步提高，煤电稳步让渡电量空间，平均利用小时数加速下降。2035年全国煤电机组平均利用小时数为4200～4300小时，到2050年下降至3000小时左右，到2060年进一步降至1000小时以下。

全国煤电逐步分化为基荷、调峰和应急备用三种功能类型，尤其是2035年以后，这种分化趋势将越来越明显。从整体系统成本最优角度，基荷煤电以承担电能量供应、提供系统转动惯量等为主，利用小时数长期维持在4000小时以上，到2060年降至3000小时左右；调峰煤电以承担系统调峰、支持新能源消纳为主，初期利用小时数在3000小时左右，到2060年降至2000小时以下；应急备用煤电则以承担季节性负荷顶峰、应对突发极端情况等为主，机组以周或月度为单位运行。预计到2035年，全国调峰煤电和应急备用煤电装机容量分别占比3.3%和2.1%，两者发电量占比合计仅2.8%；到2050年，基荷煤电装机容量占比降至70%，调峰和应急备用煤电装机容量占比分别提高至16%和14%；到2060年，系统存量煤电几乎不承担基荷，而以应急备用为主、调峰为辅，如图3-24所示。

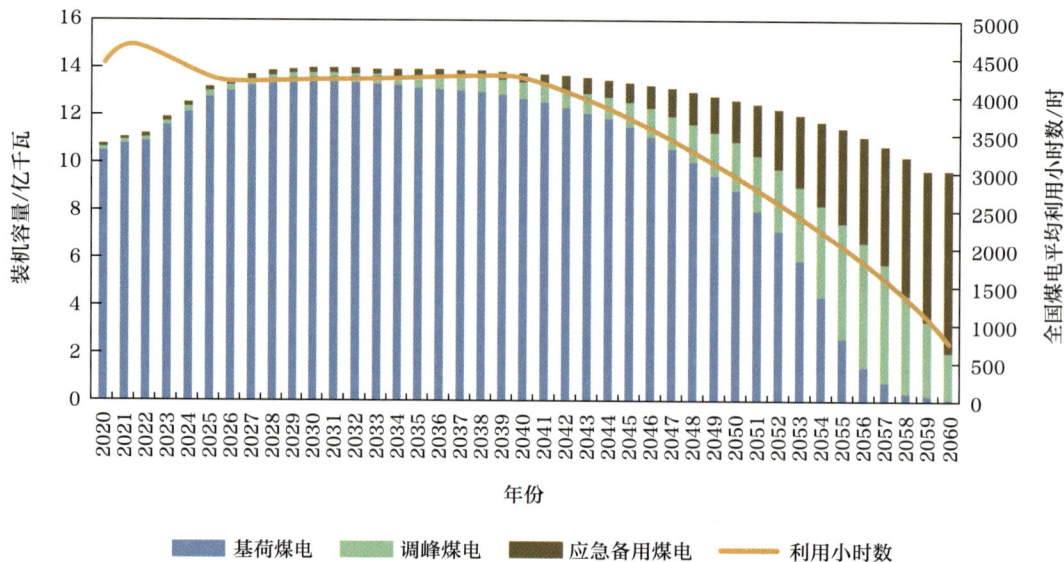

图 3-24　全国煤电按类型分装机容量预测

3）低碳化步伐加快，CCUS等低碳/零碳技术规模化应用

2035年以后，在具备碳埋存地质条件的前提下，对剩余存续年限较长煤电机组实施CCUS改造并承担基础负荷，提供电力系统转动惯量和稳定性保障。综合国网（国家电网有限公司）、国际能源署研究及国家能源集团案例测算，在未来不同发展情景下，煤电实施CCUS改造的装机容量为1.5亿～4亿千瓦，以基荷煤电和调峰煤电为主，2060年煤电CCUS减排潜力为3亿～10亿吨。

在高新能源渗透率的新型电力系统下，煤电+CCUS不会明显推升系统总体成本。在当前技术和成本条件下，实施煤电CCUS改造后，度电成本增加约0.34元/（千瓦·时）；随着低碳煤电技术进步驱动成本进一步降低，加之碳市场逐步成熟、减碳价值充分体现，煤电+CCUS或因地制宜掺烧低碳燃料后承担零碳基荷，度电成本增幅可控，具备与核电、新能源等竞争的能力。从全国范围看，具备源汇匹配条件、经济性较优的准噶尔盆地、吐鲁番-哈密盆地、鄂尔多斯盆地、松辽盆地和渤海湾盆地可优先推进煤电CCUS改造。

2. 风电行业中长期发展趋势

随着新型能源体系的加快推进，储能技术的不断进步，抽水蓄能装机比例的增加，风电装机容量将进一步扩大，陆上风电、海上风电（近海和远海）均有不同程度的发展。

1）风电将成为中国主体电源之一

到2060年，风电将成为中国主体电源之一，风电发电量将占全国总发电量的36%左右，较2022年增加27个百分点，助力中国在2060年前实现碳中和。

如图3-25所示，风电累计装机容量将达27.3亿千瓦，是2022年的7.5倍，是2035年的2.3倍，占总发电设备装机容量的32%左右，较2022年底增加近18个百分点。2050年前我国风电产业将继续规模化发展，2036—2050年均新增装机容量将达到6700万千瓦，较2025—2035年有所加速。到2050年以后，因全社会用电增速放缓，以及核电和太阳能发电等技术的竞争等，2050—2060年均新增装机容量为5300万千瓦左右。

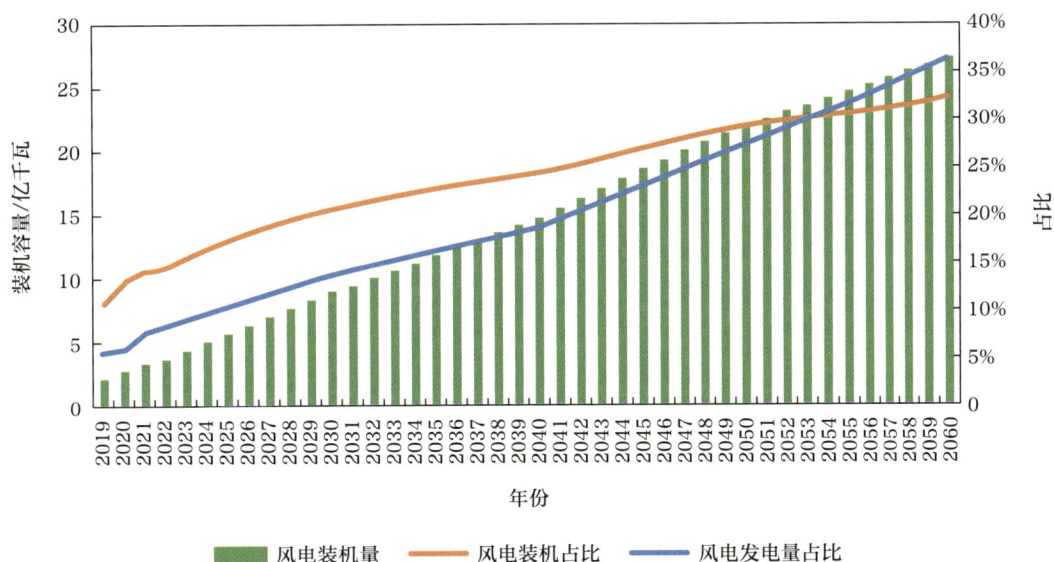

图 3-25　2019—2060 年风电装机量、装机占比及发电量占比

2）陆上风电持续稳步发展

2036—2050年，陆上风电年均新增规模约5000万千瓦，到2050年陆上风电并网规模将超17亿千瓦，占发电设备并网容量的23%。随后10年，陆上风电年均新增规模将下降至3500万千瓦左右，到2060年陆上风电并网规模约为20亿千瓦，占发电设备并网容量的25%左右。由于土地等因素影响，中东南地区新增装机容量将大比例下降。

随着新增装机容量的不断增加、风电发电效率的提升，陆上风电发电量占总发电量的比例也将不断增长。到2050年，陆上风电发电量占比将超过20%，到2060年占比将达到约26%，是2022年的3倍。

3）海上风电将形成近海和深远海并重发展的格局

随着海上风电技术突破和电力系统升级，近海资源逐渐饱和，海上风电将形成近海和深远海并重发展的格局。2036—2060年，海上风电年均新增规模接近1800万千瓦，最高年度新增规模将在2000万千瓦左右。

海上风电将成为风电发展的重要组成部分。2040年前后，海上风电累计装机容量将突破3亿千瓦，占风电装机总量的比例将超过20%，占全部设备装机容量的6%左右。到2060年，并网规模将达6.5亿千瓦左右，占全部设备装机容量约8%。因海上风电利用小时数较高，到2060年，海上风电发电量占比将接近11%，远超装机量占比。

海上风电应用将更加多元化。海上风电将逐步向深远海发展，利用海上风电制氢将解决深远海海上风电大规模并网消纳难、电力输送成本高等问题。海上风电制氢将规模化发展，制取的绿氢可应用于电力、化工、交通等领域，助力实现"双碳"目标。

3. 太阳能发电行业中长期发展趋势

太阳能因其蕴藏量大、易获得、清洁、可持续的特点成为成本最低、应用最普遍的能源，充分满足经济、社会可持续发展的需要，在能源结构转型和实现碳中和过程中承担了重要角色。

1）太阳能发电装机容量和发电量保持稳步增长，成为主体电源

2036—2060年，太阳能发电新增装机容量的年复合增长率预计为3.1%，年均新增约7476万千瓦。至2060年末，累计装机容量将达到34.75亿千瓦，年发电量可以达到4.87万亿千瓦·时，在全国总量中分别占比40.8%和27.7%，如图3-26所示。

图 3-26　2035—2060 年太阳能发电装机容量、装机容量占比及发电量占比

2）太阳能应用方式灵活广泛，发电成本最低

应用方式方面，虽然地面集中式电站仍然是利用的重要形式，但是更加广泛灵活的"光伏+"也已成为人们方便灵活的生产生活电源。太阳能集热利用并不限于热水器，还可以实现太阳能熔岩集热供暖等多方面民用。

度电成本方面，光伏发电成为成本最低的电源，全面进入电力市场后与其他电源可以充分竞争并在竞争中胜出。光热发电的系统造价大幅下降，在电力市场中也能具有一定竞争力。

电站建设和运维充分与数字化结合，可以进行全过程的虚拟建模，实现设计、建设、运行、维护和管理等各个环节优化，实现最佳发电效率。结合大数据和人工智能等技术，进行性能分析、预测和评估，及时发现故障和异常，提高发电效率。

太阳能发电制氢大规模发展，通过弃光电力电解水制氢技术实现电氢转换，平抑可再生能源并网波动，实现能源的时空平移。

4. 水电行业(常规水电）中长期发展趋势

在碳中和目标的实现进程中，水电将是我国低碳和非碳能源转型、降低高碳能源比例、有效减少碳排的有生力量。

"十六五"时期后，我国川滇地区常规水电开发基本完成，待开发资源将凝聚于藏东南地区。随着水电开发进程深入及科技进步，我国水电行业在装备建造技术、施工工程技术方面将进一步提升，在因地制宜的水能开发原则下，水电资源仍存在纵深拓展空间，将逐步规划选择地理位置优越、生态环保制约少、建设作用突出、工程规模大、经济指标相对较优、利于集中送出的电站进行滚动开发建设。

届时，我国新型电力系统顶层设计已得以实施，电网架构、电源结构、源网荷储协调、数字化智能化运行控制等方面技术提升和系统优化成果显著，通过电源配置和运行优化调整尽可能增加存量输电通道输送可再生能源电量，统筹布局以送出可再生能源电力为主的大型电力基地，在省级电网及以上范围优化配置调节性资源，完善相关省（自治区、直辖市）政府间协议与电力市场相结合的可再生能源电力输送和消纳协同机制，加强省际、区域间电网互联互通，进一步完善跨省跨区电价形成机制，促进可再生能源在更大范围内消纳。

为进一步推进可再生能源开发利用，我国还将积极实施存量"风光水一体化"提升，稳妥推进增量"风光水（储）一体化"建设，充分发挥流域梯级水电站、具有较强调节性能水电站的调节能力，推进以储能和调峰能力为基础支撑的新增电力装机发展

机制，在确保安全的前提下，最大化利用清洁能源提升输电通道输送可再生能源电量比例，提高可再生能源综合利用率。在上述机制下，我国将充分挖掘既有水电调峰潜力，积极推动流域控制性调节水库建设和常规水电站扩机增容，推行梯级水电储能水电机组增容改造，进一步提升水电灵活调节能力，并结合送端水电出力特性、新能源特性、受端系统消纳空间，优先利用水电调节性能消纳近区风光电力。

综上所述，在常规水电资源纵深挖掘、可再生能源多能互补及增加新型电力系统灵活性政策机制引领下，预计到2040年，我国常规水电装机容量将达5.3亿千瓦，年发电量突破1.9万亿千瓦·时，届时西藏东部、南部地区河流干流水力开发基本完毕。2050—2060年，水电装机容量年增长逐步趋于平缓，至2060年，我国常规水电5.6亿千瓦，年发电量约2.0万亿千瓦·时。

5. 核电行业中长期发展趋势

2035年以后，我国沿海核电资源进一步开发。到2040年、2050年、2060年，全国核电装机容量分别达到1.7亿千瓦、2.8亿千瓦、4.0亿千瓦，装机容量占比由2035年的2.4%增长至2060年的4.7%，发电量占比由2035年的6.9%提升至2060年的16.5%，如图3-27所示，核电机组利用小时数维持在7200~7500小时。中长期，核电在新型电力系统中将持续发挥基荷作用，以提供电能量、电力支撑和系统转动惯量为主。

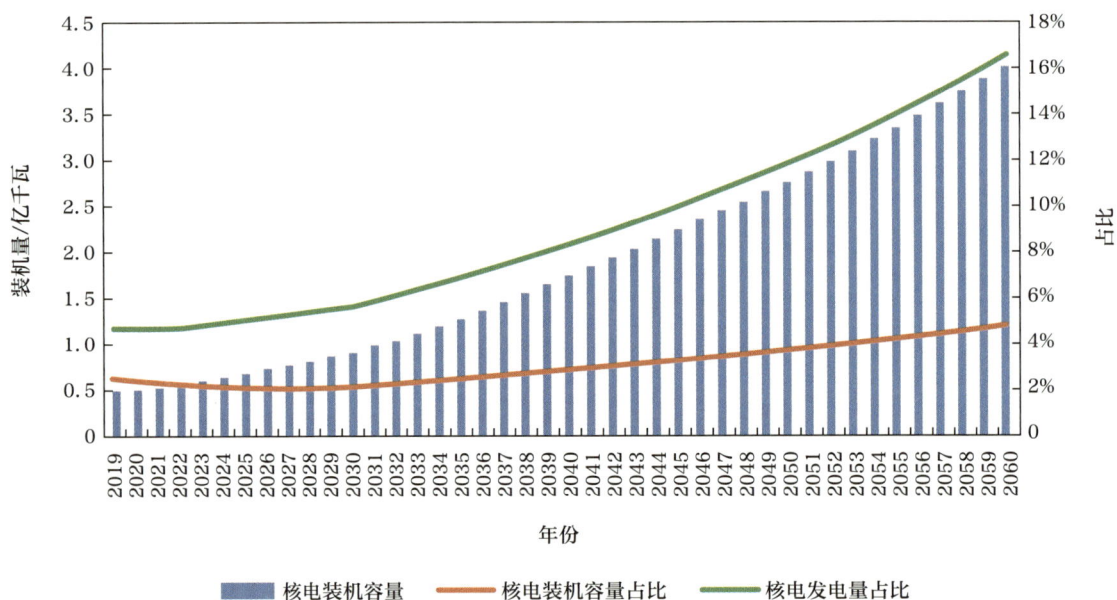

图 3-27　2019—2060 年核电装机量、装机占比及发电量占比

核电发电量占比不断提升。作为一种同时具备传统能源稳定性和新能源清洁性的发电方式，随着新能源渗透率不断提升，核电发电量在全国总发电量中的占比将不断提高。预计到2040年、2050年、2060年，我国核电发电量将分别达到1.3万亿千瓦·时、2.0万亿千瓦·时、2.9万亿千瓦·时，在全国总发电量中的占比分别为8.3%、11.8%、16.5%。

核电技术实现突破性发展。近中期重点聚焦先进核裂变燃料循环、增殖与嬗变，以及核能非电综合利用领域等，中远期持续推进可控核聚变试验与示范，推动实现安全、高效、经济、可持续的先进核能系统。第四代快中子堆核能系统研发取得进展，热堆和快堆二元核电体系实现协同发展，核电发电量和非发电利用占比持续提升。实现核燃料增殖与高水平放射性废物嬗变。核能非发电利用技术规模化商业应用。可控核聚变技术有望提前进入商业化应用。

6.储能行业中长期发展趋势

中长期，储能技术路线多元化发展，满足系统电力供应保障和大规模新能源消纳需求，储电、储热、储气、储氢等多时间尺度的各类储能协同运行，能源系统运行灵活性大幅提升。

储能增长规模化，结构多元化。预计到2040年、2050年、2060年，全国各类储能装机容量将分别达到6.8亿千瓦、11.2亿千瓦、15.6亿千瓦。其中，抽水蓄能受站址资源约束，装机容量增幅受限，2050年以后基本达峰，峰值为4.7亿千瓦左右，占全部储能装机的比例逐步下降，由2035年的62%降至2060年的29%左右。电化学储能快速增长，2035—2060年年均增速6.9%左右，到2060年装机容量增加至7亿千瓦左右，占全部储能装机比例由2035年的31%逐步提升至2060年的45%。压缩空气储能、储氢、储热等长时储能规模增长迅速，2035—2060年均增速超过10%，重点解决高比例新能源的电力系统下跨季平衡调节问题。

储能有效提升电力供应保障能力。在可再生能源开发规模快速增加、负荷峰谷差持续拉大的背景下，如何提升电力系统调节能力、保障电力系统安全稳定运行，是建设新型电力系统必将面对的持久且艰巨的问题。根据CESFOM预测模型，计算得到的2022—2060年节点年电力供应保障系数预测结果（图3-28）显示，仅靠发电电源难以维持安全的电力供应保障能力，电力供应保障系数将持续下降，到2060年降至0.75以下，严重影响电力系统安全。通过配套部署储能系统，电力供应保障系数可维持在1.1以上的安全水平，储能作为电力系统低碳转型过程中保障安全性和韧性"稳定器"的功能将越发凸显。

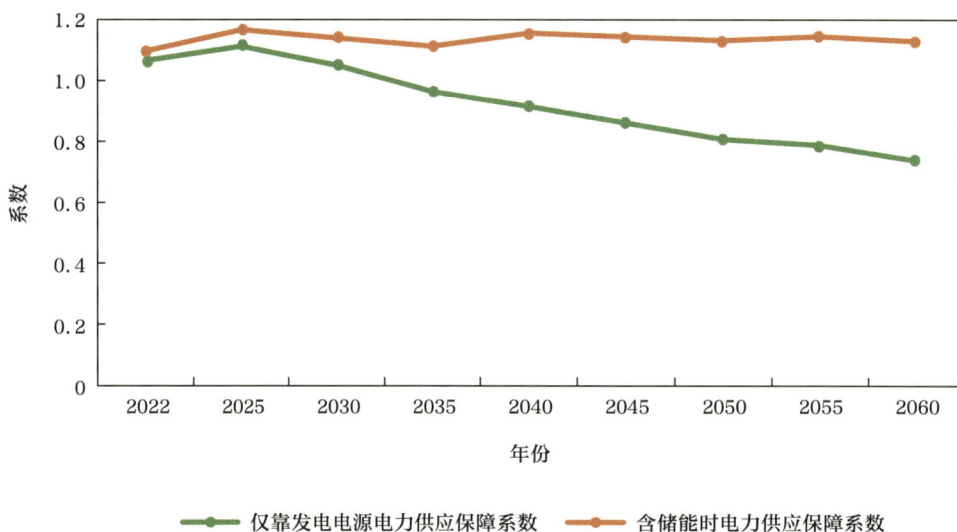

图 3-28　2022—2060 年节点年电力供应保障系数

储能对风光并网消纳的支撑能力持续增强。2035年以后，非化石电源装机将持续增长并逐步成为主体电源，为保障电力系统安全稳定，风光总体配储比例快速增长。2035年，我国将基本实现社会主义现代化，广泛形成绿色生产生活方式，碳排放达峰后稳中有降，非化石能源装机占比超过67%，风光发电总体配储比例达15%左右。2040年，我国将逐步结束以煤为主体的能源供给结构，非化石能源成为能源供应的主要方式，发电装机占比超过71%，风光发电总体配储比例达19%左右。2050年，我国将全面建成社会主义现代化强国，在新能源和储能的技术能力及影响力方面全面领先世界，并向实现碳中和目标集中发力，预计非化石能源装机占比将超过78%，风光发电总体配储比例达23%左右。2060年，我国将实现碳中和目标，预计非化石能源装机占比将超过86%，风光发电总体配储比例达25%左右，为电力系统安全稳定提供坚实保障，如图3-29所示。

多时间尺度储能协同保障新型电力系统调节需求。在储能类型方面，预计抽蓄蓄能的规模占比将持续降低，而以电化学储能为主要代表的新型储能装机容量将呈现爆发式增长，占比逐渐升高，在储能应用发展中占据重要地位。在储能应用方面，预计储能在新型电力系统"源—网—荷"各方面产生不可替代的支撑作用，不仅可以发挥电网辅助服务、提高新能源并网发电平稳性、系统备用等能量型功能，也将在短时间尺度的稳定控制方面（如惯性支撑）和长时间尺度的无功控制方面（如中长期电压调节）发挥重要作用。随着可再生能源发电主体地位逐步确立，储能将在新型电力系统建设及完善过程中扮演重要角色，多种类储能在电力系统中有机结合、协同运行，共同解决新能源季节出力不均衡情况下系统长时间尺度平衡调节问题，能源系统运行的灵活性和效率大幅提升。

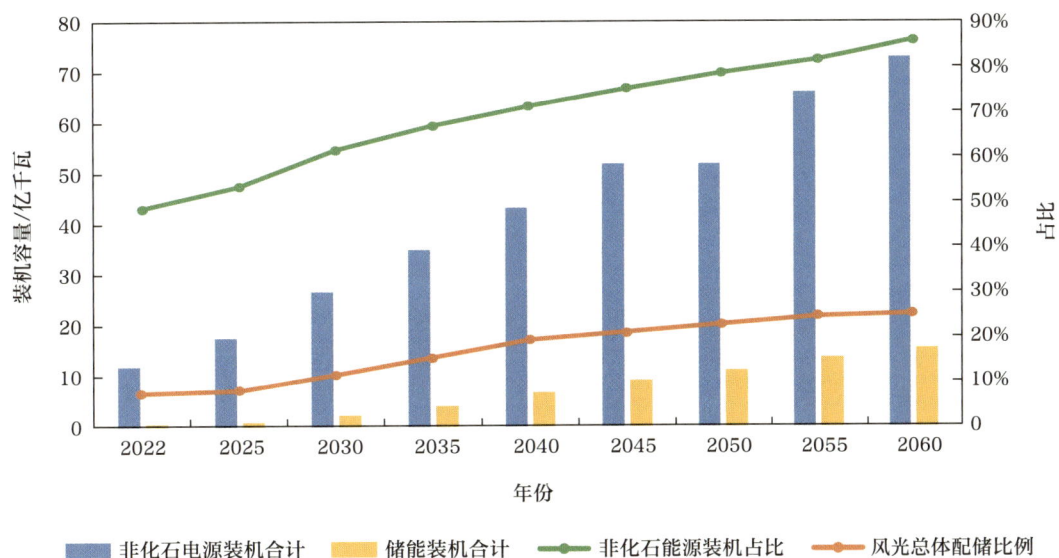

图 3-29　2022—2060 年节点年非化石能源装机与储能装机容量及
非化石能源装机占比与风光总体配储比例

（六）氢能行业中长期发展展望

长期来看，氢能产业未来的发展前景非常广阔，但根据目前发展状况判断，未来氢能产业要立足于商业能源领域，需具备几项前提条件：第一，发展前期必须予以强力政策支持；第二，在产业链的各个环节上，成本均具备一定竞争力；第三，技术安全可靠性保障和社会认知接受度。到2060年，中国的氢能产业发展前景可分为三个阶段。

第一阶段（当前到2025年）：政策引导局部示范导入期。在《氢能产业发展中长期规划（2021—2035年）》和"以奖代补"政策的引导下，通过示范城市群的带动，将氢能和燃料电池汽车产业链建立起来，关键核心技术取得突破，逐步实现国产化。与此同时，氢能行业将推动完成氢能在中国的发展定位与战略目标，形成自上而下相对健全的行业发展指导意见及审批管理政策，初步建立产业政策、监管方式、商业模式，为产业健康持续发展奠定基础。

第二阶段（2025—2035年）：市场驱动商业模式培育期。在燃料电池系统价格下降、生产规模扩张、可再生能源在制氢过程中使用比例提升、加氢基础设施逐渐完善等多个因素的驱动下，氢燃料电池车对于商用车，尤其是重卡的成本将大幅下降，整个氢能产业将形成一定的发展规模，形成高效、安全、低成本的供氢网络雏形，为产业高质量持续发展奠定基础。在此阶段，氢燃料电池、制氢、加氢、运氢、储氢关键装备技术基本实现国产化；产业政策逐步健全、行业监管相对完善，商业模式较为成熟，产业处于市场驱动下有序竞争且日益发展的环境。

第三阶段（2035—2060年）：产业生态绿色智慧成熟期。可再生能源制氢成为核心氢源，氢气在这个阶段将能够更系统地生产、储存、运输和分销。氢能源将同电动车和其他新兴技术一样，充分进入交通、电站、储能、化工和钢铁等各个细分市场参与竞争，在全球范围内实现将绿色能源转化为动力的系统解决方案。在这个阶段，社会生产系统将由不同的技术提供动力，氢能产业将实现与工业、电力、建筑、交通行业不同程度的融合，最终实现电力与氢能互补的能源供应体系。

根据预测模型结果，到2040年绿氢消费总量约为2300万吨，在终端能源消费中占比超过2%；到2050年绿氢消费总量约为5000万吨，在终端能源消费中占比接近6%；到2060年绿氢消费总量约为8300万吨，在终端能源消费中占比约为11%，如图3-30所示。

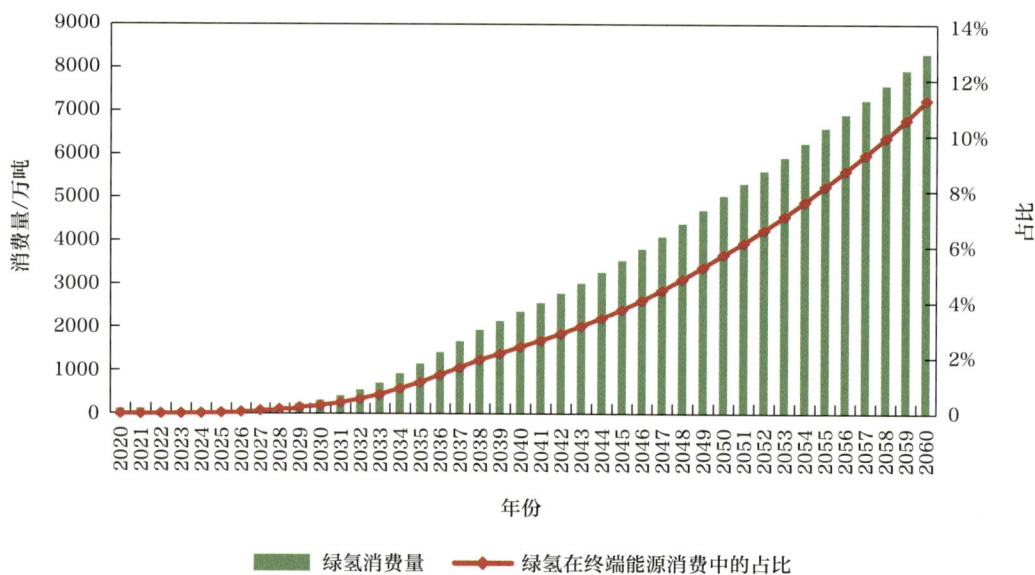

图 3-30　氢能在终端能源消费中的占比预测

预计到2060年，在我国氢气需求结构中，燃料加工和化工业、交通运输仓储邮政业的占比将分别增长至29.6%、24.4%，钢铁行业占比为9.7%，是绿氢消费的主要领域。随着交通领域乘用车、商用车数量的扩大，工业领域中煤化工、石油化工、钢铁的原料氢替代，以及电力领域中燃氢调峰和燃氨电厂的燃料需求，对绿氢的需求潜力很大，属于应用端的重点突破口；此外，在碳中和目标驱动下，在建材行业、其他制造业、其他服

156

务业、居民生活等领域，绿氢对于煤炭、油品、天然气等化石能源的替代效应也逐步强化，这些领域对绿氢的消费也将稳步增加，如图3-31所示。

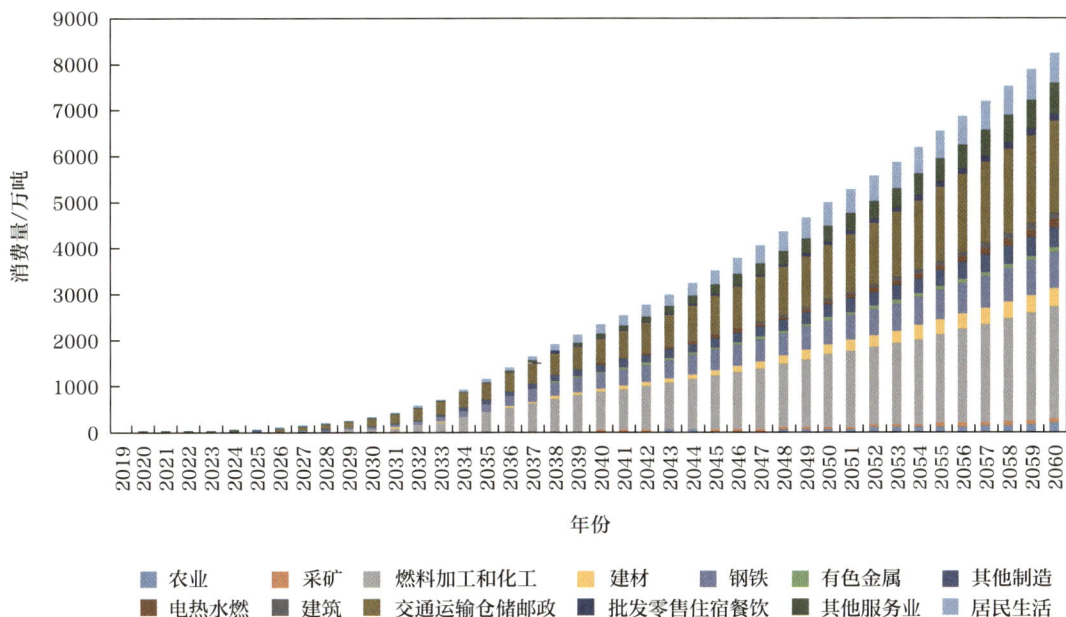

图 3-31　2060 年氢能在不同领域的消费结构

总体而言，氢能在可再生能源与传统化石能源链接之间，将起到纽带作用，在化解风光高比例接入电网消纳问题的同时，更是难以脱碳的工业领域实现深度减排的"攻坚利器"。短期内氢能的发展或许面临着经济性的考验，但是随着氢能产业链商业化进程的不断完善和成熟，制氢技术的不断迭代升级、规模化发展使得氢气成本快速下降；从长期来看，氢能将与交通网、原料网、供电网、供热网等一起，成为未来能源枢纽重要的一环。

（七）我国能源投资中长期展望

1. 能源行业投资现状

能源投资是指以货币形式表现的在能源领域[①]建造和购置固定资产的工作量及与此有关费用的总称。

---

① 　包括煤炭开采和洗选业，石油和天然气开采业，电力、热力生产和供应业，石油、煤炭及其他燃料加工业，燃气生产和供应业等 5 个行业。

1）能源投资总量

能源投资总量整体呈增长趋势。作为开发能源资源、形成能源供应链和构建现代能源工业体系的经济保障，能源投资总量2000—2019年持续扩大，从0.4万亿元增长到3.2万亿元，增长7倍以上（同期能源生产总量增长约3倍），有力保障了我国能源生产的稳定增长，如图3-32所示。

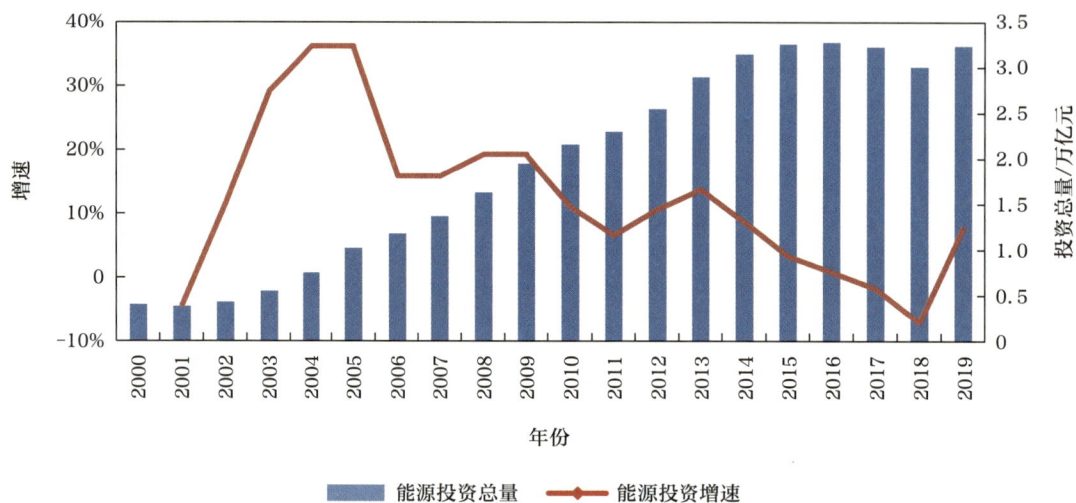

图 3-32 我国能源投资总量及增速

资料来源：中国固定资产投资统计年鉴、中国投资领域统计年鉴、中国能源统计年鉴

2000—2008年是能源投资高速增长期。这一阶段为满足我国经济高速增长和工业化快速发展对能源的消费需求，能源投资总量增长4倍以上，年均增速约19%。2009—2015年是能源投资波动增长期。这一阶段随各类能源新建项目的陆续交付使用及我国能源消费增速逐步放缓，能源投资的发展势头有所减弱。这一阶段能源投资总量增长约67%，年均增速约9%。自2015年以来，随着我国经济发展进入"新常态"和供给侧结构性改革政策的实施，煤炭、煤电和炼油等行业均实现了调结构、去产能，因此能源投资总量在2017—2018年连续出现了负增长。2019年在我国大力推动油气增储上产和持续释放煤炭优质产能等政策引导下，能源投资总量探底回升，投资增速由负转正。

2）能源投资结构

能源投资结构分化特征显著。电力、热力生产和供应业由于产业链条较长，且包括各类电源品种，其投资总量最大，占比最高。煤炭开采和洗选业，石油和天然气开采业，石油、煤炭及其他燃料加工业的投资总量受市场需求、政策约束和化石能源资源赋存等因素影响，存在一定波动，其投资占比均呈现波动态势。燃气生产和供应业在我国天然气需求总量不断增加的持续拉动下，为保障城镇和工业等用气的稳定供应，投资总量持续提高，占比呈逐步上升趋势。

如图3-33所示，煤炭开采和洗选业投资总量和投资占比呈现先增后减趋势。2000—2012年，在煤炭需求快速增长的有力拉动下（同期煤炭消费增长约187%，在我国一次能源消费占比平均约70%），煤炭开采和洗选业投资总量和投资占比逐年上升：同期投资总量从211亿元增长到5370亿元，投资占比从5.3%攀升至21%以上，在5个细分行业中仅次于电力、热力生产和供应业。党的十八大以来，受供给侧结构性改革政策影响，煤炭产业进入产业结构调整阶段，投资总量降至3635亿元，2019年投资占比降至10%以下。

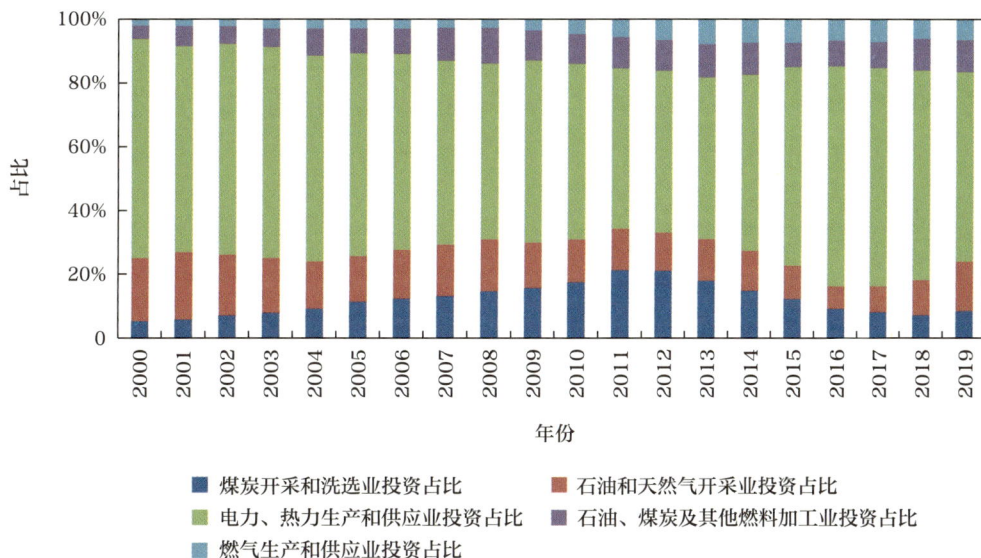

图 3-33　我国能源投资结构

资料来源：中国固定资产投资统计年鉴、中国投资领域统计年鉴、中国能源统计年鉴

石油和天然气开采业投资总量整体保持上升趋势，投资占比整体呈现下降趋势。在我国油气需求持续增加的影响下，该行业投资总量整体呈上升趋势，从2000年的789亿元增长到2019年的3306亿元。但受制于我国油气资源贫乏，其投资总量增长幅度有限，在2014年出现第一个高点（2015年原油产量为近年来最高水平）后开始逐步回落，此后受去产能政策影响，该行业投资总量在2015—2016年出现连续下滑。后续随着我国大力推动油气增储上产，该行业投资总量再次增加。由于石油和天然气开采业投资总量增幅相对有限，其投资占比整体呈现下降趋势，2019年前后平均在15%以下。

石油、煤炭及其他燃料加工业①投资总量保持上升趋势，投资占比相对稳定。受交通运输、钢铁等行业需求持续影响，该投资总量持续上升，投资占比持续扩大。自2000年以来，该行业投资规模从173亿元增长到2019年的3313亿元。由于我国炼油和钢铁等行业整体产能过剩，该行业投资增速持续放缓，投资占比保持在10%左右。

燃气生产和供应业投资总量和占比持续提高。随着我国城镇住宅、公共服务设施和工业等燃气需求的持续攀升，该行业投资总量实现持续增长，从2000年的74亿元增长到2019年的2802亿元，且投资占比从2%以下提升至8%～9%。该行业投资可以带动燃气管网基础设施建设，提高城镇化和工业化发展水平，促进燃气的终端消费。

电力、热力生产和供应业投资总量和占比最大。为不断推进我国电力工业建设，稳步提高电力供应能力，该行业投资总量持续上升，从2000年的0.3万亿元增长到2019年的1.9万亿元，是5个细分行业中投资总量最大的行业，年均投资占比在60%以上。分阶段看，该行业投资总量在2009—2011年短暂呈现了"平台期"特点，其主要原因是早期电源建设在这一阶段开始陆续交付使用，电力生产行业（主要指火力发电）出现了产能过剩，投资总量出现下滑。2012年以来，随着电力新动能（主要是非化石能源）逐步实现规模化发展，该行业投资总量再次上升。但我国于2017年起大力化解煤电产能过剩，该行业投资总量再次出现下降。

3）电力生产投资结构

电力生产投资结构能够有效反映我国能源电力的发展趋势。基于我国能源资源禀赋及电力市场调配的刚性需求，2012年以前火电是我国电力生产投资中占比最大的电源。2012年以来，由于非化石能源逐步实现了规模化发展，其发电投资在电力生产投资中的占比已超过火电，电力生产投资呈现出清洁化和低碳化发展的显著特征，如图3-34所示。

2008年以前，由于经济增长和工业化发展带动了用电需求持续增加，这一阶段我国电力生产投资中以火电为主力电源，投资占比平均保持在60%以上。2008—2011年，太阳能发电和风力发电开始逐步发展，但受限于成本较高，且未形成规模效应，因此投资总量整体较低，在国民经济行业分类上未单独列项，而是统一计入其他电力生产（还包括潮汐能、地热能、波浪能、海流能、温差能等）。这一阶段，其他电力生产投资占比逐渐上升，从16%升至37%；而火电受产能过剩影响，投资占比显著下降，在2012年仅占电力生产投资的四分之一。

2012年以来，太阳能发电和风力发电在电价补贴、税收减免等一系列激励政策推动下，发展规模不断扩大，其投资总量连年攀升，并且在国民经济行业分类上分别作为独

---

① 该行业主要包括原油加工和炼焦等。

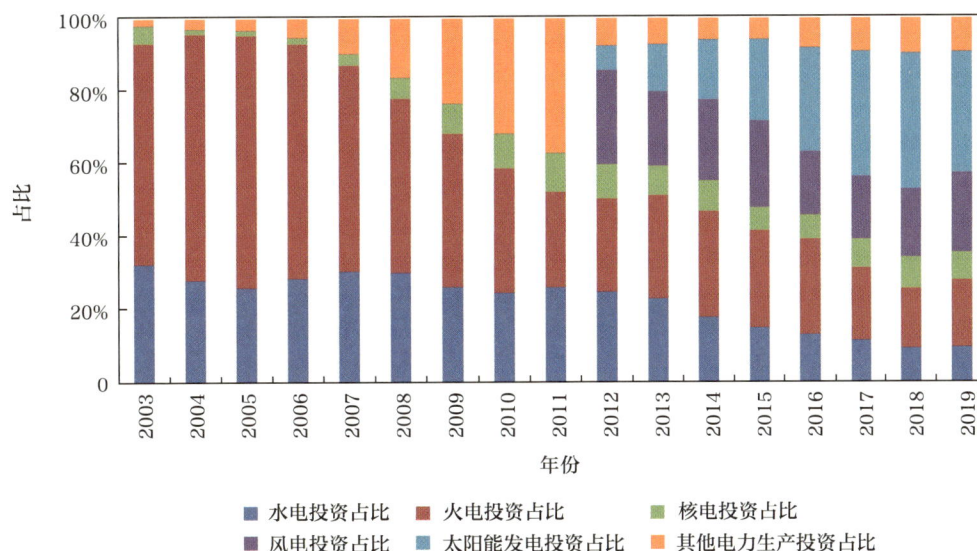

图3-34　我国电力生产投资结构变化

资料来源：中国固定资产投资统计年鉴、中国投资领域统计年鉴、中国能源统计年鉴

立的发电品种单独列项。另外，二者合计投资占比从当年的33%持续上涨至2019年的50%以上，从投资角度正式取代火电成为我国电力生产投资中最大的两个发电品种。

从太阳能发电和风力发电各自的发展情况分析，由于前者能以更快的速度实现成本下降，因此太阳能发电后来居上，投资总量和占比均在2016年超过风力发电，成为我国电力生产投资中最大的发电品种。

2. 能源行业投资发展趋势展望

1）煤炭开采和洗选业

煤炭开采和洗选业投资近中期保持平稳上升，中远期持续下降。2035年以前，煤炭在保障我国能源自给水平方面仍发挥重大作用。这一阶段为持续稳定煤炭生产以满足下游用煤需求，煤炭开采和洗选业的年度投资将保持在4700亿～4900亿元的水平。"十四五"和"十五五"时期，受下游用煤需求增加影响，煤炭开采和洗选业投资总量整体呈上升趋势。"十六五"时期随下游用煤需求稳中有降，煤炭开采和洗选业投资总量呈现出平台期的过渡阶段特征。2035年以后，随着我国非化石能源进一步实现规模化发展，煤炭消费快速下降。在下游需求不断收缩的作用下，煤炭开采和洗选业投资持续下降，到2050年降至2500亿元左右，到2060年降至1000亿元左右，如图3-35（a）所示。

2）石油和天然气开采业

石油和天然气开采业投资近中期持续上升，中远期平稳下降。2035年以前，预计我国石油消费量仍保持在6亿吨以上的较高水平，而天然气作为实现"双碳"目标的过渡能源，在发电供热和终端消费等方面也将保持增长。为持续满足我国油气消费需求，这一阶段需要持续加大油气开发力度以实现稳油增气。叠加未来油气勘探地质条件更加复杂、开采难度逐步增加等因素，石油和天然气开采业年度投资将提高到3500亿～3600亿元。2035年以后，随着交通运输领域电动汽车的规模化替代和非化石能源的迅速发展，油气消费规模将实现下降，但其国内产量的降幅小于煤炭（进口量大幅下降），因此石油和天然气开采业投资平稳缓慢下降，到2060年保持在2300亿元左右，如图3-35（b）所示。

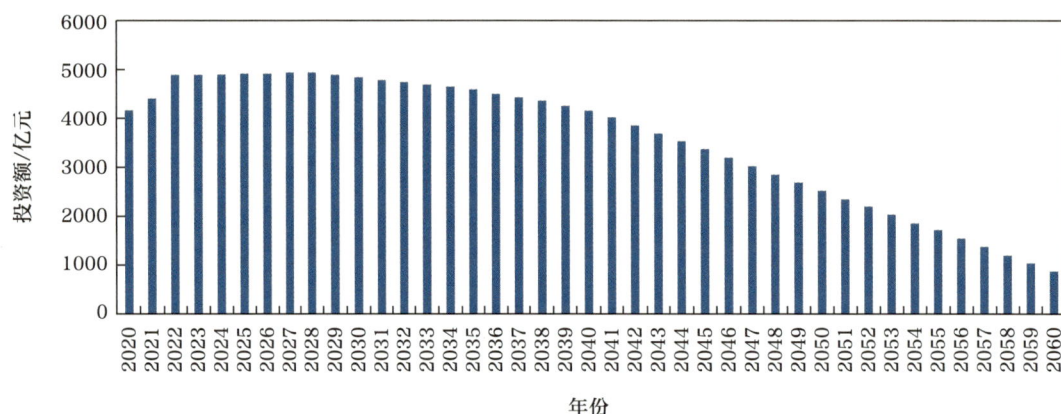

（a）煤炭开采和洗选业

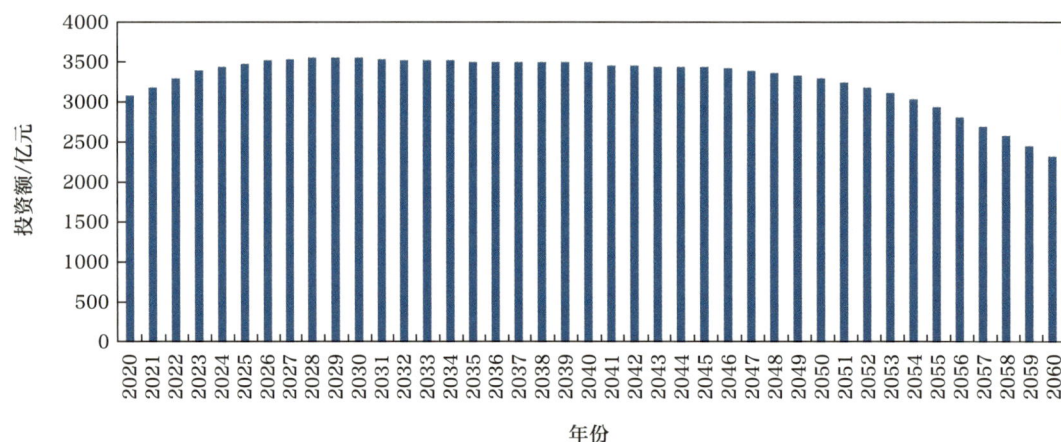

（b）石油和天然气开采业

图 3-35　我国煤炭开采和洗选业及石油和天然气开采业投资发展趋势

3）石油、煤炭及其他燃料加工业

石油、煤炭及其他燃料加工业投资先升后降。未来几年，我国炼油能力和炼焦产能总体保持稳定（到2025年国内原油一次加工能力不超过10亿吨），石油化工和煤化工产能将进一步增长。近中期来看，石油、煤炭及其他燃料加工业投资将呈现先上升后下降的趋势，在2035年以前保持在3600亿～3800亿元。中远期受石油和焦化品消费需求持续下降的影响，该行业投资将不断走低，到2050年降至2300亿元左右，到2060年降至1100亿元左右，如图3-36（a）所示。

4）燃气生产和供应业

燃气生产和供应业投资近中期持续上升，中远期平稳下降。2035年以前，为持续满足我国发电供热和终端部门对燃气的巨大需求，我国燃气生产和供应业的投资水平需要持续提高，以推动管网设施建设不断完善，实现燃气供应稳定。另外，随着可再生能源供热这类新型基础设施的出现和发展，该行业可能产生新的业态模式，有望进一步推动其投资总量持续增加。这一阶段，燃气生产和供应业投资将提高到4800亿元左右。2035年以后，随着广覆盖多层次的燃气管网建设基本建成，我国大部分城市供气管道基本接入。另外在天然气消费需求不断回落的影响下，燃气生产和供应业投资水平呈平稳下降趋势，到2060年降低至2500亿元左右，如图3-36（b）所示。

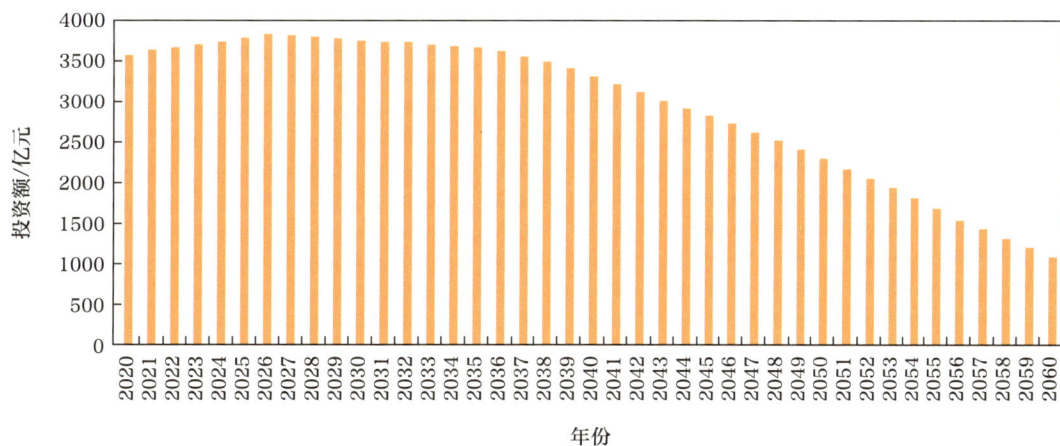

（a）石油、煤炭及其他燃料加工业

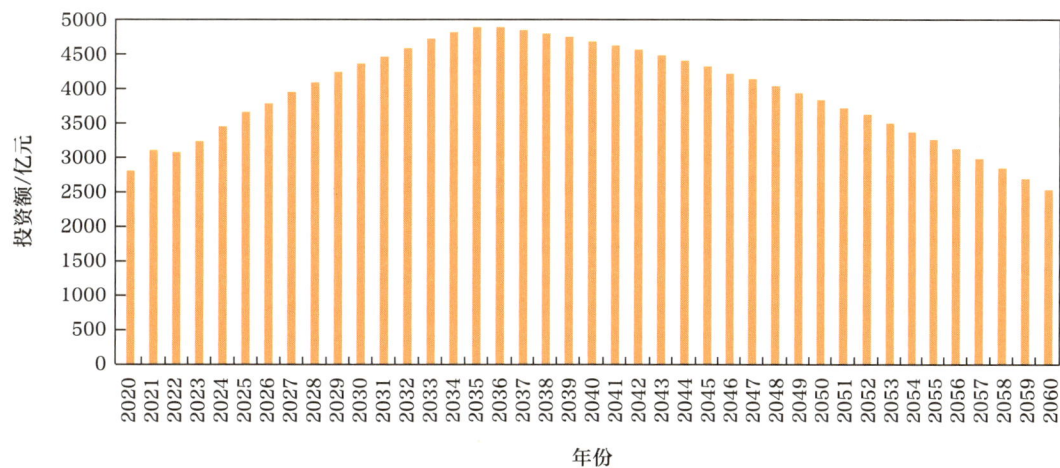

（b）燃气生产和供应业

图3-36　我国石油、煤炭及其他燃料加工业及燃气生产和供应业投资发展趋势

5）电力、热力生产和供应业

电力、热力生产和供应业（含储能、氢能）投资持续提升，对化石能源形成规模替代。2035年以前，风电、太阳能发电、水电、核电等非化石能源发电产业，以及储能、氢能将持续快速发展，新型电力系统建设不断加速，未来能源投资将主要投向该行业：在电力生产侧，我国非化石能源发电装机容量保持快速增长；在电力供应侧，我国持续加强电网安全保障和防御体系，优化电力系统综合调节能力。另外，在煤电"三改联动"、促进地热开发利用等政策推动下，我国热力生产和供应业投资水平有望提升，集中供热能力不断加强。这一时期，电力、热力生产和供应业投资从2万亿元以下增长到4万亿元左右。2035年以后，我国非化石能源仍保持快速发展态势，届时电力、热力生产和供应业的投资规模将抵消对化石能源投资的持续下降，进一步凸显我国能源领域高度清洁化、电气化的投资特征。另外，随着我国氢能在工业、交通等终端部门的消费水平不断提升，以及储能在保障电力系统安全方面的规模化应用，电力、热力生产和供应业投资总量实现了进一步增加。预计电力、热力生产和供应业投资到2050年可达到5.0万亿元左右，到2060年可达到5.3万亿元左右，如图3-37（a）所示。

6）能源投资总量

能源投资总量呈现持续发展壮大的整体特征。要实现"双碳"目标下的能源转型，未来仍需提高能源投资水平，以保障能源安全和助力能源行业可持续发展。展望期内，能源领域不断出现的新业态、新模式将持续激发投资活动：能源投资总量在2035年我国基本实现社会主义现代化之前增长速度较快，预计到2035年将达到5.7万亿元；其后能源

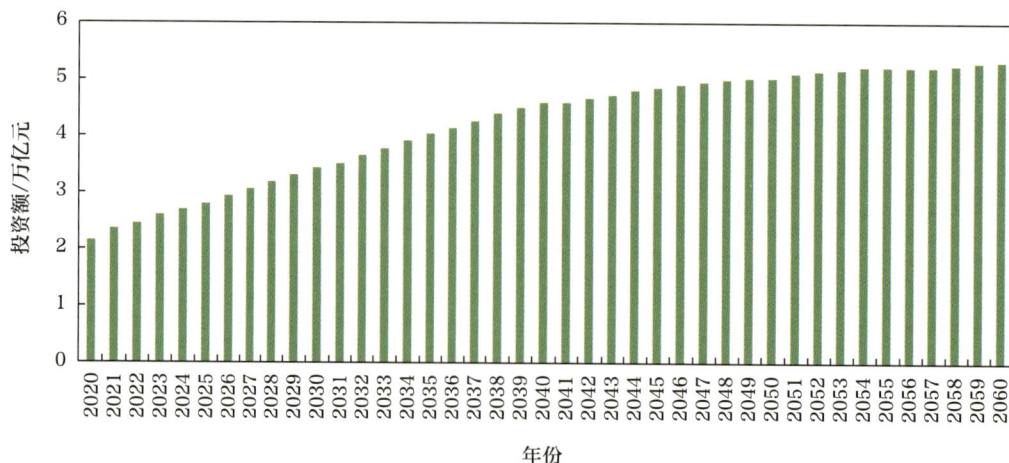

（a）电力、热力生产和供应业

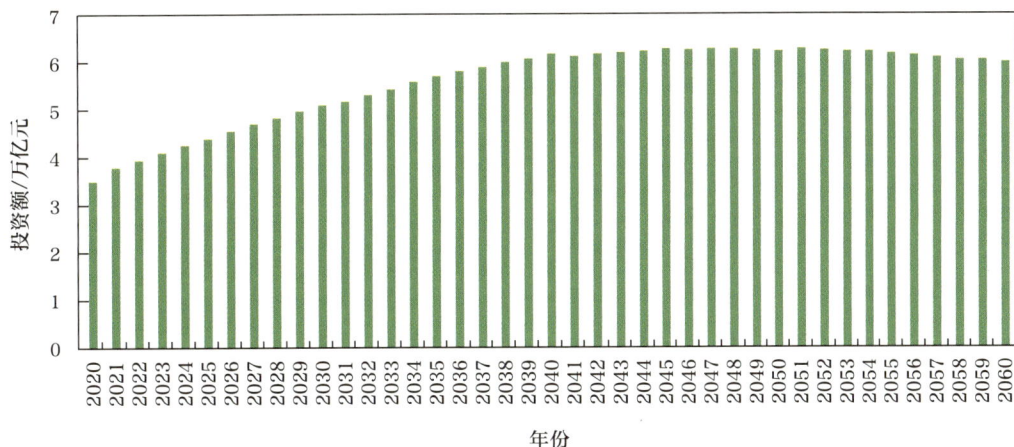

（b）能源投资总量

图 3-37　我国电力、热力生产和供应业投资及我国能源投资总量发展趋势

投资总量增速将放缓或呈现略降态势，预计到2040年、2050年、2060年将分别达到6.1万亿元、6.2万亿元、6万亿元左右，能源投资总量占我国GDP总量的比例总体呈现逐步降低的趋势。总体来看，从2020年到2060年实现碳中和目标，我国能源投资总量累计约为210万亿元，投资空间很大。由此判断，今后一个时期，需进一步树立"能源发展、投资先行"的重要观念，以助推我国"双碳"目标顺利实现，如图3-37（b）所示。

十二、储能承担多时长调峰情景下我国能源中长期展望

（一）我国能源消费中长期展望

1. 终端能源消费

如图3-38所示，在该情景下，预计我国终端能源消费总量在2040年将降至41亿吨标准煤左右，2050年将降至35亿吨标准煤左右，到2060年将降至28亿吨标准煤左右。

如图3-39所示，终端能源消费结构也将继续向电气化、低碳化和清洁化方向发展，并将持续加速。预计终端能源电氢化率（电力和氢能在终端能源消费总量中的占比）在2040年、2050年、2060年将分别达到45%、57%、71%，其中绿氢分别为2.3%、5.1%、9.4%。

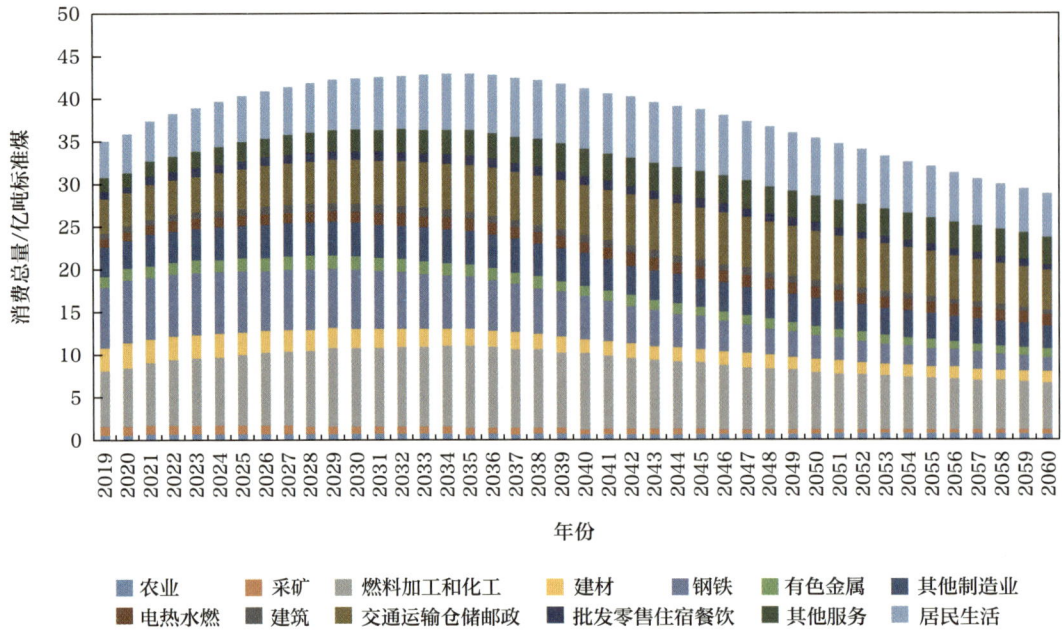

图例：农业　采矿　燃料加工和化工　建材　钢铁　有色金属　其他制造业
电热水燃　建筑　交通运输仓储邮政　批发零售住宿餐饮　其他服务　居民生活

图 3-38　储能承担多时长调峰情景下终端能源消费总量及行业分布情况

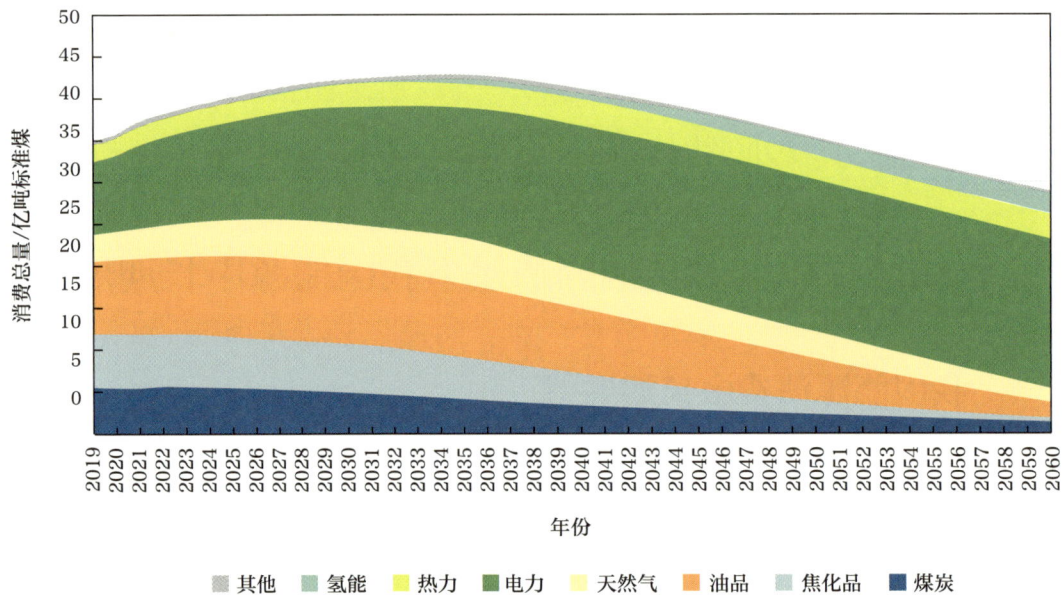

图例：其他　氢能　热力　电力　天然气　油品　焦化品　煤炭

图 3-39　储能承担多时长调峰情景下终端能源消费总量及品种结构

2. 一次能源消费总量及结构

如前所述，本书主要使用电热当量法来表征2035年以后的一次能源消费总量。

1）一次能源消费总量

在该情景下，预计到2040年、2050年、2060年我国一次能源消费总量将分别降至52亿吨标准煤、42亿吨标准煤、29亿吨标准煤左右，如图3-40（a）所示。若按发电煤耗法计算，预计到2040年、2050年、2060年一次能源消费总量分别为66亿吨标准煤、61亿吨标准煤、55亿吨标准煤左右，如图3-40（b）所示。

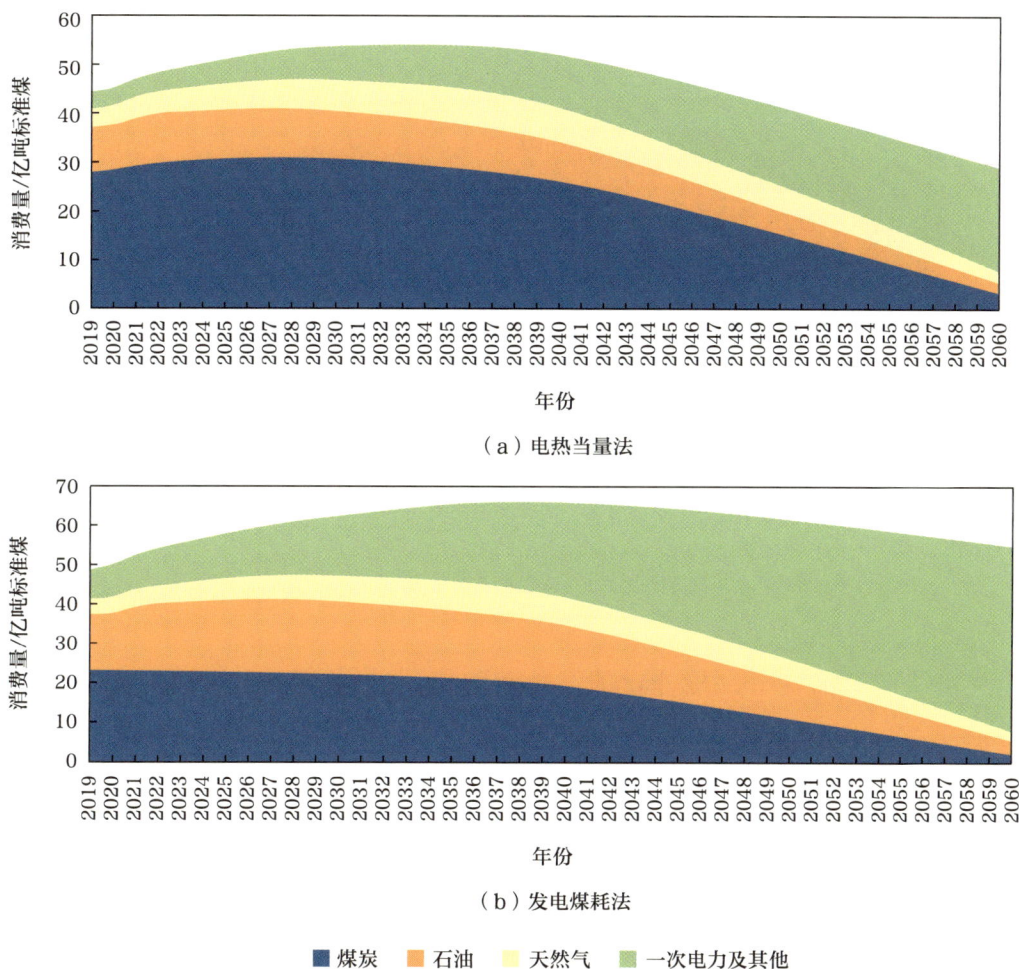

（a）电热当量法

（b）发电煤耗法

■ 煤炭　■ 石油　□ 天然气　■ 一次电力及其他

图 3-40　储能承担多时长调峰情景下一次能源消费量及结构

2）一次能源消费结构

在该情景下，按照发电煤耗法计算，预计到2040年，煤炭、石油、天然气、一次电力及其他能源在我国能源消费中的占比分别为40.4%、12.4%、10.6%、36.6%；到2050年，分别为25.1%、8.4%、8.7%、57.8%；到2060年，分别为6.5%、3.5%、5.0%、85.0%。

按照电热当量法计算，预计到2040年，煤炭、石油、天然气、一次电力及其他能源在我国能源消费中的占比分别为50.6%、15.5%、13.2%、20.7%；到2050年，分别为36.8%、12.3%、12.7%、38.2%；到2060年，分别为12.2%、6.6%、9.4%、71.8%。

3. 分品种一次能源消费

煤炭消费。在该情景下，预计我国煤炭消费量到2040年降至37.5亿吨商品煤左右，到2050年降至21亿吨商品煤左右，到2060年降至5亿～6亿吨商品煤，如图3-41所示。

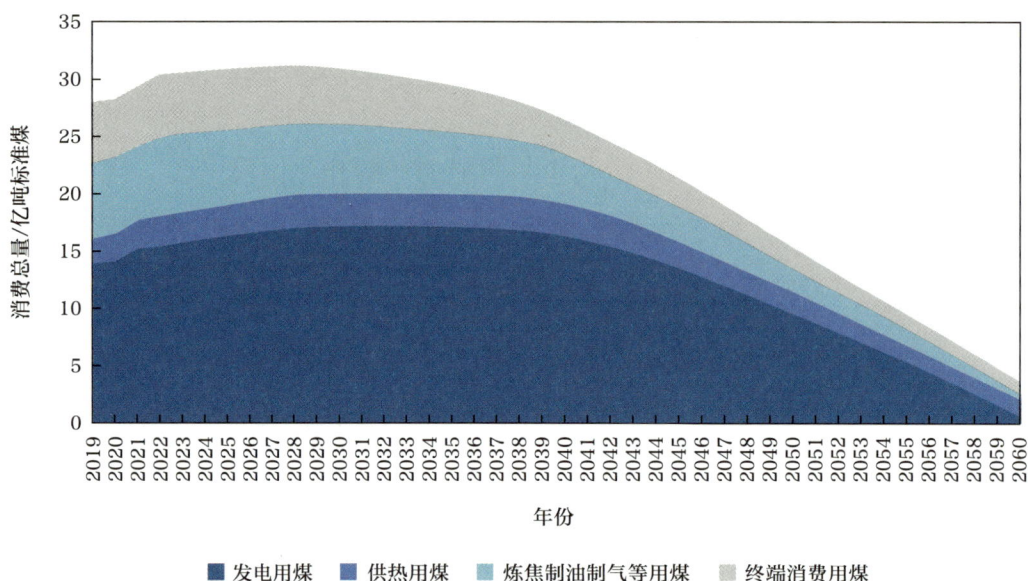

图 3-41　储能承担多时长调峰情景下煤炭消费总量及构成

石油消费。在该情景下，预计我国石油消费量到2040年降至5.7亿吨左右，到2050年降至3.6亿吨左右，到2060年降至1.4亿吨左右，如图3-42所示。

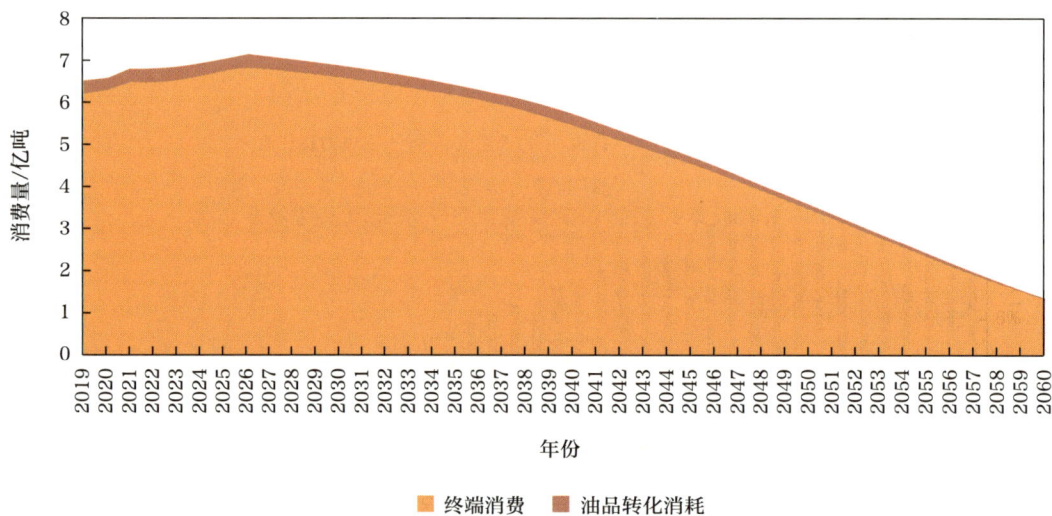

图 3-42　储能承担多时长调峰情景下石油的消费量及构成

天然气消费。在该情景下，预计到2040年降至5400亿立方米左右，到2050年降至4100亿立方米左右，到2060年降至2200亿立方米左右，如图3-43所示。

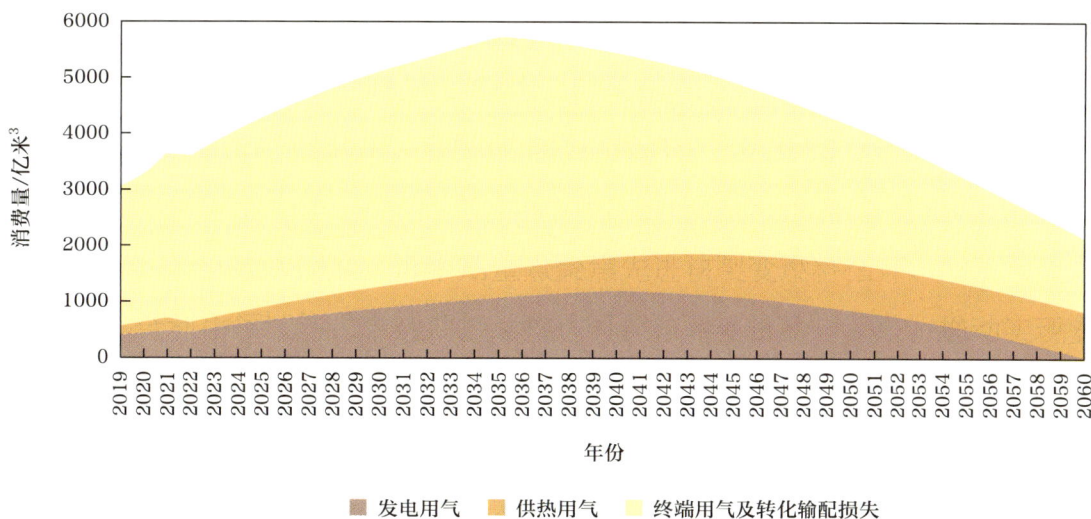

图 3-43　储能承担多时长调峰情景下天然气的消费量及构成

一次电力及其他能源（非化石能源）。在该情景下，预计一次电力及其他能源（非化石能源）的发电量到2040年将达到8.7万亿千瓦·时左右（占总发电量的56%左右），到2050年将达到12.8万亿千瓦·时左右（占总发电量的75.5%左右），到2060年将达到17.1万亿千瓦·时左右（占总发电量的98.5%左右）。

4. 碳中和目标

在该情景下，我国能源活动碳排放量在2035年以后将进入快速下降阶段。

不考虑CCUS时，预计到2040年能源活动碳排放量约为96亿吨，到2050年约为57亿吨，到2060年约为15亿吨，如图3-44所示。

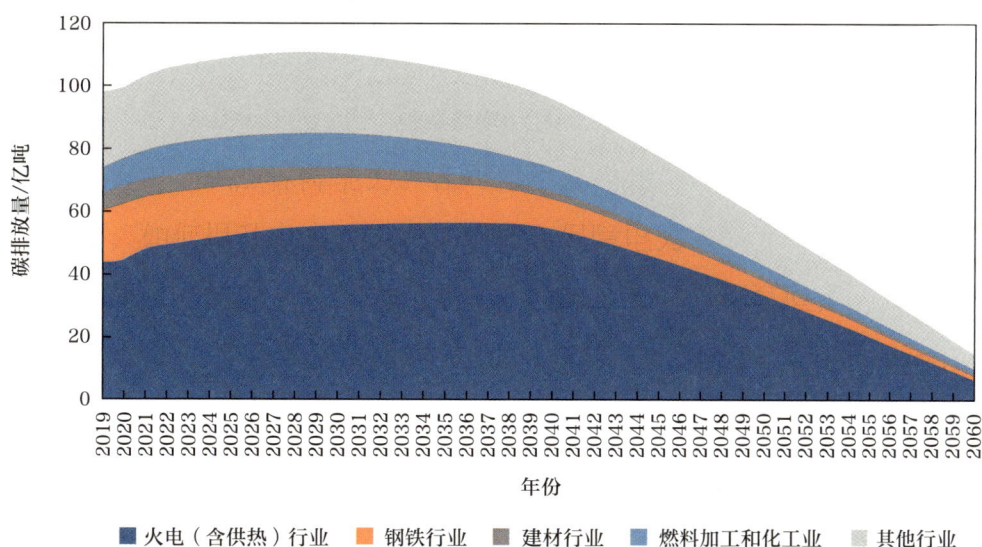

图 3-44　储能承担多时长调峰情景下各行业不考虑 CCUS 时的碳排放

若考虑CCUS的兜底脱碳保障到2035年以后进入规模化布局（重点聚焦煤电、石油化工、煤化工、冶金、工业燃煤等领域），预计到2040年、2050年、2060年CCUS分别可实现碳减排0.8亿吨、2.0亿吨、5.3亿吨左右，如图3-45（a）所示。

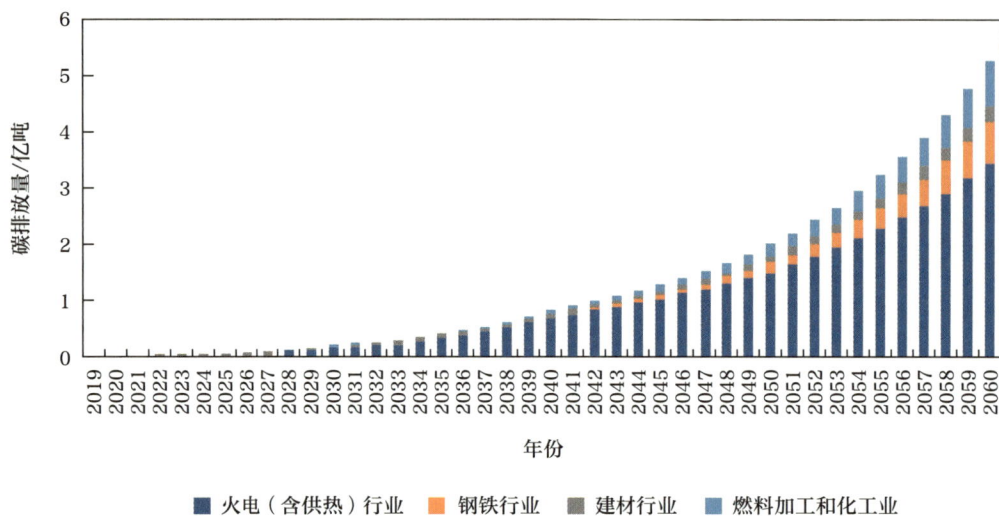

（a）

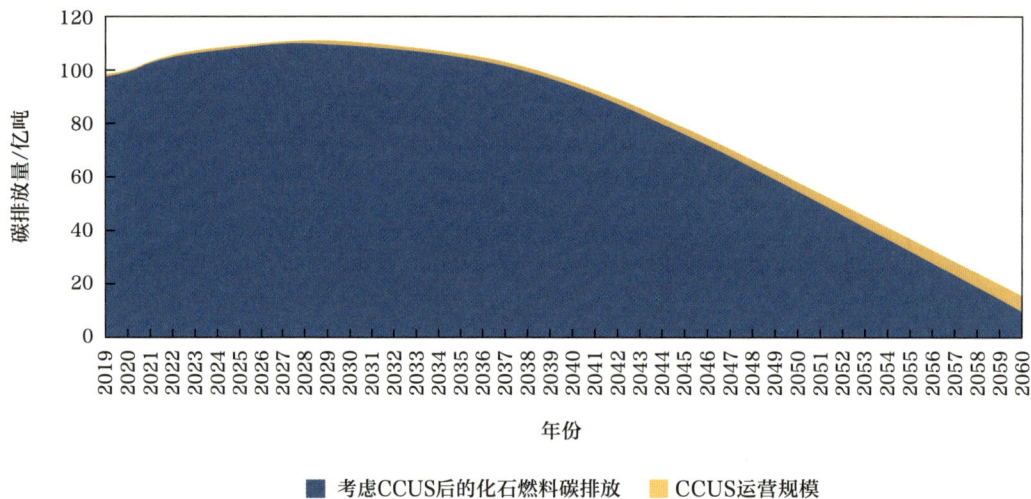

（b）

图3-45 储能承担多时长调峰情景下各行业CCUS的累计装机容量及考虑CCUS后的能源活动碳排放量

综合抵消后，到2060年能源活动的二氧化碳净排放量降至10亿吨左右[图3-45（b）]。根据国内林业领域研究结果，预计2060年我国陆上林地每年的碳汇能力可达15亿～20亿吨，可顺利将能源活动二氧化碳的净排放进行中和，并为经济社会其他领域碳排放预留较大的中和空间。

5. 电力电量需求

1）全社会用电量

在该情景下，预计2040年我国终端用能电氢化率将达到45%左右，到2050年将达到57%左右，到2060年将达到71%左右。

相应地，全社会用电需求在经济社会发展自然牵引和终端能源电氢替代的双重驱动下，将保持长期增长趋势。根据模型预测结果，我国全社会用电量到2040年将达到15.4万亿千瓦·时左右，到2050年将达到17.0万亿千瓦·时左右；到2060年将达到17.4万亿千瓦·时左右（图3-46），人均用电量1.3万千瓦·时左右，与美国当前人均用电水平相

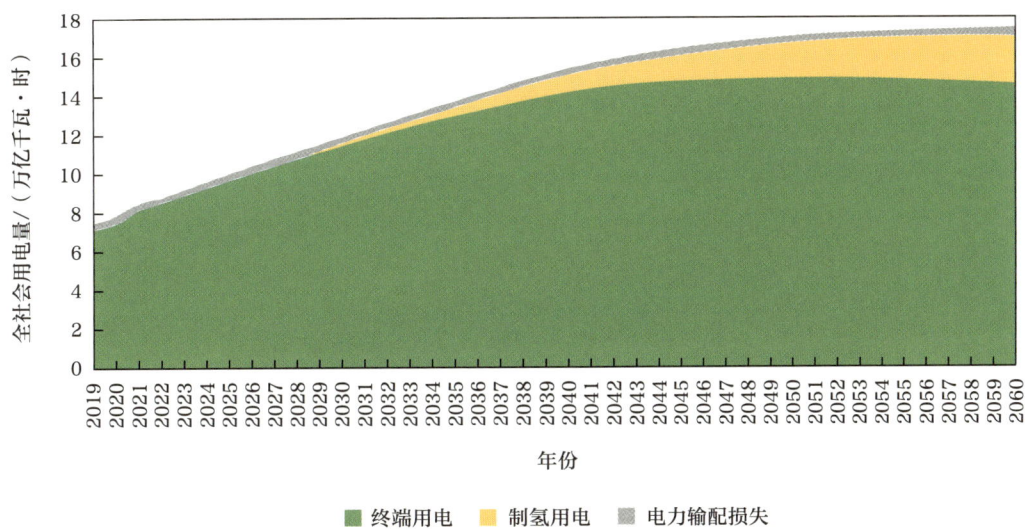

（a）

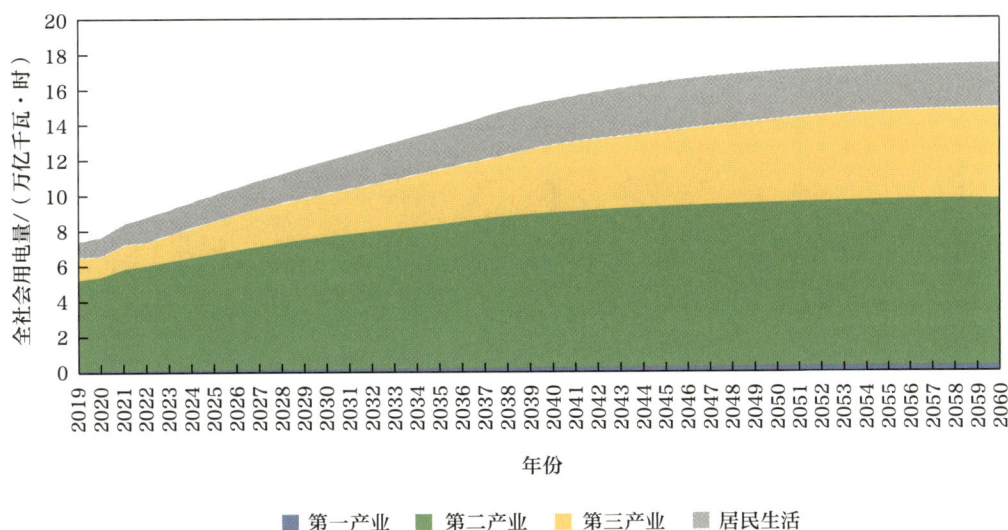

（b）

图 3-46　储能承担多时长调峰情景下全社会用电量、用途构成及产业构成

当（美国当前的终端用能电气化率不足30%）。

2）全社会最大用电负荷

在该情景下，预计我国全社会最大用电负荷（考虑需求响应之后）到2040年将达到23亿千瓦左右，到2050年将接近27亿千瓦，到2060年将达到28.5亿千瓦左右。

（二）我国能源供给中长期展望

1. 能源总体供给

与能源消费总量相一致，本书主要使用电热当量法来表征2035年以后一次能源供给情况，如图3-47所示。

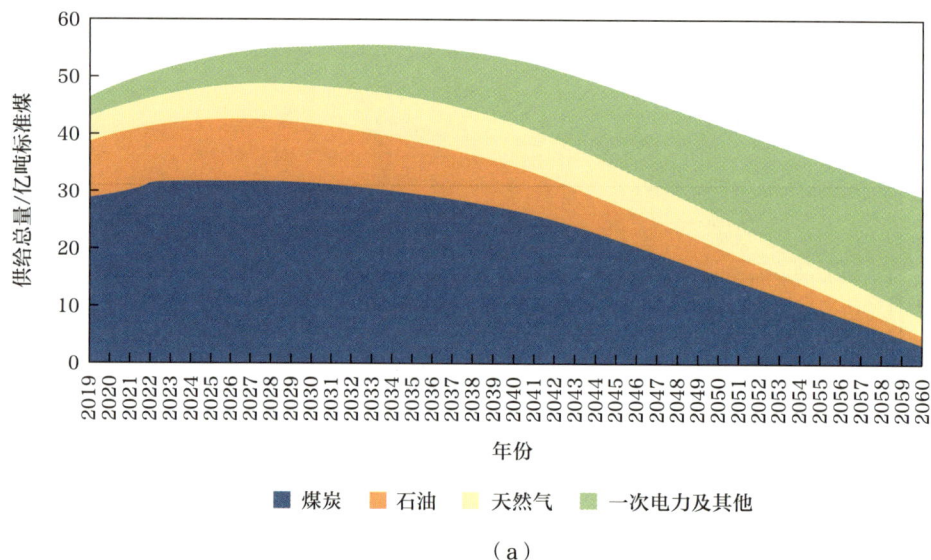

（a）

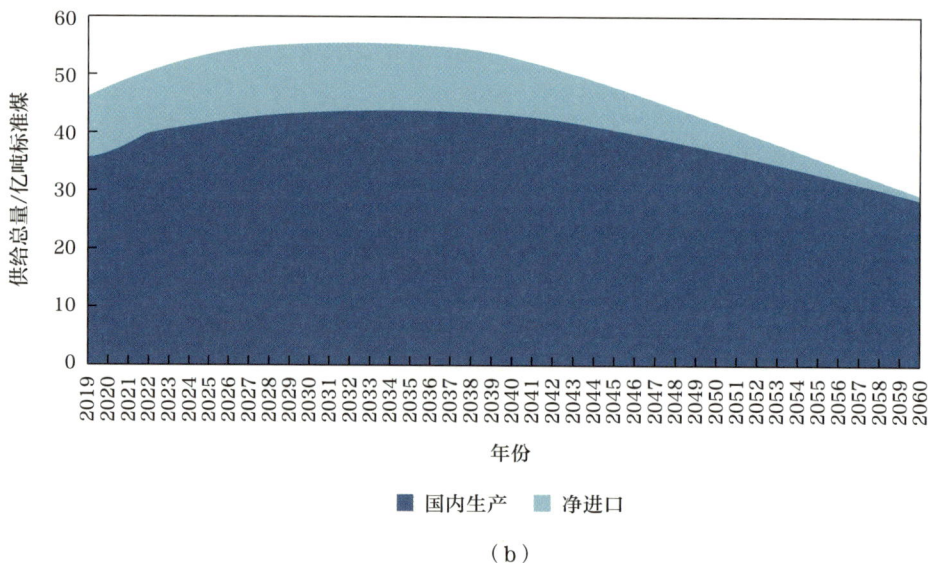

（b）

图 3-47　储能承担多时长调峰情景下一次能源供给总量、结构及来源地变化情况（电热当量法）

从供给总量来看：在该情景下，我国一次能源供给总量预计到2040年将降至53亿吨标准煤左右，到2050年降至42亿吨标准煤左右，到2060年降至29亿吨标准煤左右。

从供给品种来看：在该情景下，预计到2040年煤炭、石油、天然气、一次电力及其他能源对我国能源供给的贡献分别为50.6%、15.7%、13.1%、20.6%；到2050年分别为36.9%、12.5%、12.6%、38.0%；到2060年分别为12.3%、6.7%、9.4%、71.6%。

从供给来源地来看：在该情景下，我国能源总体自给率将呈现不断升高的态势，预计到2040年将升高至82%左右，其中煤炭、石油、天然气、一次电力及其他能源的自给率分别为96%、36%、54%、100%；到2050年总体自给率将升高至89%左右，其中煤炭、石油、天然气、一次电力及其他能源的自给率分别为97%、53%、65%、100%；到2060年将达到97%左右，其中煤炭、石油、天然气、一次电力及其他能源的自给率分别为97%、84%、85%、100%。

2. 煤炭供给

从供给来源地来看：在该情景下，预计2040年煤炭的国内生产量和净进口量（按商品煤计）分别为38亿吨和2.3亿吨左右，进口煤比例为5%左右[①]；到2050年国内生产量和净进口量分别为22亿吨和1.1亿吨左右，进口煤比例为4.2%左右；到2060年煤炭的国内生产量和净进口量分别为5亿～5.5亿吨和0.2亿～0.3亿吨，进口煤比例下降到3.6%左右，如图3-48所示。

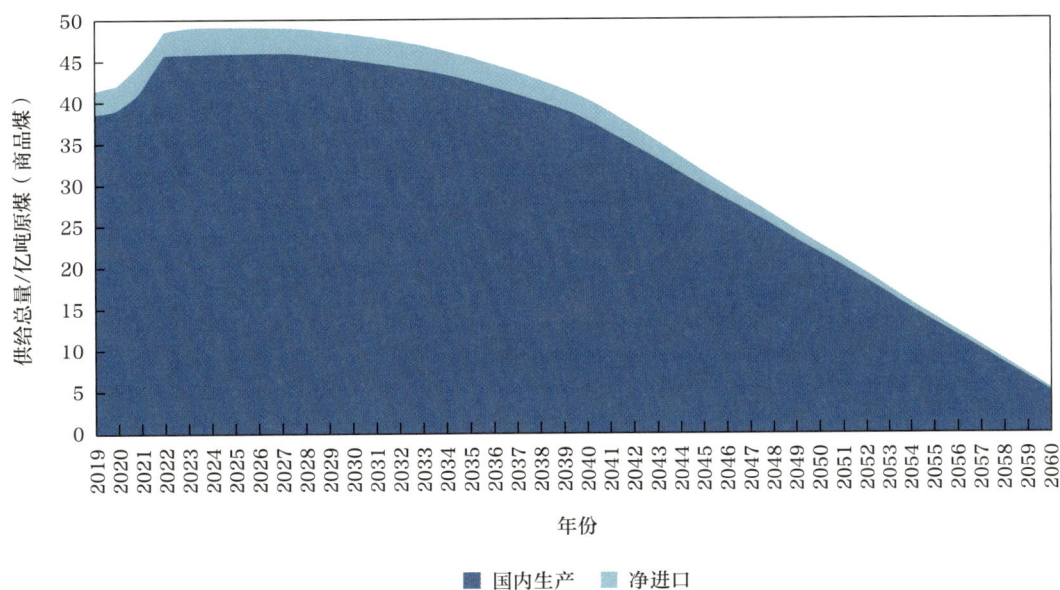

图 3-48　储能承担多时长调峰情景下我国煤炭供给总量及结构预测

---

① 由于进口煤的热值较低，在计算比例时折算为标准煤，所以进口煤的占比数值看起来低一些

从国内生产来看：在该情景下，2035年前我国需要提前在晋陕蒙新等重点区域新开工建设8亿吨/年的煤炭产能，保持"十四五"时期3亿吨、"十五五"时期3亿吨、"十六五"时期2亿吨的开工节奏，以满足煤炭保供需求，并配合适当煤炭进口共同保证2030—2050年煤炭的充足供给。

3. 油气供给

石油供给：在该情景下，预计到2040年、2050年、2060年石油产量分别为2.1亿吨、1.9亿吨、1.1亿吨左右，对外依存度分别为65%、48%、17%左右，如图3-49（a）所示。

天然气供给：在该情景下，预计到2040年、2050年、2060年天然气产量分别为3000亿立方米、2700亿立方米、1800亿立方米左右，对外依存度分别为46%、35%、15%左右，如图3-49（b）所示。

（a）石油

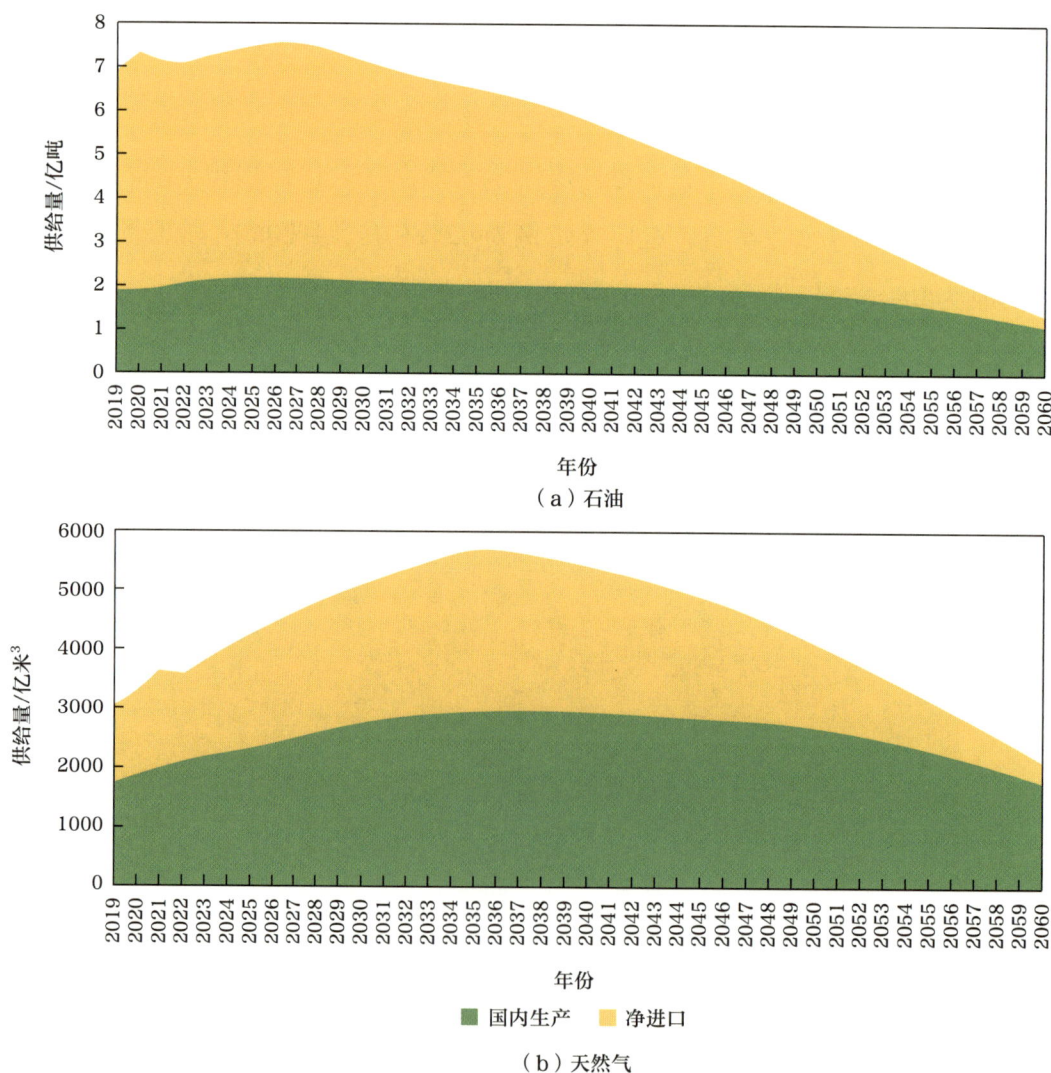

国内生产 净进口

（b）天然气

图 3-49 储能承担多时长调峰情景下石油和天然气的供给量及结构

4. 电力电量供给

电量供给：在该情景下，预计我国总发电量在2040年、2050年、2060年分别达到15.4万亿千瓦·时、17.0万亿千瓦·时、17.4万亿千瓦·时左右。关于发电量结构，预计2040年、2050年、2060年非化石电源发电占全国总发电量的比例将分别提高到56%、75.5%、98.5%，风电和太阳能发电是增量的绝对主体；煤电发电量占比将呈快速下降趋势，到2040年、2050年、2060年将逐渐下降到37%、20%、1.2%左右；气电发电量占比也将呈下降趋势，到2040年、2050年、2060年将逐渐下降到4.8%、3.2%、0.2%左右。到2060年化石能源发电主要发挥应急备用功能［图3-50］。

电力装机：2035年以后我国电力装机总量仍将不断攀升。如图3-50所示，预计到2040年我国电力总装机容量将达到62亿千瓦左右，到2050年将达到76亿千瓦左右，到2060年将达到85亿千瓦左右。装机结构方面，从中长期来看我国非化石电源装机容量占比将逐渐提高，预计到2040年非化石电源装机容量占比将达到72%左右，风光发电合计装机容量将达到36亿千瓦左右，煤电装机容量降至13.6亿千瓦左右；到2050年，非化石电源装机容量占比将达到80%左右，风光发电合计装机容量将达到51亿千瓦左右，煤电装机容量降至12.1亿千瓦左右；到2060年，非化石电源装机容量占比将达到89%左右，风光发电合计装机容量将达到65亿千瓦左右，煤电装机容量降至6亿～7亿千瓦。

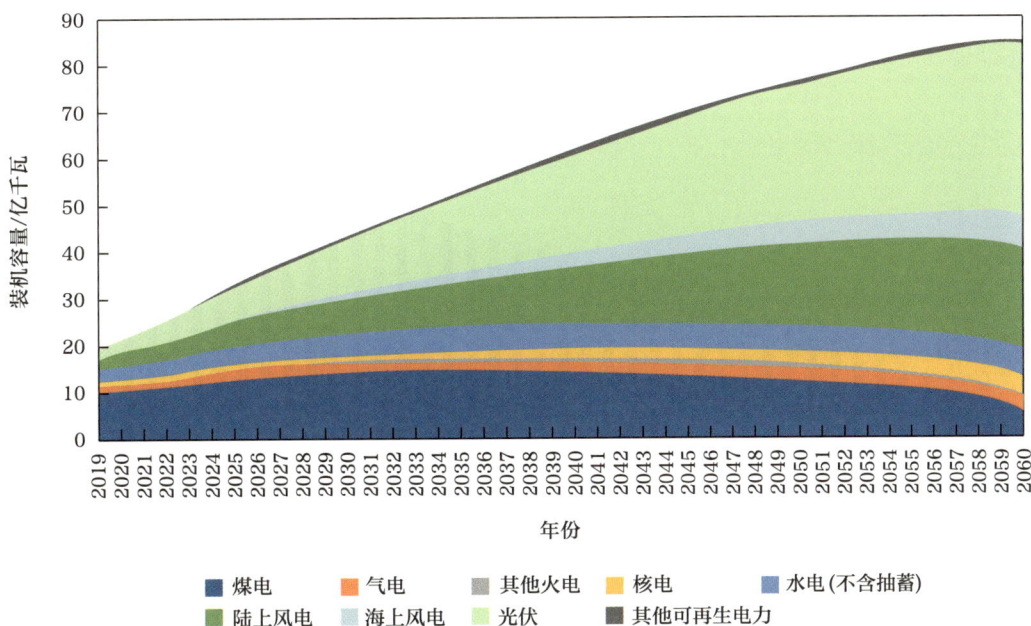

（a）

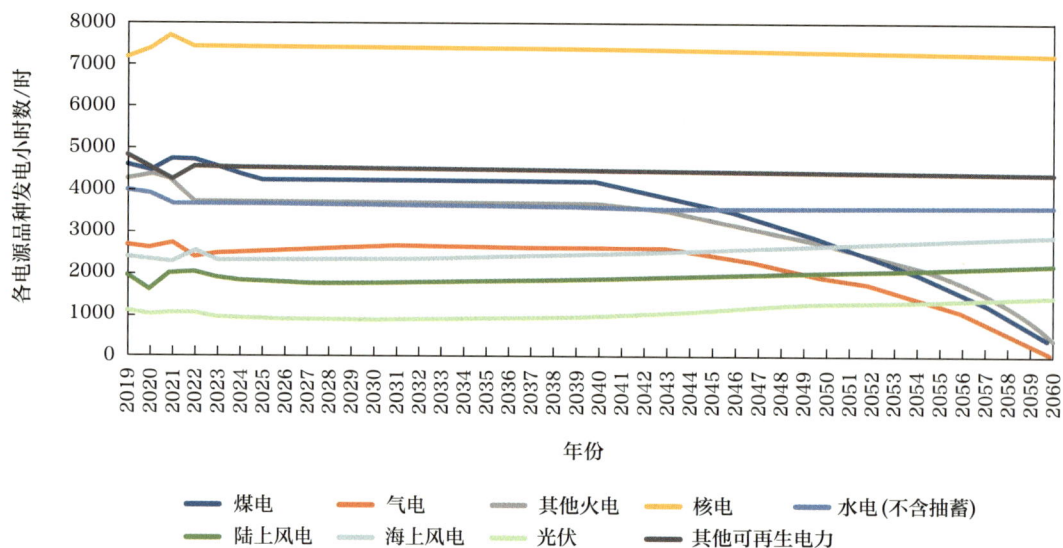

（b）

图3-50 电力装机总量、装机结构及各电源品种发电小时数变化趋势

电力供给：在该情景下，预计到2040年、2050年、2060年我国储能（含抽水蓄能、电化学储能、其他储能）的装机将分别达到7亿千瓦、12.8亿千瓦、20亿千瓦。根据发电电源和储能的装机情况，并结合不同发电电源种类和不同储能方式在负荷高峰时段各自的出力系数，仿真预测到2040年、2050年、2060年我国各类发电电源和储能最大出力合计分别达到26亿千瓦、31亿千瓦、33亿千瓦左右，均超过同期全社会最大用电负荷10%，在总体上可以保证用电高峰时段的电力供应安全，如图3-51所示。

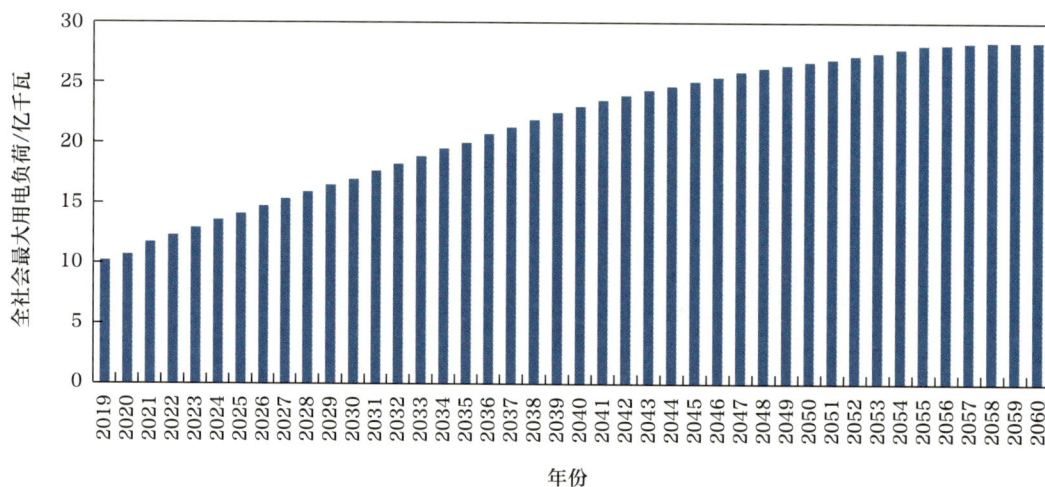

（a）

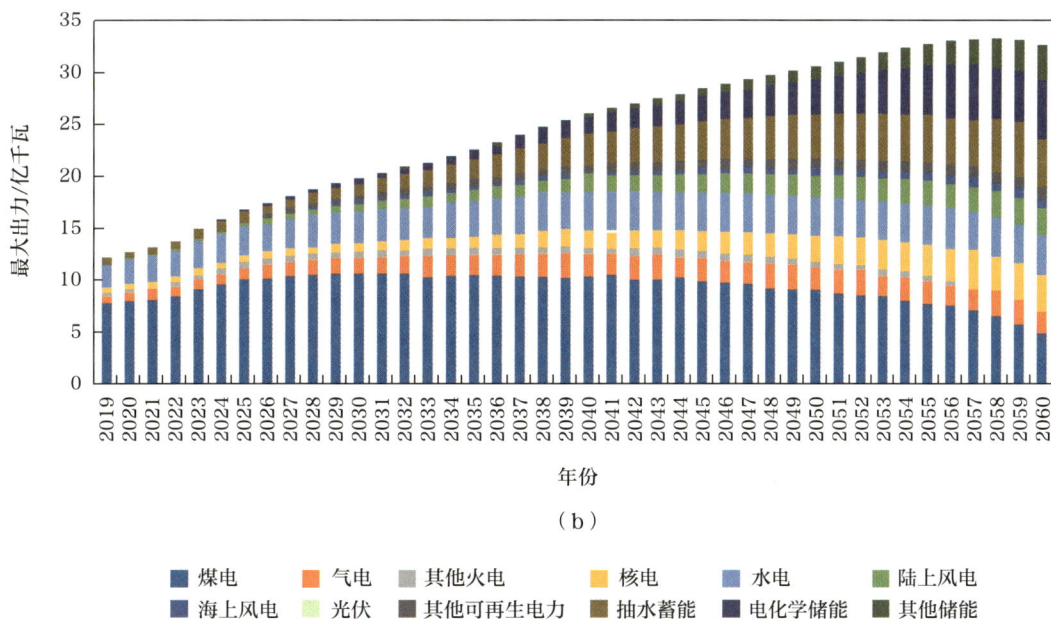

（b）

图例：■ 煤电　■ 气电　■ 其他火电　■ 核电　■ 水电　■ 陆上风电　■ 海上风电　■ 光伏　■ 其他可再生电力　■ 抽水蓄能　■ 电化学储能　■ 其他储能

图3-51　CCUS更大规模布局情景下全社会最大用电负荷及各发电电源和储能最大出力中长期变化趋势

十三、CCUS更大规模布局情景下我国能源中长期展望

（一）我国能源消费中长期展望

1. 终端能源消费

在该情景下，预计我国终端能源消费总量到2040年将降至41亿吨标准煤左右，到2050年将降至37亿吨标准煤左右，到2060年将降至31亿吨标准煤左右，如图3-52所示。

终端能源消费结构也将继续向电气化、低碳化和清洁化方向发展，并将持续加速。预计终端能源电氢化率（电力和氢能在终端能源消费总量中的占比）在2040年、2050年、2060年将分别达到44%、57%、70%，其中绿氢分别为2.3%、5.6%、11%左右，如图3-53所示。

2. 一次能源消费总量及结构

如前所述，本书主要使用电热当量法来表征2035年以后的一次能源消费总量。

177

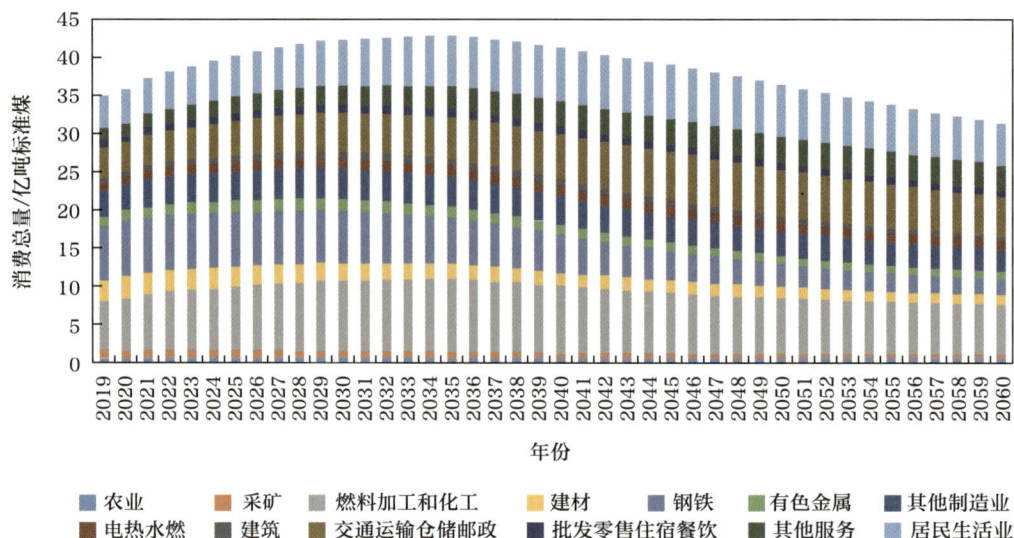

图 3-52　CCUS 更大规模布局情景下终端能源消费总量及行业分布情况

农业　采矿　燃料加工和化工　建材　钢铁　有色金属　其他制造业
电热水燃　建筑　交通运输仓储邮政　批发零售住宿餐饮　其他服务　居民生活业

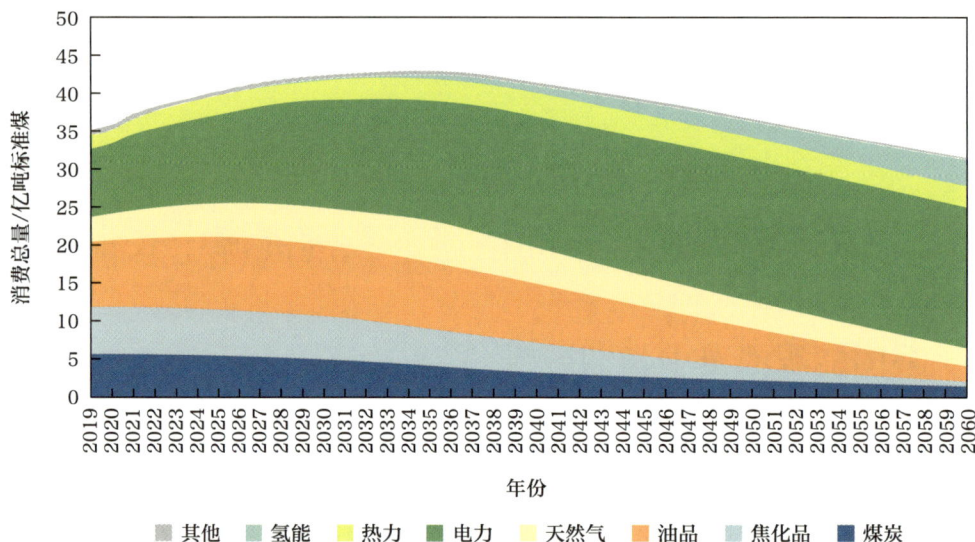

其他　氢能　热力　电力　天然气　油品　焦化品　煤炭

图 3-53　CCUS 更大规模布局情景下终端能源消费总量及品种结构

1）一次能源消费总量

在该情景下，预计到2040年、2050年、2060年我国一次能源消费总量将分别降至53亿吨标准煤、44亿吨标准煤、34亿吨标准煤左右（图3-54）。若按发电煤耗法计算，预计到2040年、2050年、2060年一次能源消费总量分别为66亿吨标准煤、62亿吨标准煤、58亿吨标准煤左右，如图3-54所示。

（a）发电煤耗法

（b）电热当量法

■ 煤炭　■ 石油　■ 天然气　■ 一次电力及其他

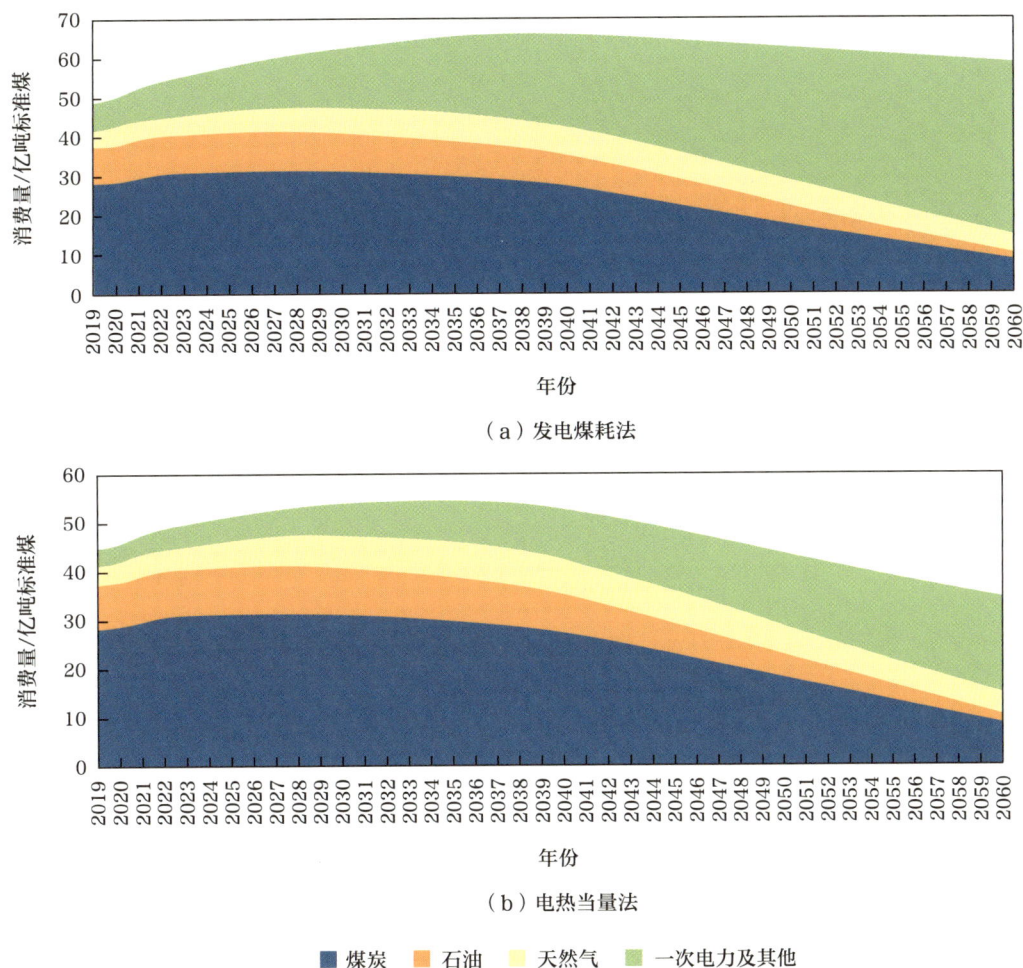

图 3-54　CCUS 更大规模布局情景下一次能源消费量及结构

2）一次能源消费结构

在该情景下，按发电煤耗法计算，预计到2040年，煤炭、石油、天然气、一次电力及其他能源在我国能源消费中的占比分别为41.1%、12.4%、10.7%、35.8%；到2050年，分别为27.9%、8.3%、9.8%、54.0%；到2060年，分别为13.9%、3.6%、7.5%、75.0%。

按电热当量法计算，预计到2040年，煤炭、石油、天然气、一次电力及其他能源在我国能源消费中的占比分别为51.2%、15.4%、13.3%、20.1%；到2050年，分别为39.6%、11.8%、13.9%、34.7%；到2060年，分别为23.7%、6.1%、12.7%、57.5%。

3. 分品种一次能源消费

煤炭消费。在该情景下，预计我国煤炭消费量到2040年降至38.5亿吨商品煤左右，到2050年降至23亿吨商品煤左右，到2060年降至12亿吨商品煤左右，如图3-55所示。

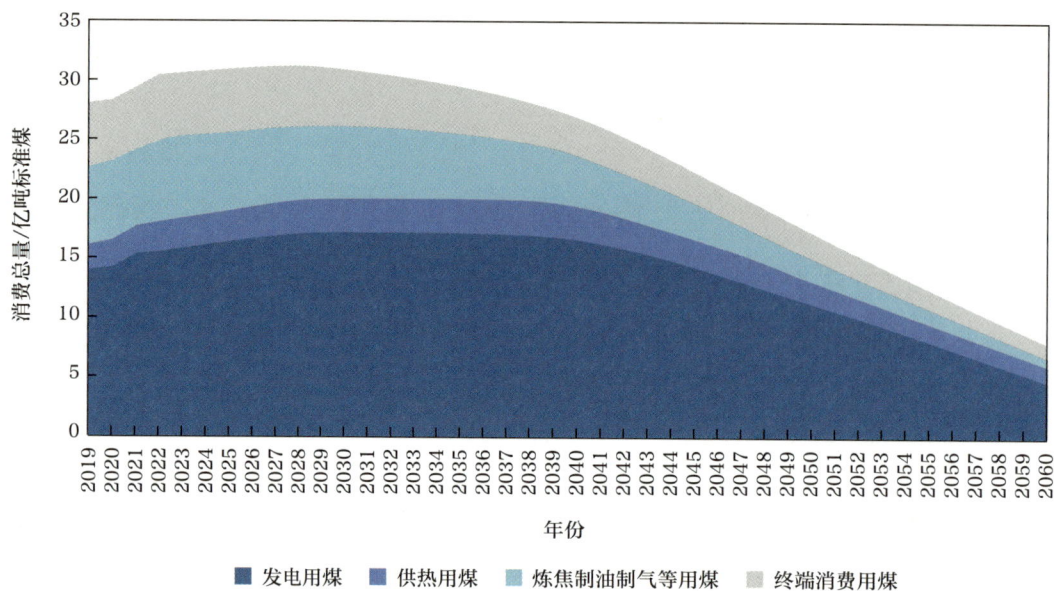

图 3-55　CCUS 更大规模布局情景下我国煤炭消费总量及构成结构

石油消费。在该情景下，预计我国石油消费量到2040年降至5.7亿吨左右，到2050年降至3.6亿吨左右，到2060年降至1.5亿吨左右，如图3-56（a）所示。

天然气消费。在该情景下，预计到2040年降至5500亿立方米左右，到2050年降至4800亿立方米左右，到2060年降至3400亿立方米左右，如图3-56（b）所示。

一次电力及其他能源（非化石能源）。在该情景下，预计一次电力及其他能源（非化石能源）的发电量到2040年将达到8.4万亿千瓦·时左右（占总发电量的54%左右），到2050年将达到12.2万亿千瓦·时左右（占总发电量的70%左右），到2060年将达到16.1万亿千瓦·时左右（占总发电量的87%左右）。

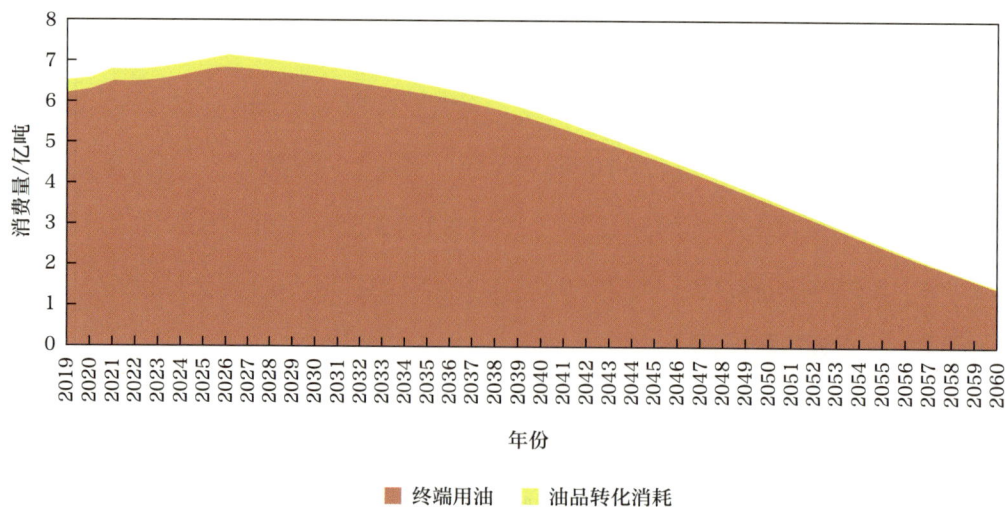

（a）石油

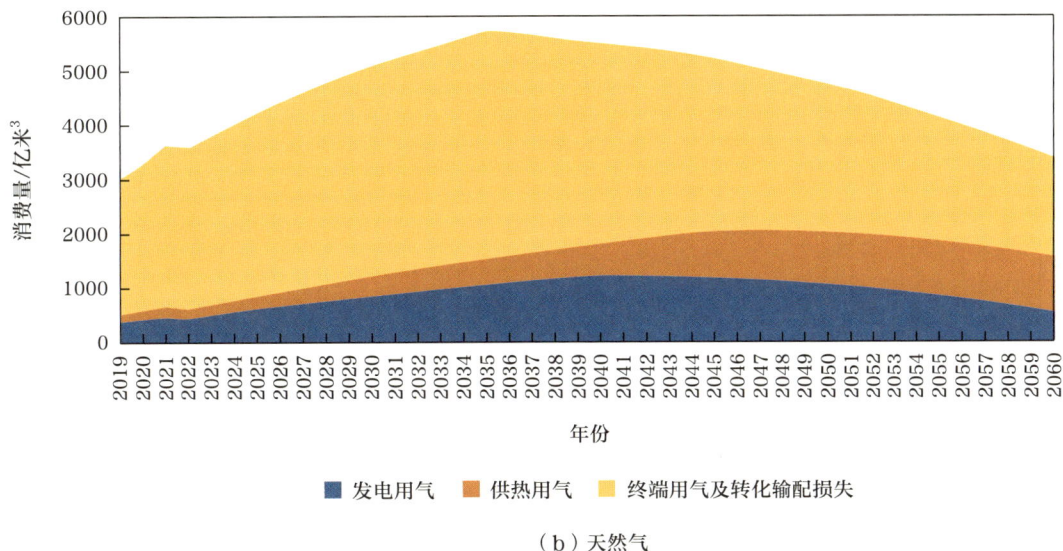

（b）天然气

图 3-56　CCUS 更大规模布局情景下石油和天然气的消费量及构成

4. 碳中和目标

在该情景下，若不考虑负碳技术，预计能源活动碳排放量到2040年约为97亿吨，到2050年约为64亿吨，到2060年约为30亿吨，如图3-57所示。

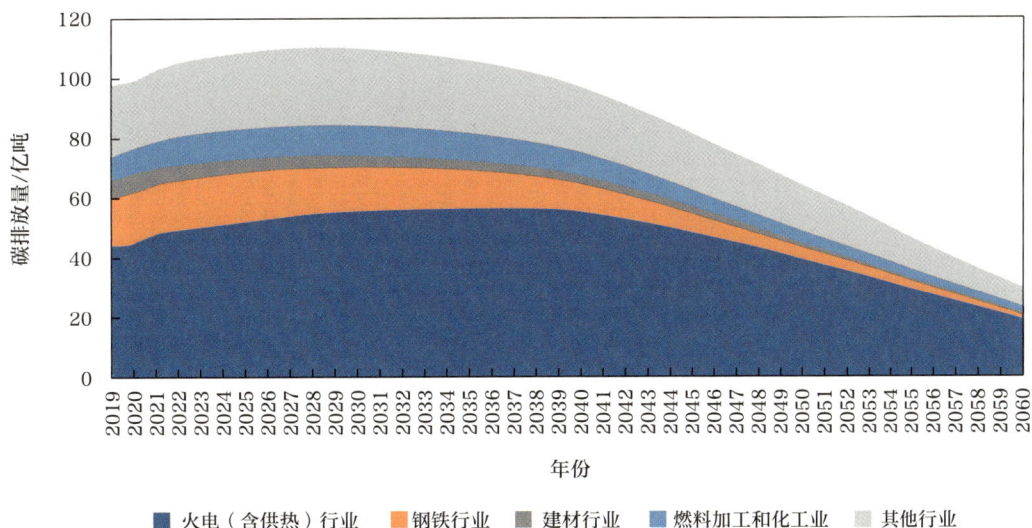

图 3-57　CCUS 更大规模布局情景下各行业不考虑 CCUS 时的碳排放

若考虑CCUS的兜底脱碳保障到2035年之后进入规模化布局（重点聚焦煤电、石油化工、煤化工、冶金、工业燃煤等领域），预计到2040年、2050年、2060年CCUS分别可实现碳减排0.8亿吨、4亿吨、20亿吨左右。如图3-58所示，综合抵消后，到2060年能源活动的二氧化碳净排放量降至10亿吨左右。根据国内林业领域研究结果，预计2060年我国陆上林地每年的碳汇能力可达15亿～20亿吨，可顺利将能源活动二氧化碳的净排放进行中和，并为经济社会其他领域碳排放预留一定的中和空间。

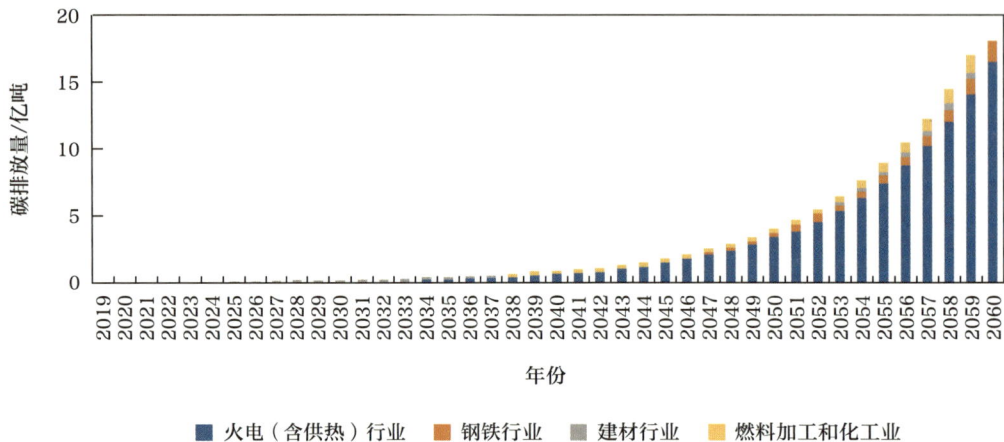

（a）

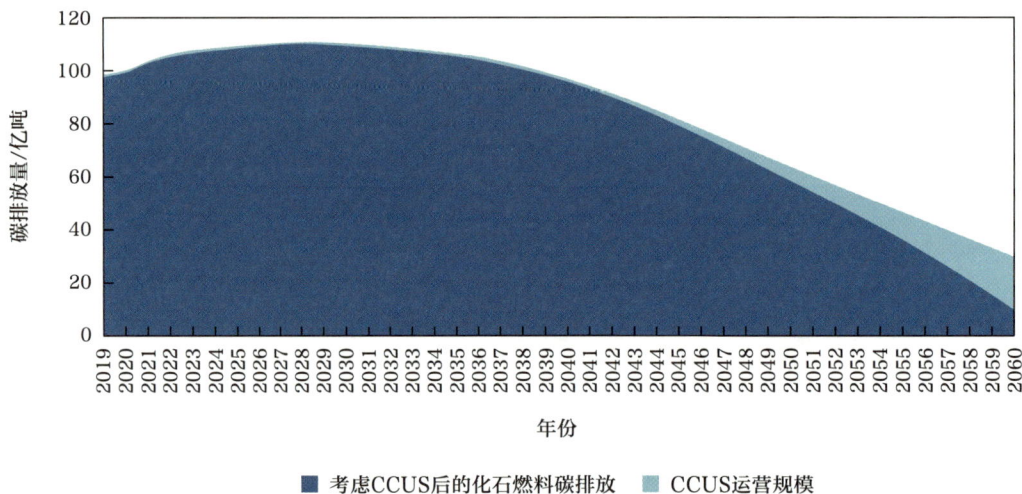

（b）

图 3-58　CCUS 更大规模布局情景下各行业 CCUS 的累计装机容量及考虑 CCUS 后的
能源活动碳排放量

5. 电力电量需求

1）全社会用电量

在该情景下，预计2040年我国终端用能电氢化率将达到44%左右，到2050年将达到57%左右，到2060年将达到70%左右。相应地，全社会用电需求在经济社会发展自然牵引和终端能源电氢替代的双重驱动下，将保持长期增长趋势。根据模型预测结果，我国全社会用电量到2040年将达到15.5万亿千瓦·时左右，到2050年将达到17.5万亿千瓦·时左右；到2060年将达到18.5万亿千瓦·时左右，人均用电量1.4万千瓦·时左右，略高于美国当前人均用电水平（美国当前的终端用能电气化率不足30%，未来提升空间较大），如图3-59所示。

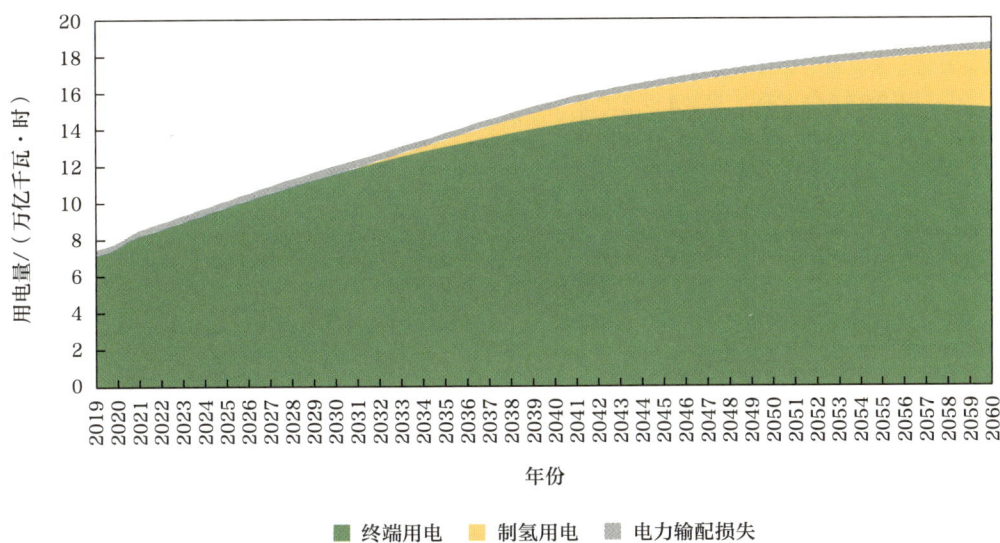

（a）

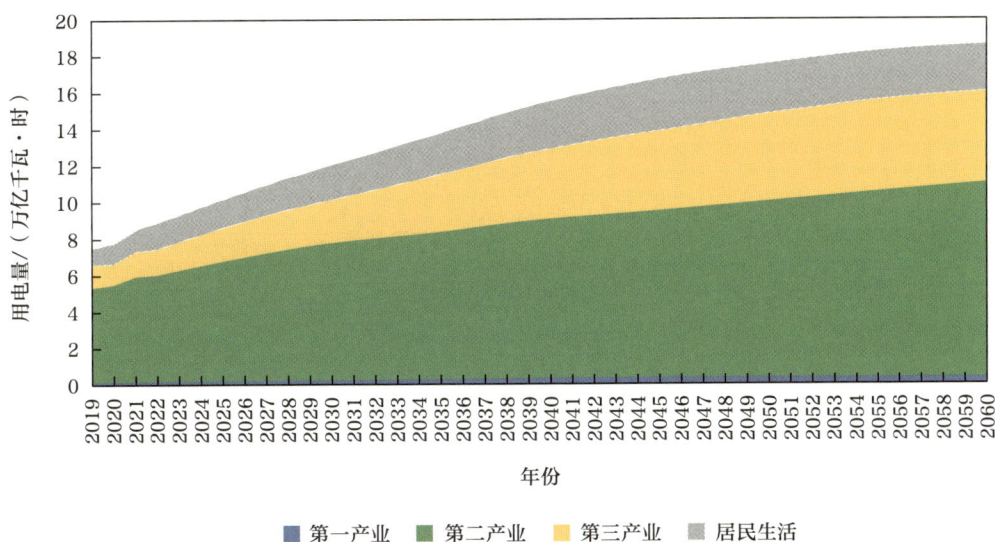

（b）

图 3-59　CCUS更大规模布局情景下全社会用电量、用途构成及产业构成

2）全社会最大用电负荷

在该情景下，预计我国全社会最大用电负荷到2040年将达到23亿千瓦左右，到2050年将达到26亿千瓦左右，到2060年将达到29亿千瓦左右。

（二）我国能源供给中长期展望

1. 能源总体供给

与能源消费总量相一致，本书主要使用电热当量法来表征2035年以后一次能源供给情况。

从供给总量来看：在该情景下，我国一次能源供给总量预计到2040年将降至53亿吨标准煤左右，到2050年将降至44亿吨标准煤左右，到2060年将降至34亿吨标准煤左右，如图3-60所示。

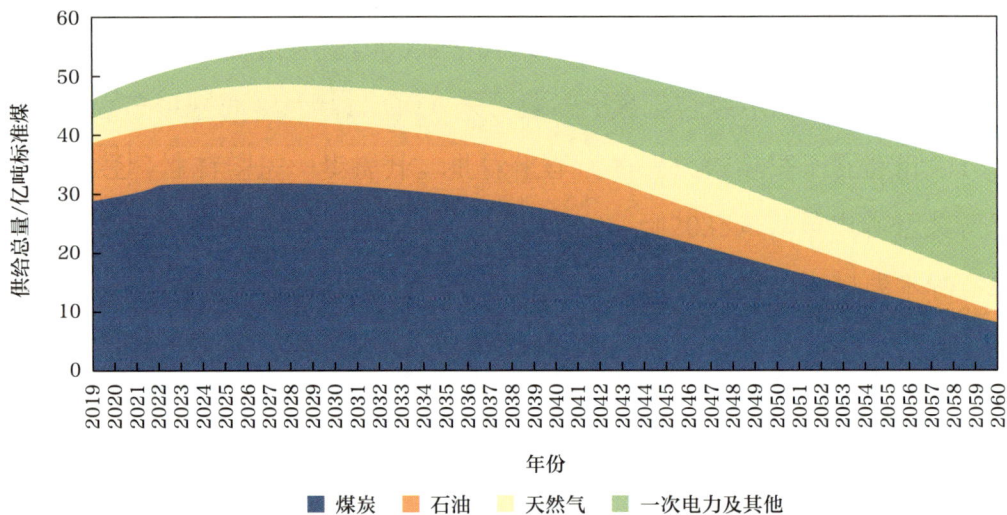

（a）年份

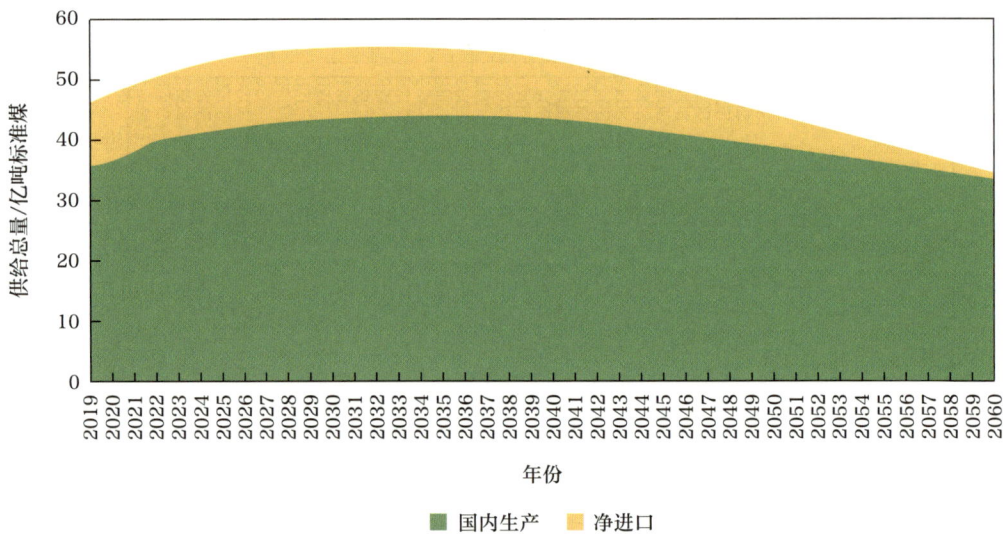

（b）年份

图3-60　CCUS更大规模布局情景下一次能源供给总量、结构、来源地变化情况（电热当量法）

从供给品种来看：在该情景下，预计到2040年煤炭、石油、天然气、一次电力及其他能源对我国能源供给的贡献分别为51.2%、15.6%、13.2%、20.0%；到2050年分别为39.8%、12.0%、13.8%、34.4%；到2060年分别为23.8%、6.2%、12.7%、57.3%。

从供给来源地来看：在该情景下，我国能源总体自给率将呈现不断升高的态势，预计到2040年升高至81%左右，其中煤炭、石油、天然气、一次电力及其他能源的自给率分别为95.0%、35.5%、54.3%、100.0%；到2050年升高至88%左右，其中煤炭、石油、天然气、一次电力及其他能源的自给率分别为95.8%、52.2%、65.2%、100.0%；到2060年升高至96%左右，其中煤炭、石油、天然气、一次电力及其他能源的自给率分别为96.4%、83.0%、84.7%、100.0%。

2. 煤炭供给

从供给来源地来看：在该情景下，预计2040年煤炭的国内生产量和净进口量（按商品煤计）分别为38.6亿吨、2.4亿吨左右，进口煤比例为5%左右[①]；到2050年国内生产量和净进口量分别为24.4亿吨、1.3亿吨左右，进口煤比例为4.2%左右；到2060年煤炭的国内生产量和净进口量分别为11.5亿～12亿吨、0.4亿～0.6亿吨，进口煤比例下降到3.6%左右，如图3-61所示。

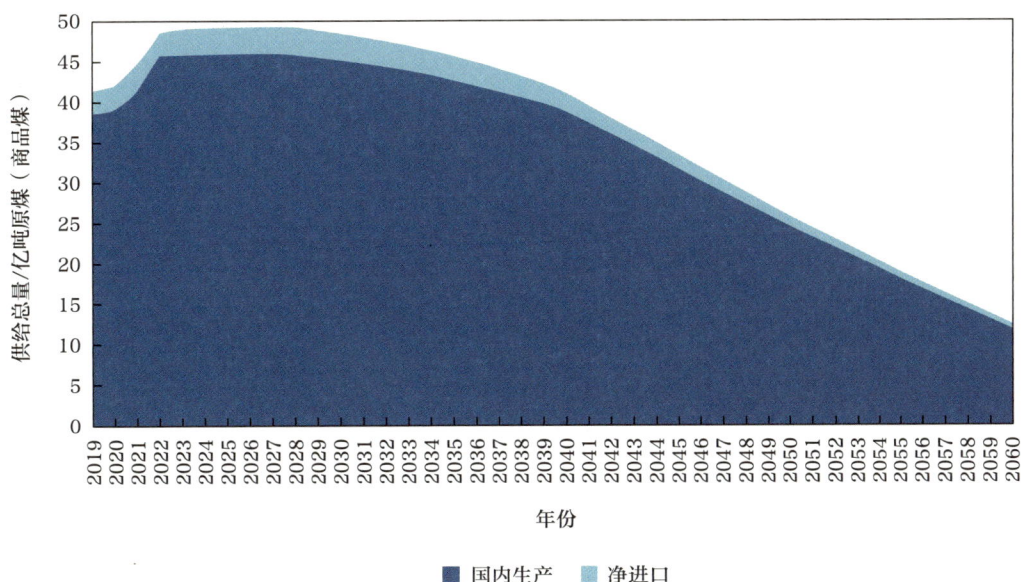

图 3-61 CCUS 更大规模布局情景下我国煤炭供给总量及结构预测

从国内生产来看：在该情景下，2035年前我国需要提前在晋陕蒙新等重点区域新开

---

① 由于进口煤的热值较低，在计算比例时折算为标准煤，所以进口煤的占比数值看起来低一些。

工建设10亿吨/年的煤炭产能，保持"十四五"时期3.5亿吨、"十五五"时期3.5亿吨、"十六五"时期4亿吨的开工节奏，以满足煤炭保供需求，并配合适当煤炭进口共同保证2030—2050年煤炭的充足供给。

3. 油气供给

石油供给：如图3-62（a）所示，在该情景下，预计到2040年、2050年、2060年石油产量分别为2.1亿吨、1.9亿吨、1.2亿吨，对外依存度分别为65%、48%、17%。

天然气供给：如图3-62（b）所示，在该情景下，预计到2040年、2050年、2060年天然气产量分别为3000亿立方米、3100亿立方米、2800亿立方米左右，对外依存度分别为46%、35%、15%。

（a）石油

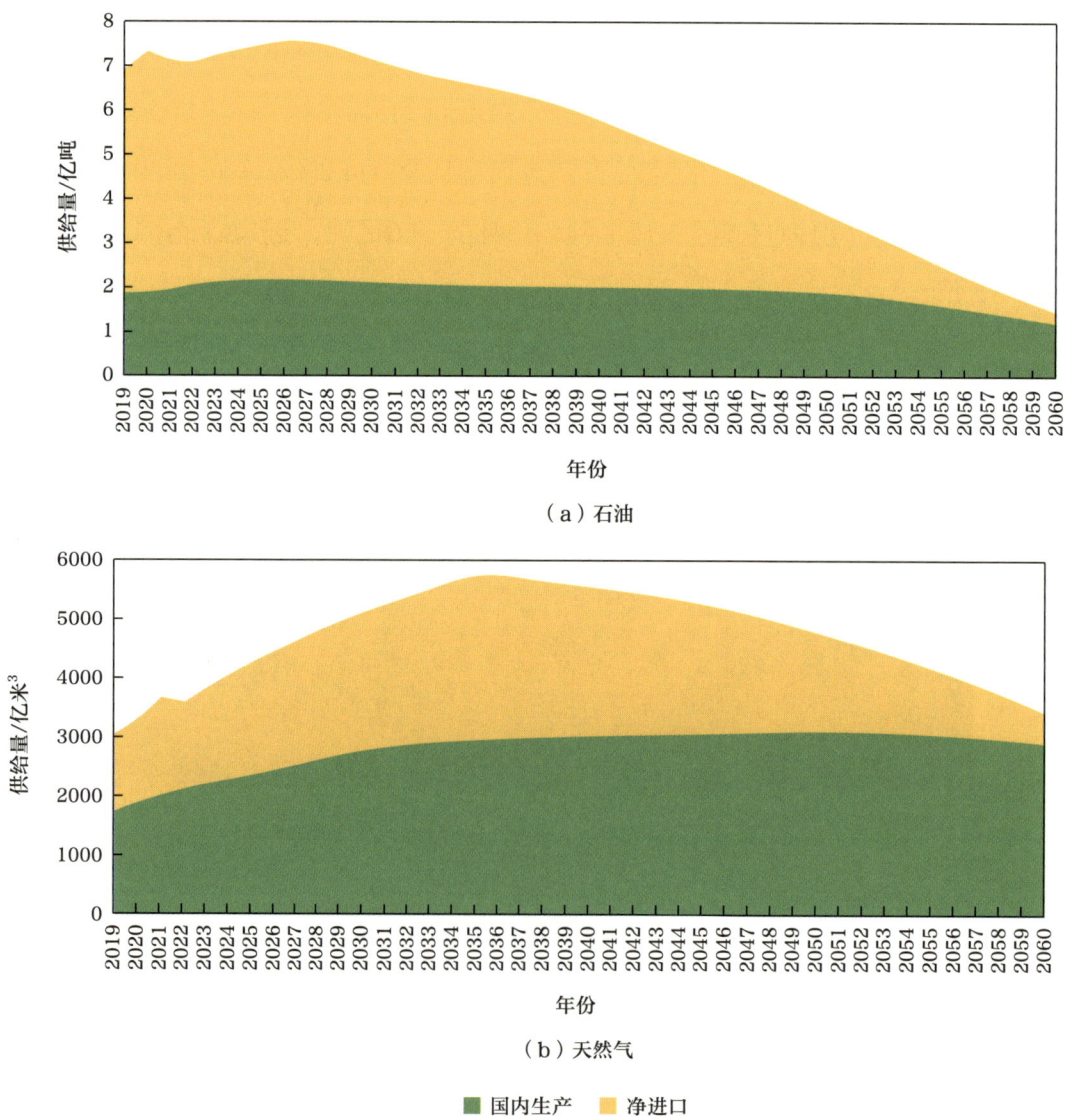

（b）天然气

■ 国内生产　■ 净进口

图3-62　CCUS更大规模布局情景下石油和天然气的供给量及结构

4. 电力电量供给

电量供给：在该情景下，预计我国总发电量在2040年、2050年、2060年分别达到15.5万亿千瓦·时、17.5万亿千瓦·时、18.5万亿千瓦·时左右。关于发电量结构，如图3-63所示，预计2040年、2050年、2060年非化石电源发电占全国总发电量的比例将分别提高到54%、70%、87%，风电和太阳能发电是增量的绝对主体；煤电发电量占比将呈快速下降趋势，到2040年、2050年、2060年将逐渐下降到38%、25%、11%左右；气电发电量占比也将呈下降趋势，到2040年、2050年、2060年将逐渐下降到5%、4%、2%左右。到2060年化石能源发电主要发挥调峰和应急备用功能，煤电装机中基荷电源占比降至10%左右（图3-63）。

电力装机：2035年以后，我国电力装机总量仍将不断攀升。如图3-63所示，预计到2040年我国电力总装机容量将达到61亿千瓦左右，到2050年电力总装机容量将达到73亿千瓦左右，到2060年电力总装机容量将达到83亿千瓦左右。装机结构方面，从中长期来看我国非化石电源装机容量占比将逐渐提高，预计到2040年非化石电源装机容量占比将达到71%左右，风、光发电合计装机容量将达到34亿千瓦左右，煤电装机容量降至13.9亿千瓦左右；到2050年，非化石电源装机容量占比将达到77%左右，风、光发电合计装机容量将达到46亿千瓦左右，煤电装机容量降至13.2亿千瓦左右；到2060年，非化石电源装机容量占比将达到82%左右，风、光发电合计装机容量将达到57亿千瓦左右，煤电装机容量降至11亿千瓦左右。

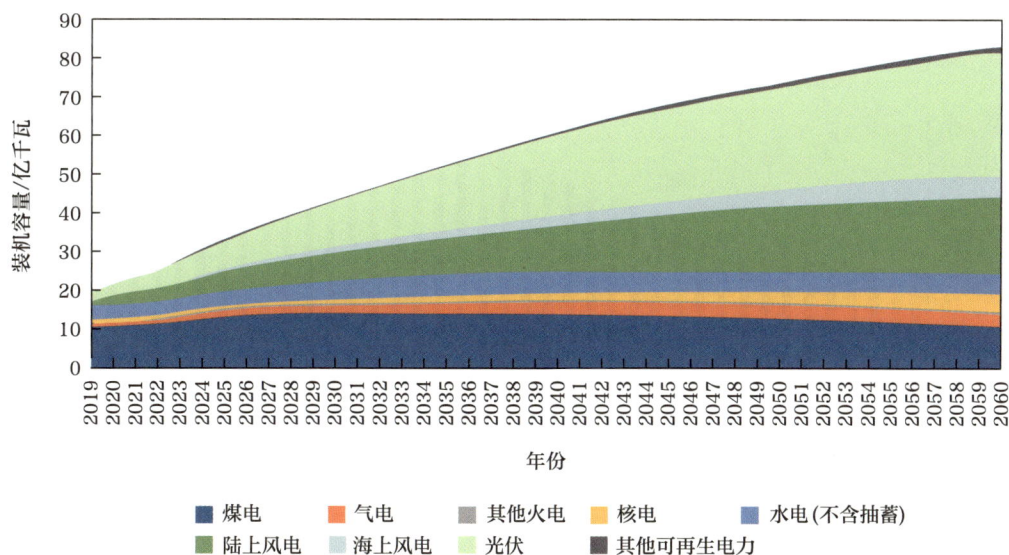

（a）

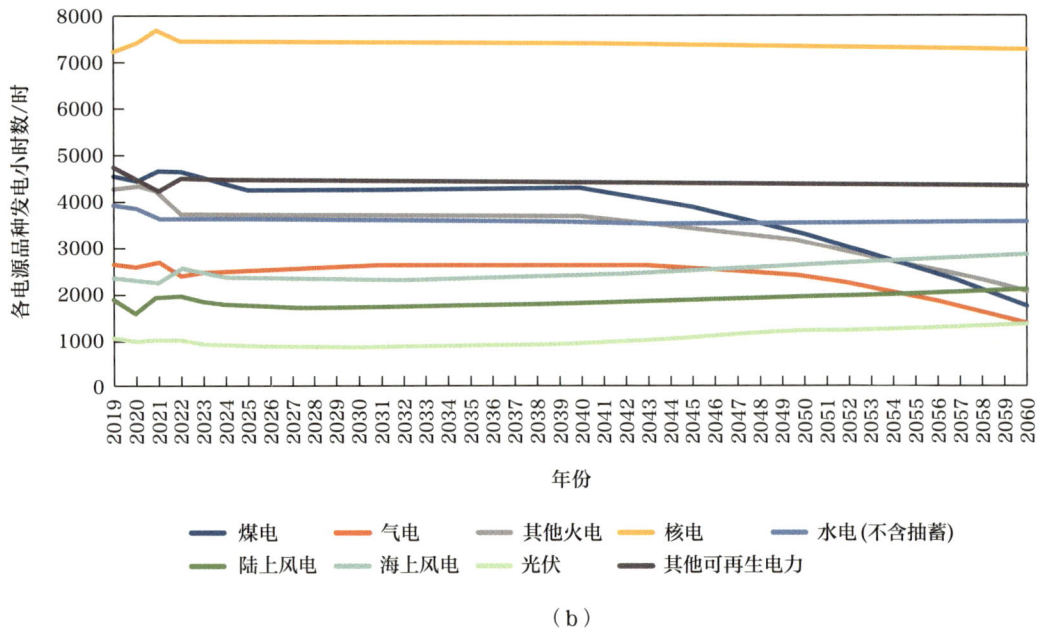

（b）

图 3-63　电力装机总量、装机结构及各电源品种发电小时数变化趋势

电力供给：在该情景下，预计到2040年、2050年、2060年我国储能（含抽水蓄能、电化学储能、其他储能）的装机将分别达到6.7亿千瓦、9.3亿千瓦、11.1亿千瓦。如图3-64所示，根据发电电源和储能的装机情况，并结合不同发电电源种类和不同储能方式在负荷高峰时段各自的出力系数，仿真预测到2040年、2050年、2060年我国各类发电电源和储能最大出力合计分别达到27亿千瓦、30亿千瓦、32亿千瓦左右，均超过同期全社会最大用电负荷10%以上，在总体上可以保证用电高峰时段的电力供应安全。

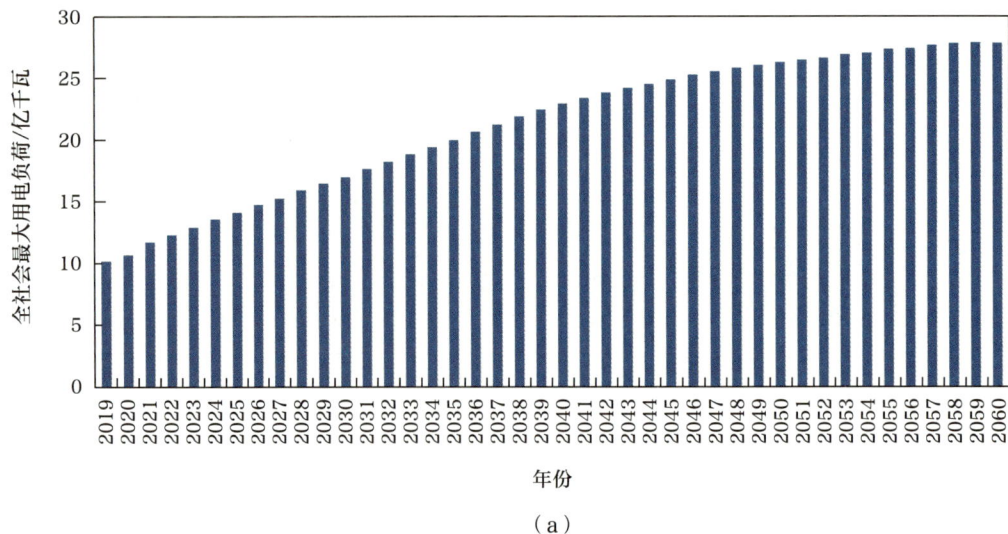

（a）

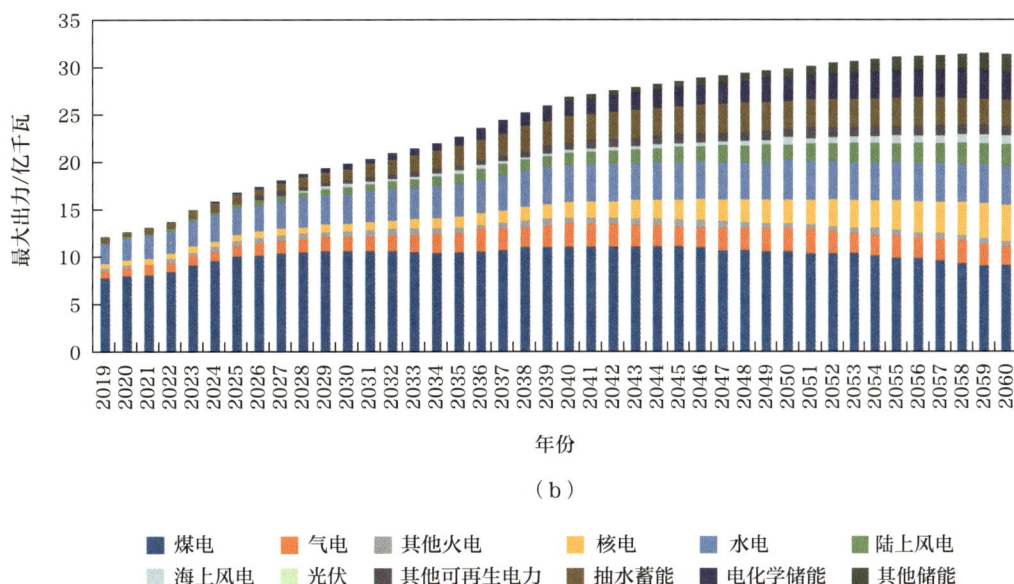

图 3-64　CCUS 更大规模布局情景下全社会最大用电负荷及各发电电源和储能最大出力中长期变化趋势

十四、未来可能重塑能源系统的十大能源技术及其影响

（一）能源生产供给领域技术

1. 可控核聚变技术

1）技术介绍

核聚变因资源丰富，相比裂变能源而言，聚变能源产生的放射性废物总量少、不产生长寿命放射性核素、处置更加容易，因而是一种更加理想的清洁能源。可控核聚变需要实现的最终目标是获得具有商业价值的聚变能源。

目前可控核聚变研究采用氢的同位素氘和氚作为聚变燃料，最有可能实现可控核聚变的两种技术路线是惯性约束核聚变和磁约束核聚变。惯性约束核聚变也称激光约束核聚变，将大功率激光射入黑腔转化为强烈的X射线，均匀照射到中心装填有氘氚聚变燃料的球形靶丸，在靶丸表面形成高温高压等离子体，利用反冲击力驱动燃料向心聚爆。磁约束核聚变利用磁场约束等离子态的氘氚燃料，在低密度下运行尽量长的时间实现核聚变能量增益。

2）应用前景与潜力

从原理和构想来看，可控核聚变发电具有核裂变发电运行稳定、可靠、具备负荷跟踪能力的特点，同时还具有燃料储备量丰富、放射污染少等优点，是理想的基荷电源。在"双碳"目标下，核聚变除了发电，还可以满足民用和工业用热需求，为我国经济社会低碳转型发展提供更加多元化的解决方案。

自20世纪50年代以来，可控核聚变研究已取得巨大进展。在磁约束核聚变方面，目前托卡马克是主要途径，现已实现长时间聚变燃烧，聚变功率增益（Q值）已接近1；惯性约束聚变在理论、实验、诊断、制靶和驱动器方面取得了长足进展，2022年实现了Q值大于1的突破，达到约1.5。聚变点火的可行性已从科学实验层面得到了证实，人们将继续探索更高能量增益的聚变方案，寻求在应用层面上实现聚变发电。从目前来看，要建成商业核聚变电站，实现真正意义上的聚变能源应用仍需数十年的努力。

3）可能对能源系统产生的影响

可控核聚变是能够给全球能源行业带来颠覆性影响的一项技术。聚变燃料氘在海洋中大量存在，可控核聚变一旦实现商业化应用，人类或将获得几乎取之不尽的清洁能源，实现"能源自由"，化石能源将基本不再作为燃料使用，人类活动产生的碳排放将大幅减少，全球碳中和的目标将会确保实现。

2. 先进太阳能技术

1）技术介绍

光伏发电是我国最主要的太阳能利用形式，晶体硅电池具有产业化效率高、成本低的特点，已实现大规模应用。薄膜电池光电转换效率最高达23%左右，接近多晶硅电池，已实现产业化，但目前成本偏高。未来光伏发电技术在转换效率提升、成本下降方面仍然具有很大潜力。一些新型光伏电池技术，如多种电池融合的叠层技术，可突破晶体硅单结电池理论光电转换效率极限，有望成为提升电池光电转换效率的重要途径。

光热发电和太阳能制氢目前尚不具备产业化发展条件。我国光热发电限于成本等，仍处于项目示范阶段，提高系统运行参数、降低成本的技术是未来的发展方向。太阳能制氢目前主要有光电制氢、光解水制氢、光热制氢等三条技术路线，其中光电制氢已有应用，但成本和寿命等问题亟待解决，光解水制氢和光热制氢仍处于实验探索阶段。

2）应用前景与潜力

光伏发电技术：光伏发电技术是可再生能源发电中技术进步最快、成本下降最显著的技术之一，近十年来成本下降了90%以上。目前，在我国部分地区，光伏发电成本已经和脱硫燃煤基准电价相当，实现了发电侧平价上网。新型层叠电池现已突破晶体硅单结电池理论光电转换效率极限，发展潜力巨大；薄膜电池随着技术的不断进步，有望实现竞争力的提升，届时光伏发电的应用领域将进一步扩大。

光热发电技术：与光伏、风电等新能源相比，光热发电具备连续、稳定、可控的优势，既可以承担基荷，也具备较为灵活的调峰能力，可作为未来电网的主力电源。考虑到对土地和光资源等自然条件的需求，我国太阳能光热发电站主要适合建在西北大部分地区和华北少数地区。随着光热技术的进步和成本的降低，光热发电在上述地区有较大发展潜力。

太阳能制氢技术：太阳能－氢能转化是绿氢工业化生产的重要发展方向，目前仍然有很多关键技术需要攻克。随着我国光伏发电装机容量的快速增加和光电制氢技术的不断进步，"光伏+氢"这一技术路线有望成为商业制氢的首选。

3）可能对能源系统产生的影响

我国太阳能资源丰富，对应水平面年辐射总量≥1000千瓦·时/米² 的区域，太阳能可开发总量约为1361.7亿千瓦。随着先进太阳能光伏、光热技术和太阳能制氢技术的发展，太阳能有望成为我国最主要的能源来源，提供的绿电、绿氢可大幅减少我国对化石能源的依赖，形成对碳中和目标的有力支撑。

3. 地热能发电技术

1）技术介绍

地热能是一种分布广泛、清洁低碳、稳定连续的可再生能源，我国拥有极为丰富的地热资源。地热发电是地热能利用的重要方式，其基本原理与火力发电类似，首先把地热能（200～400℃）转换为汽轮机的机械能，再把机械能转换为电能。根据储存位置不同，地热能可以分为浅层地热能、中深层地热能和超深层地热能等。随着勘探技术日臻成熟，中深层地热能开发利用深度已接近4000米。未来地热能开发利用的主要发展方向是浅层地热能规模化与集约化发展，中深层地热能开发深度增加、规模扩大，目前需要突破的关键技术是超深层地热能，重点是干热岩的开发与发电技术。

干热岩热一般采用井网压裂的方式构建大型裂缝型地热储能系统来提取，通过注水井将高压水注入干热岩层，注入水充分吸收地层热量后，经生产井将高温水和蒸汽采出，实现干热岩热量开发。目前我国干热岩发电技术正处于探索研究阶段，由于勘查选址、高效钻完井工艺、储层改造、高效发电等领域技术的限制，干热岩的规模化、商业化开发利用，仍需要较长时间的技术和经验积累。

2）应用前景与潜力

总体来看，我国地热能规模化开发利用的发展潜力巨大。首先，我国地热资源丰富。2009—2011年，国土资源部对我国地热能资源进行了评价，认为全国沉积盆地地热资源储量折合标准煤约8500亿吨，可开采资源量约合标准煤2560亿吨，中国大陆3000～10 000米深处干热岩资源量约合标准煤860万亿吨。只要开发利用很小比例的地热能资源，就可为能源的安全稳定供应提供重要支撑。其次，地热能可与其他可再生能源互补发展，应用场景丰富。"地热能+"多能互补与储能技术可将地热能作为基础载荷，以中深层含水层作为储能介质，与太阳能、风能等其他可再生能源实现多能互补利用，发挥储能和调节的作用，提高可再生能源规模化利用效率。

3）可能对能源系统产生的影响

我国适合建设地热能电站的地区，主要集中在东部和西南部地区。这些地区受限于用地和光照资源的不足，不适合大型集中式太阳能发电基地的建设，地热能可成为当地清洁能源的重要来源。随着未来地热能发电技术的逐步成熟，地热能富集地区的城镇化建设可与地热能开发同步发展，地热能将作为重要能源构成部分，与太阳能、风能相互补充，为城镇提供清洁的综合能源。地热能开发利用对于促进能源革命、减少温室气体排放、改善能源结构、实现碳中和目标有着十分重要的现实意义。

（二）能源系统支撑领域技术

1. 氢能

1）技术介绍

氢能作为一种清洁高效的二次能源，可通过一次能源、二次能源及工业领域等多种途径获取，是未来国家能源体系的重要组成部分，是用能终端实现绿色低碳转型的重要载体。氢能产业链，包括上游、中游、下游三个方面，上游主要是制氢、储氢、运氢、加氢四个环节，中游主要是氢燃料电池及系统，下游主要是氢能的应用市场。

2）应用前景与潜力

产业链上游：制氢阶段，可再生能源电解水制氢可实现真正的零碳排放制氢，是氢能产业最具潜力的技术；储氢阶段，低温液态储氢、液氨/甲醇储氢、高压气储氢等技术加速发展，其中高压气储氢将成为主流技术；运氢阶段，气态储运（长管拖车、管道）、液氢储运、氢载体储运和固态储运等技术多点开花；加氢阶段，加氢站将朝着集油、气、氢、电一站补给的综合能源服务站方向发展。产业链中游，燃料电池可以直接将氢能转换成电能，质子交换膜燃料电池由于工作温度低、启动快，适用于汽车发动机，将成为燃料电池发展的主要方向。产业链下游，氢能应用的重点在于扩大规模，降低成本，拓展应用场景，构建商业模式，逐渐成为交通、工业、建筑和电力等难脱碳行业实现碳中和的重要解决方案。在交通领域，商用车、重卡、叉车等成为发展重点；在工业领域，包括氢冶金、氢能耦合石油化工、氢能耦合煤化工等；在建筑领域，包括天然气管网掺氢、分布式热电联供等；在电力领域，包括备用电源、固定电站、氢储能等。

3）可能对能源系统产生的影响

据国际氢能委员会预测，到2050年，氢能在终端能源消费中占比有望达到18%，将减少60亿吨二氧化碳排放，成为全球未来能源最重要的组成部分。随着氢能全产业链的快速发展，我国能源结构将面临重塑。在供给侧，促进能源供给方式更加低碳、多样。氢能作为燃料，替代传统化石能源，降低能源供给碳排放；通过电解水制氢技术及氢气与其他能源品种之间的转化，可提高可再生能源的消纳、提供长时间储能、优化区域物质流和能量流，进而建立多能互补的能源发展新模式。在需求侧，促进终端能源消费更加清洁、高效。钢铁产业，氢能取代煤炭和煤粉，成为炼钢的还原剂，传统长流程炼铁工艺向短流程氢冶金还原铁转型；不仅可以用于合成氨，替代煤气化制氢，还可以用于聚烯烃产品生产，替代煤气化后的水煤气变换过程，以减少变换过程的二氧化碳排放。

2. 新型储能

1）技术介绍

新型储能是指除抽水蓄能以外的新型储能技术，包括新型锂离子电池、液流电池、飞轮、压缩空气、氢（氨）储能、热（冷）储能等。新型储能具有建设周期短、环境影响小、选址要求低、调节能力快等优势，已成为建设新型电力系统、推动能源领域碳达峰、碳中和的关键支撑之一。新型储能可在新型电力系统"源网荷"侧的建设中提供重要支撑。在电源侧，容量型电化学储能、机械储能和热储能，以及适用于进行跨季节性储能的氢储能技术等，可以实现对新能源发电的并网与支撑外送；在电网侧，功率型电化学储能与电磁储能等，可以保障电网安全运行水平与供电能力；在负荷侧，电化学储能、电磁储能与相变储能等，能巩固支撑分布式供电可靠性及用户灵活调用。

2）应用前景与潜力

随着新能源的持续发展，新能源发电带来的波动性将使得新型储能的需求日益提升。一方面，新型储能可以解决风光出力随机性和波动性带来的频率稳定难题，提供调频服务提高电网的可靠性；另一方面，能够通过削峰填谷解决风光出力高峰与负荷高峰错配问题。预计到2025年，将实现新型储能从商业化初期向规模化发展转变。到2030年，将实现新型储能全面市场化发展。

为满足新型电力系统对大规模、多时间尺度功率-能量平衡的全面需求，需要综合运用多种新型储能技术，以获得最佳经济效益。响应速度快、功率密度高的功率型储能技术（如电磁储能、部分电化学储能）适用于系统短时间尺度的调节，可用于提供虚拟惯量、快速调频、抑制电网低频振荡、改善短期电压稳定性等；容量大、放电持续时间长的能量型储能技术（如重力储能、压缩空气储能）适用于系统中长时间尺度的调节，可用于参与系统调频、削峰填谷、系统备用等。

3）可能对能源系统产生的影响

新型储能是新能源规模化发展的重要配套基础设施，将弥补风电、光电接入电力系统带来的灵活性调节能力缺口，可广泛应用于电源侧、发电侧和用户侧，加快建设高比例可再生能源的新型电力系统。此外，新型储能可以用在交通、通信、居民消费等终端用能行业，在峰谷电价套利、提高分布式光伏发电利用率和保证电网安全运行等方面发挥重要作用，深刻改变传统能源供给结构，提升终端电气化率及能源自给率，降低化石能源消费比例。

3. 碳捕集、利用与封存

1）技术介绍

CCUS是指将二氧化碳从工业、能源生产等排放源或空气中捕集分离，并输送到适宜的场地加以利用或封存，最终实现二氧化碳减排的过程，包括捕集、输送、利用及封存多个环节，是全球范围内实现化石能源碳减排目标的重要途径。国际能源署认为要实现全球在2070年达到碳中和，到2060年CCUS技术贡献的减排量需要达到16.8%，如果将碳中和目标提前到2050年，则CCUS减排量需要再增加50%。CCUS主要的二氧化碳排放源包括发电厂、钢铁厂、化工厂、水泥厂等，主要的捕集方式包括燃烧前捕集、燃烧后捕集及富氧燃烧捕集，主要的利用方式包括化学利用、地质利用和生物利用。

2）应用前景与潜力

我国CCUS技术各环节与国际先进水平整体相当，部分技术已经具备商业化应用潜力，但捕集、运输、封存环节的个别关键技术及商业化集成水平有所滞后。科学技术部2019年版《中国碳捕集利用与封存技术发展路线图》明确了中国发展CCUS的愿景：构建低成本、低能耗、安全可靠的CCUS技术体系和产业集群，为化石能源低碳化利用提供技术选择，为应对气候变化提供技术保障，为社会经济可持续发展提供技术支撑。未来，CCUS技术将逐渐成为化石能源低碳可持续发展的"增程器"，能源电力系统转型的"稳定器和调节器"，实现"双碳"目标减排成本代价的"控制器"。

2030年前为技术研发与示范阶段，需加大政策扶持力度，结合应用领域需求加强技术创新，逐步形成比较完善的成套技术，持续降低应用成本，预计到2030年捕集规模超过1800万吨二氧化碳。到2035年，CCUS捕集规模约为3900万吨二氧化碳，并逐步在电力、钢铁、水泥和石化等行业形成规模化布局。2036—2060年，CCUS与高碳行业深度融合，商业化应用规模扩大。企业识别潜在的资源整合机会，向价值链外围延伸拓展以获得成本协同效益，并在各高碳行业形成商业化规模布局，预计到2060年，CCUS捕集规模达到12亿吨二氧化碳左右，保证化石能源深度脱碳。

3）可能对能源系统产生的影响

CCUS是未来化石能源实现低碳利用的重要选择，是保障新能源高占比情况下电力系统灵活性的主要手段，也是钢铁、有色金属、化工等高碳排放行业可行的脱碳方案。CCUS的大规模应用，将决定碳中和背景下，我国化石能源在一次能源供给、煤电在电力供给中的兜底占比，为中国提供了"化石能源+CCUS"的碳中和发展路径。同时，CCUS可帮助实现上中下游产业链的清洁固碳，有效拓展清洁能源的应用空间，推动我国工业体系高质量发展。

（三）能源终端消费领域技术

1. 氢冶金

1）技术介绍

氢冶金是钢铁生产实现无化石冶炼，达到零碳排放的重要技术。氢冶金是利用氢气替代部分或全部的煤或焦炭作为还原剂，将铁元素从矿石中还原出来，产物是水，不排放二氧化碳。按照研究进展和发展方向可分为富氢还原高炉技术、氢气气基直接还原竖炉技术等。富氢还原高炉技术即通过喷吹天然气、焦炉煤气等富氢气体参与炼铁过程。该工艺氢气喷吹量存在极限值，碳减排范围为10%～20%。氢气气基直接还原竖炉技术是在低于铁矿石熔点的温度下，将富氢还原性气体通入竖炉内，把铁矿石（或球团）还原成金属铁的方法，可实现碳减排50%以上。

2）应用前景与潜力

氢冶金将有力促进冶金行业实现碳减排，推动冶金行业实现绿色低碳发展。预计在2030年以前可建成富氢竖炉直接还原铁生产示范装置，之后逐步推广应用。到2050年，氢冶金技术实现对现有煤基生产技术的主体替代。

未来，我国需从技术和政策层面加快氢冶金能力发展。技术层面，需要大力发展耐高温高安全性材料的研发，加强反应器结构设计和工艺控制技术研究，提高氢气防爆防泄漏技术，深入分析和制定氢冶金工艺能达到的最大产出边界条件及参数，进一步提升反应速率和利用效率。政策层面，积极探索相关配套机制，如碳税及氢气价格补贴，按阶段引导并推进冶金行业氢利用的产业化和市场化。随着各项技术的成熟和配套政策的完善，我国氢冶金将形成以富氢还原高炉、气基直接还原竖炉工艺作为主要技术路线，各项示范项目应用持续推进，氢冶金技术研究和实践应用融合发展的新局面。

3）可能对能源系统产生的影响

在"双碳"背景下，以氢气部分或全部代替传统以碳为主的冶金工艺，可从根本上解决现有冶金工艺的能源结构和高排放问题，加速钢铁短流程取代"高炉—转炉"长流程冶炼技术的进程，实现超低碳或无碳排放。预计至2035年，富氢高炉可减少碳排放20%，氢冶金气基竖炉可减少碳排放50%；至2050年，富氢高炉可减少碳排放50%，氢冶金气基竖炉可减少碳排放90%。与此同时，生产工艺的革新将带来供能结构变化，冶金行业对煤炭的需求持续降低，绿氢将逐步替代煤炭成为最主要的原料和燃料，安全、低廉、高效的绿氢供应链亟待形成。

2. 交通电氢化

1）技术介绍

交通运输装备电氢化发展的典型技术包括纯电动汽车技术、氢燃料电池汽车技术、氢燃料电池列车技术、电动船舶技术、氢动力飞机技术等。纯电动汽车是完全由可充电蓄电池提供动力的汽车，具有无直接排放、能量转换效率高等优势。氢燃料电池汽车是将氢气的化学能转换成电能作为动力的汽车，行驶中排放物只有水，可实现零碳排放。氢燃料电池列车以氢燃料电池提供主体电能、以蓄电池或超级电容作为辅助动力源，能量转换效率是传统内燃机组的1.7倍。电动船舶是指电池动力替代燃油驱动的船舶，主要分为以蓄电池提供动力和以氢燃料电池提供动力。氢动力飞机是以氢作为能量载体的飞机，主要分为以氢燃料电池提供动力和氢直接燃烧为发动机提供动力。

2）应用前景与潜力

交通运输包括公路、铁路、水路、航空等多种行业，受使用场景约束，各行业电氢化发展形态不一。本书以公路交通和铁路交通为例探讨应用前景。

就公路交通而言，由于电动化发展较早且更为安全，预计家用汽车、载客汽车、乘用车等城市道路交通工具将以电动化为主，氢能化为辅；重卡、叉车等特殊作业交通工具将呈现电、氢化共同发展的局面。预计到2035年，纯电动汽车将成为新销售车辆主流。氢燃料电池汽车仍处于小规模示范应用阶段，预计到2035年将有序拓展氢燃料电池等新能源客、货汽车市场应用空间，逐步建立燃料电池电动汽车与锂电池纯电动汽车的互补发展模式。就铁路交通而言，预计会实现电动化与氢能化协同发展。中国的高铁是电动化列车的典型代表，列车通过高铁顶端弓网系统进行供电，接触网的长度与轨道铁轨相当，基础建设成本较高。氢能列车无须架设电线，氢燃料电池的能量转化效率也高于内燃机，具有加注速度快、效率高、无污染的优点。随着氢能产业链的日渐完善，电动化与氢能化协同发力，将促进铁路交通高质量发展。

3）可能对能源系统产生的影响

交通行业属于能源高度依赖性行业，且能源主体是以石油为主导的化石能源，低碳发展困难巨大。推动以电能和氢能为核心的用能模式发展，是实现交通行业绿色高质量发展的重要途径。在此背景下，电力供给结构将向可再生能源加速发展，清洁、安全、高效、灵活的绿电绿氢将取代化石能源成为交通行业主体能源。此外，交通基础设施将发生深刻变革，电氢能源供给网络加快发展，更加适应电氢化下能源供需匹配，如加油站变为充电站或加氢站等。

（四）能源模式创新领域技术

1. 多能互补

1）技术介绍

多能互补是按照不同资源条件和用能对象，采取多种能源互相补充，构成丰富的供能结构体系，以缓解能源供需矛盾，合理保护和利用自然资源，同时获得较好的环境效益的用能方式。在信息技术和智能调度技术支持下，各种能源之间相互补充、梯级利用，可达到"1+1>2"的效果，从而提升能源系统的综合利用效率。国家发展改革委、国家能源局2021年发布的《关于推进电力源网荷储一体化和多能互补发展的指导意见》

指出，源网荷储一体化和多能互补发展是电力行业坚持系统观念的内在要求，是实现电力系统高质量发展的客观需要，是提升可再生能源开发消纳水平和非化石能源消费比重的必然选择，对于促进我国能源转型和经济社会发展具有重要意义。

2）应用前景与潜力

从宏观角度看，大力发展太阳能和风力发电，构建以新能源为主体的新型电力系统，是实现"双碳"目标的重要抓手。新能源的大规模投运给电力系统的经济性、可靠性带来了挑战，多能互补是应对该挑战的有效手段：一是通过电源、电网、需求侧及储能各环节的协调互动，平抑风电、太阳能发电出力的波动性和间歇性，提高系统运行可靠性；二是通过加强煤电、水电与风电、太阳能发电的互补出力，以较低的煤电、水电对冲风电、太阳能发电成本较高的难题，降低社会用能成本；三是通过多种能源的互补出力和源网荷储的协调互动，在提高系统运行可靠性和经济性的同时支撑大规模新能源并网消纳。从微观角度看，多能互补供能模式可以为居民区、企业乃至产业园区提供灵活性解决方案，提高清洁能源利用率，实现不同品位能源综合利用，满足用户各种用能需求，取得最合理的能源利用效果与效益，在民用和工业领域均有巨大的发展空间。

3）可能对能源系统产生的影响

未来可再生能源的高比例、大规模利用将会对现有能源体系产生巨大冲击。随着风、光能源更大规模发展，仅靠单项技术的进步将难以完全解决风、光发电并网消纳问题，需从能源系统整体角度加以考虑。因此，未来能源系统必将是多种能源系统的融合，以风、光资源作为发电和供能的主力资源，以核电、水电和其他非化石能源作为互补的"稳定电源"，以火电作为应急电源或者调节电源的新型能源系统，其运行将依靠信息技术、智能技术实现可再生能源功率预测、能源的智能调度，以及多种能源的灵活互动。

2. V2G技术

1）技术介绍

V2G（vehicle to grid，车辆到电网）的核心思想是实现电动车和电网的双向互动，利用大量电动汽车中的动力电池等储能作为电网和可再生能源的缓冲，当电网负荷过高时，电动汽车将电池自身存储的电能反向销售给电网；当电网负荷过低时，电动汽车就会存储电网多余的发电量。在此过程中，电动汽车相当于一个移动储能装置，发挥对电网的调节作用。V2G技术相当于将动力电池作为一个分布式储能系统，通过信息技术将大量电动汽车电池整合形成一个虚拟电厂，有效提高电力系统的运行效率和调节能力，减少电网端充电负荷，保证电力系统运行的稳定性。

目前V2G技术尚不具备大规模发展条件，制约因素包含电池寿命、充电桩改造、智能电网建设、电力市场等多个环节。其中，智能电网是解决某一时刻产生大规模电量供求变化问题，实现车网协同控制及管理的关键技术。

2）应用前景与潜力

V2G技术被认为是构建新型智慧电力系统的重要组成部分。从理论上讲，V2G推动了"车网双向充电"的车网互动关系，对于电网和用户而言是一种双赢局面。一方面，电动汽车参与电网实时调控与调峰辅助服务，能够有效提高电力系统的运行效率和调节能力，减少电网端充电负荷。另一方面，V2G调峰的响应速度能够达到毫秒级，传统调峰方式的响应速度以秒计，V2G可以更高效地进行调峰工作。此外，车主通过V2G，能够以向电网售电的方式获得额外收益。随着未来电池技术、电网技术的进步和电力市场的改革，V2G将成为一种重要商业模式，在新能源消纳、电网负荷调节中发挥重要作用。

3）可能对能源系统产生的影响

目前电动汽车已进入快速发展阶段，动力电池、智能电网等技术不断进步。随着未来电动汽车的普及，V2G技术将给电力系统和交通领域带来重要影响。为匹配大规模的电动汽车充电需求，电网对大功率快充场站和社区充电桩的接入能力将显著提升，电网智能化水平大幅提高，电动车智能有序充电将成为主流建设运营模式，充电场站和新能源汽车用户全面参与电力现货、绿电交易和辅助服务市场交易。得益于V2G模式对电网的调节作用，电力系统稳定性将显著提高，储能电站的建设和运行压力将会减小，电动汽车将成为新能源消纳和储存的重要工具，为碳中和目标的实现提供重要支撑。

第四篇

共识与倡议

十五、能源发展共识与倡议

在能源展望研究基础上，总结凝练八条能源发展重大战略研判和倡议要点，以期增进行业共识、聚焦发力重点，寄望能源行业形成认识和行动层面的协同合力，不断推进能源事业向前发展。

1. 能源产业中国式现代化道路

党的二十大报告明确提出以中国式现代化全面推进中华民族伟大复兴的目标任务，强调中国式现代化是人口规模巨大的现代化、是全体人民共同富裕的现代化、是物质文明和精神文明相协调的现代化、是人与自然和谐共生的现代化、是走和平发展道路的现代化。能源是国民经济命脉，是经济社会发展基石，需要走出一条支撑中国式现代化建设的能源发展新道路。

中国将以较低的人均能源消费迈入社会主义现代化。研究认为，我国人均能源消费保持持续增长，并在2035—2040年进入峰值平台期。到2035年，我国将以较2020年增长32%的人均能耗，支撑人均GDP翻一番并达到中等发达国家水平。按照国际可比的电热当量法统计，到2035年基本实现社会主义现代化时，我国的人均能源消费量为3.9吨标准煤左右；相较欧洲、美国等人均6～10吨标准煤的水平，我们走出了一条人均能源低消耗的中国式现代化能源之路。

中国将以显著的单位GDP能耗与碳排放下降支撑经济社会高质量发展。高质量发展是全面建设社会主义现代化国家的首要任务，经济社会高质量发展离不开能源的物质保障。研究认为，我国在全面建设社会主义现代化国家进程中，能源产业始终保持持续发展和增长态势，预计2025年能源消费弹性系数将降至0.44，而"十五五""十六五"时期将进一步降至约0.2的较低水平；截至2035年，单位GDP能耗、单位GDP碳排放较2020年分别降低35%～40%、41%～47%；能源集约化、低碳化水平日益提高。至2035年我国能源消费总量进入约5年的峰值平台期，随后经济增长与能源消费将进入全新的"脱钩"阶段，即经济增长不再依赖能源消费的持续增长来实现。届时，经济社会发展主要依靠科技创新驱动、人才素质提升、产业结构优化、技术水平提高，但较大规模的存量能源消费依然是保障经济社会高质量发展的坚强基石。

中国将从以煤炭为主能源时代转入多元发展直至非化石能源为主时代。研究认为，在"先立后破"原则下，近中期，立足我国能源资源禀赋，即煤炭储量占化石能源储量约94%的国情，煤炭在保障能源安全和稳定供应中发挥主体能源和兜底保障作用，预计煤炭消费在2028年前后达到峰值，2035年煤炭在能源消费结构中的比例将从当前的56%降至45%左右，形成煤炭、油气、非化石能源"三分天下"的格局。中远期，随着新能源大规模发展和能源电力安全技术进步，煤炭、油气将被新能源加速替代，直接跨越油气迈入非化石能源为主的时代，预计非化石能源消费占比将在2035年约30%的基础上，稳步增至2050年的56%和2060年的80%。相较西方主要发达国家较长时期的油气时代，我们将走出一条能源绿色低碳转型的高质量发展新路。

中国将以能源总体安全度稳步提升夯实高质量发展的底气。能源安全是关系国家经济社会发展的全局性、战略性问题，对国家繁荣发展、人民生活改善、社会长治久安至关重要。逐步提高能源自给率，确保能源的饭碗牢牢端在自己手里，是我国现代化建设的重要前提。近年来，受油气对外依存度逐步提高影响，我国能源自给率呈逐步降低趋势，但总体保持在80%以上。2022年，我国一次能源的总体自给率约81%（按发电煤耗法计算），其中煤炭、石油、天然气自给率分别约95%、29%、61%。研究认为，在错综复杂的百年未有之大变局背景下，能源自给率80%为我国能源供给安全的重要红线。预计我国煤炭对外依存度较长时期维持在4%～6%较低水平并呈总体下降态势，石油、天然气的对外依存度未来将呈现先上升再下降趋势。总体来看，我国能源自给率经历2025年的80%低点后，2030年回升至81%左右，2035年接近83%，到2040年、2050年和2060年将分别进一步提升至85%、92%和98%左右，能源安全保障程度大幅提高。

2. 能源高质量发展战略路径

习近平总书记强调，我们必须从国家发展和安全的战略高度，审时度势，借势而为，找到顺应能源大势之道。[①] 研究认为，从当前至2035年能源消费达峰及峰值平台期，是我国构建适配新能源为主体的能源体系"立"的关键时期，需要新能源与化石能源协同互补发展，重在加强安全能力、低碳能力、科技能力、协同模式和政策体系建设。随着"立"的能力体系与体制机制逐步完善，有序推进"立破接续"成为重点，新能源将对化石能源形成加速替代。总体来看，我国能源转型与高质量发展战略路径可分为如下三步走阶段。

第一阶段，从当前到2035年。我国处于第二个百年奋斗目标的第一阶段，也处于跨过中等收入陷阱的关键时期，能源消费总量保持增长，助力经济社会稳步发展，确保能源安全与稳定供应是这一阶段能源发展的核心任务。在这个时期，在2030年前顺利实现

---

① 资料来源：2014年6月13日，习近平总书记主持召开中央财经领导小组第六次会议，研究我国能源安全战略。http://www.nea.gov.cn/2014-06/17/c_133413362.htm

能源活动碳排放达峰，石油、煤炭、天然气消费总量先后梯次达峰；到2035年我国非化石能源消费占比将达到30%左右，非化石能源发电在全国总发电量中占比约为50%，终端用能电氢化率将达到39%。

第二阶段，从2035年到21世纪中叶。我国处于第二个百年奋斗目标的第二阶段，能源消费总量总体达峰后稳步下降，能源低碳转型步伐进一步加快。非化石能源对传统化石能源形成加速替代，终端用能电气化实现跨越式提升，到2050年，非化石能源消费占比将达到56%左右，非化石能源发电在全国总发电量中占比约为75%，终端电氢化率将达到56%，新型能源体系全面建成，全力支撑社会主义现代化强国建设。

第三阶段，从2050年到2060年。我国全面建成社会主义现代化强国后，进入实现碳中和目标的决胜阶段。化石能源消费将呈快速下降态势，煤炭、石油、天然气主要发挥原料属性和应急备用功能，风、光、水、核、生物质等非化石能源的规模不断扩大，到2060年，非化石能源消费占比将达到80%左右，非化石能源发电在全国总发电量中占比将达到95%，终端电氢化率将达到68%，碳中和目标成功实现。

3. 能源节约优先战略

把节约能源资源放在首位，实行全面节约战略。节能是推进能耗双控、碳排放双控及实现双碳目标的最直接、最首要途径，贯穿能源生产供应、加工转化、终端利用及居民生活消费每一环节。

树立节能是"第一能源"理念。节约能源就是增加资源，重点加强消费侧节能，终端能源节约存在倍数放大效应。以电力为例，当前我国电力结构中约60%来自煤电，全国煤电平均能源转化效率约为41%，终端节约1单位的电量，相当于上游节省约2单位的能源消费，且上游化石能源在开采、洗选、运输等环节也存在能源消耗，延伸节能更多。此外，工业终端能源消费还存在"单耗偏高、精益不足"的问题，钢铁、有色金属、建材、化工等高耗能行业仍有不少产能未达到能效基准水平，达到能效标杆水平的比例更低，终端用能环节节能降碳仍具有较大潜力。

推进生产加工转化环节节能提效是能源工业的重要任务。彻底转变传统粗放能源生产加工转化方式，推进能源工业高质量发展成为新时期能源领域工作的重点。当前，能源生产环节"可采未采、应用未用"问题比较突出，能源转化环节"结构不优、提效趋难"困境日益凸显。主要体现在煤油气的采出率还有较大提升空间，伴生资源如瓦斯、矸石利用率还较低，低效机组高能耗，以及煤电机组负荷率持续降低带来的能耗升高等问题突出，新形势下的安全、经济、效率之间再平衡面临困境。解决这些问题既需要持续技术进步、机制政策保障，也需要转变发展理念，树立节约集约的能源资源开发利用理念。

4. 绿色低碳战略方向

习近平总书记在2021年3月15日的中央财经委员会第九次会议上指出，实现碳达峰、碳中和是一场广泛而深刻的经济社会系统性变革，要把碳达峰、碳中和纳入生态文明建设整体布局；同时指出，要坚定不移贯彻新发展理念，坚持系统观念，处理好发展和减排、整体和局部、短期和中长期的关系，以经济社会发展全面绿色转型为引领，以能源绿色低碳发展为关键，加快形成节约资源和保护环境的产业结构、生产方式、生活方式、空间格局，坚定不移走生态优先、绿色低碳的高质量发展道路。要坚持全国统筹，强化顶层设计，发挥制度优势，压实各方责任，根据各地实际分类施策。要把节约能源资源放在首位，实行全面节约战略，倡导简约适度、绿色低碳生活方式。[①] 这既是倡导低碳生活理念的箴言，也是能源行业转型发展的战略方向。在能源发展过程中，虽然可能会出现短期结构性波折，但我们需要顺应能源发展大势和客观规律，树立历史思维，保持战略定力，锚定"2030年前碳达峰、2060年前碳中和"目标，聚焦绿色低碳转型战略方向，不断提高我国能源绿色发展水平。

清洁能源规模化和传统能源清洁化是推进绿色低碳转型的关键举措。大力发展新能源是高质量发展和双碳目标的必然趋势，加强煤炭等化石能源清洁高效利用是统筹安全与低碳发展的必然选择。

新能源发展重在做大增量，增添绿色发展底色。2022年，全国非化石能源装机容量突破12亿千瓦，历史性超过煤电机组成为第一大装机电源；研究认为，到2033年，全国非化石能源发电将超过6万亿千瓦·时，超过煤电发电量成为第一大发电量电源；当前，坚持集中式与分布式并举，扎实推进以沙漠、戈壁、荒漠为重点的大型风光基地建设，加快海上风电发展等，预计"十四五""十五五"时期非化石能源对全国发电量增长的贡献率将分别达到74%和88%。

传统化石能源发展重在稳住存量，夯实能源安全基石。2022年，煤炭消费占比为56.2%，在当前仍然占据主体能源地位；研究认为，煤炭消费占比总体上将保持持续下降态势，预计2035年将降至45%左右，但煤炭消费总量仍保持在42亿吨商品煤的高位水平，以兜住能源安全底线；当前，煤电"三改联动"以及煤炭与煤电、煤电与可再生能源"两个联营"正在深入开展，以风光发电与煤电耦合规划的沙漠戈壁荒漠大型清洁能

[①] 资料来源：https://www.gov.cn/xinwen/2021-03/15/content_5593154.htm

源基地正在稳步推进，能源安全供应链韧性、弹性和安全水平不断提升。

5. 能源安全底线思维

习近平总书记在2014年6月13日的中央财经领导小组第六次会议上强调，能源安全是关系国家经济社会发展的全局性、战略性问题。[①] 当前，我国面临复杂严峻的国际环境和艰巨繁重的国内改革发展稳定任务，能源安全也面临新情况、新挑战。

新能源发电装机占比逐步提高背景下的能源电力安全面临新调整。研究认为，"十四五""十五五""十六五"时期的非化石能源消费占比分别累计提高4.3个、4.6个、5.6个百分点，非化石能源消费保持加速增长态势。近年来，极端天气频发，对"靠天吃饭"的新能源发展及能源电力系统安全带来严峻挑战。2021年第四季度东北地区长时静稳天气下的拉闸限电、2022年8月川渝地区高温干旱下的长时缺电，严重影响了区域经济发展和民生保障。其间，煤炭煤电扛起了安全兜底保障职责，这让我们进一步认识到，传统能源逐步退出必须建立在新能源安全可靠替代的基础上，这是今后相当长一段时期我国能源转型发展必须坚持的重要工作原则。

油气对外依存度依然较高背景下的安全供应挑战不减。我国能源自给率总体较高，一直维持在80%以上，但结构性安全问题依然严峻。2022年，我国石油对外依存度约为71%，天然气对外依存度约为41%。在俄乌冲突及国际地缘政治博弈深刻调整的背景下，我国发展面临的国际环境更趋复杂严峻，能源贸易也面临来源稳定性、通道安全性、价格承受性等挑战。研究认为，预计石油消费将在2026年前后达峰、天然气消费将在2035年前后达峰，随着电动交通、氢能应用等快速发展，我国的油气供应安全压力也会得到缓解。

安全是能源发展一切工作的底线。能源安全是经济社会稳定与高质量发展的前提，是国家安全体系的重要组成，只有能源安全得到保障，绿色低碳发展和碳达峰、碳中和目标才有基础。2021年9月13日，习近平总书记视察国家能源集团榆林化工有限公司时强调，煤炭作为我国主体能源，要按照绿色低碳的发展方向，对标实现碳达峰、碳中和目标任务，立足国情、控制总量、兜住底线，有序减量替代，推进煤炭消费转型升级。煤化工产业潜力巨大、大有前途，要提高煤炭作为化工原料的综合利用效能，促进煤化工产业高端化、多元化、低碳化发展。要确保能源的饭碗必须端在自己的手里，就必须坚守安全这条底线，确保能源资源、供应模式、基础设施、重大科技、人才资源等关键

---

① 资料来源：http://www.nea.gov.cn/2014-06/17/c_133413362.htm

领域安全可控。[①]

6. 能源电力主体先行

电力是能源绿色低碳转型的关键领域，也是推进能源强国建设、实现"双碳"目标的主力军，电力发展质量和水平关系能源高质量发展全局。

终端电气化水平是衡量经济社会高质量发展成效的重要标尺。电气化水平是现代文明进步的重要标志，提高终端用能电气化水平是世界主要国家推进能源转型、建立现代产业体系的重要方向。我国《工业领域碳达峰实施方案》明确提出推动工业用能电气化，强调拓宽电能替代领域，扩大电气化终端用能设备使用比例，实施"绿电倍增"工程等。围绕钢铁、有色金属、建材、化工等高耗能行业，开展工业低碳流程再造、推进电气化改造成为重要方向。研究认为，我国终端电气化率将不断提高，在当前27%的基础上持续提升至2025年的30%，和2030年、2035年的34%、39%，届时中国电气化水平或将高于日本、欧洲和美国水平，高电气化率也是我国能源产业中国式现代化道路的显著特征。

电力消费持续增长支撑人民美好生活和现代化强国建设。研究认为，我国煤炭、石油、天然气将陆续在2035年前消费达峰，能源消费总量也将在2035—2040年进入峰值平台期；在经济社会持续发展和终端电气化替代规模逐步增大趋势下，我国电力装机和发电量保持持续增长态势，预计到2035年全社会用电量将达到13.7万亿千瓦·时，较2022年增长约55%，人均用电量约为9800千瓦·时；预计到2050年前后电力消费将进入峰值平台期，预计全社会用电量将达到17万亿千瓦·时以上，人均用电量达到1.3万千瓦·时，以高电气化率和人均较高用电水平，强力支撑了人民美好生活和现代化强国建设。

鉴于终端电气化水平和人均用电规模的持续提升，电力在未来中国式现代化建设中的主体支撑作用突出，持续加强能源电力领域投资与规划，加快新型电力系统建设是未来相当长一段时期我国能源行业的工作重点。

7. 零碳负碳技术兜底

能源活动是我国碳排放的主要来源。研究认为，我国能源活动碳排放预计在2029年前后达峰，峰值为110亿吨左右，随后，碳排放总量稳中趋降，总体呈现前稳后快态势；预计到2060年，在不同情景下，我国能源活动碳排放保持在15亿～30亿吨，而平衡抵消

[①] 资料来源：http://www.cppcc.gov.cn/zxww/2021/09/15/ARTI1631688304584454.shtml?eqid=

这部分排放，需要提前开展低碳零碳技术研发与部署。

稳步推进CCUS的研发与产业化部署。CCUS技术是对化石能源燃烧或工业过程排放的二氧化碳进行捕集，开展利用和地质封存，进而实现温室气体减排的一项技术。当前，受经济成本、技术成熟度等因素制约，全球CCUS发展总体处于商业化前期阶段。中国煤炭及煤电消费占比高，这是立足我国资源禀赋、保障能源安全的现实选择；开展配套CCUS技术研发与应用，是稳健推进中国绿色低碳发展的重要一环。研究认为，在不同情景下，CCUS作为兜底技术，预计在2060年需要累计部署5亿～20亿吨规模，以确保按期实现能源活动碳排放中和。这一过程，既需要能源科技、地质科学、材料工程、化学工程等多学科联合攻关，也需要企业前瞻性开展CCUS集群示范，更需要政策与市场机制配套，逐步建立健全CCUS良性发展环境。

持续加强生态林等陆地生态系统固碳能力建设。陆地生态系统固碳是通过植树造林、森林管理、植被恢复等措施，从大气圈碳库吸收二氧化碳并固定下来的一种负碳手段，据统计，我国过去10年间的生态碳汇能力为10亿～15亿吨/年。研究提出，在碳汇林等生态固碳能力不断提升趋势下，我国生态碳汇能力可提升到15亿～20亿吨/年的较高水平；预计到2060年，我国能源活动需要生态系统碳汇分配10亿吨/年额度，以确保与CCUS共同作用实现碳中和。持续加强生态碳汇系统建设，持续推进退耕还林还草、退田还湖还湿、退围还滩还海，持续开展大规模国土绿化行动，是今后一段时期我国生态建设中的重要工作。

8. 科技创新塑造未来

党的二十大报告明确提出，坚持科技是第一生产力、人才是第一资源、创新是第一动力。我国能源产业正进入创新升级期，持续锻造发展优势、攻克技术短板，加快实现高水平能源科技自立自强。

科技创新是实现能源革命、双碳目标的关键支撑。技术创造无限可能，科技创新驱动未来。习近平总书记多次强调，实现碳达峰碳中和，绝不是轻轻松松就能实现的，中国需要付出极其艰巨的努力。当前，我国仍处于工业化进程，相当长一段时期以煤为主的能源结构难以根本改变，碳排放总量大，从碳达峰到碳中和时间短、任务重。突破制约与瓶颈，必须依靠能源技术革命，需要我们充分把握能源科技革命方向，引领能源科技产业发展，以高水平科技自立自强，探索和推进中国式现代化能源产业发展之路。

未来可能重塑能源系统的十大能源技术。研究认为，未来"新能源+储能""煤电

+CCUS"两条技术路径将对我国能源系统，特别是2035年之后的能源发展形态产生重大影响。本书也针对两种途径分别取得绝对发展优势设置了不同情景，展望了中长期能源发展的可能图景。此外，能源技术正在加速孕育，研究还提出了未来十大重要能源技术方向，任何一项颠覆性技术的重大突破和大规模应用，都将对能源系统起到极大的推动作用，进而重塑未来能源系统。当然，能源技术的发展是动态的，具有很大的不确定性，但持续跟踪和分析评价前沿颠覆性技术，对于我们把握能源发展大势具有重要现实意义。